集まると使える

80年代　運動の中の演劇と演劇の中の運動

集まると使える

80年代運動の中の演劇と演劇の中の運動

羽鳥嘉郎 編著

ころから

表紙・カバー画

千葉正也
《モーニングコーヒー、湯気》
2018

—

キャンバスに油彩、鏡、木材
131×194cm（キャンバス）
150×210cm（鏡）

—

はじめに

集まりのない演劇はない。

集められたのか、集まっていたのかはともかくとして、集まりのない演劇はない。

人間が集まりに呼び込まれることを「参加する」、集まりを企てることを「組織する」などという。つまり動員のことで、これは最近よく問題になる。例えばどんな出自や状況の人をどうやって集めるか、デモをはじめとして社会的なアクションで、または地域芸術祭や文化プログラムや参加型のアートで[1]。

経験に重きを置いたり、搾取構造を見出したり、分析は同じように演劇に対しても行なわれる[2]。だがその知見で、集まりが変化しているようにあまり思われない。

ここに、1973年生まれで2000年代前半から活躍する岡田利規[3]と、1955年生まれで1980年代前半から活躍する野田秀樹[4]の、2013年の対談がある。少し長いが引用する。

岡田　僕が属しているのは、「運動」にはどうしてもなじめないっていうメンタリティがデフォルトな世代だと思います。でもその中の一部の人は、そういう状態にある自分を変化させないとまずいなって、割といい年してから――僕の場合だと30近くなってから――考え始めてもいると思います。どうしてそう思うようになったかというのには、まあいろんな理由があると思います。第一にはもちろん社会状況のせいですけれどもね。でも演劇をめぐる状況のことでいうと、これは本当にたまたまなんですけど、僕が出てきたあたりから助成制度が充実してきたわけで、僕なんか思いっきりその恩恵を被っているんですよね。で、そうなると世の中と自分のつくる演劇の関係のことに全然無頓着で演劇やってまーす、ってわけには当然いかなくなりますよね。

野田　金もらってるからなーっていうこと?

岡田　そうですそうです。だって結局そのお金って自分だって払うときはブーブー言いながら払ってる税金ですからね。そうやって社会のことを意識した作品をやる方向に振れていくのってまあ安直といえば安直かもしれないけど、ちっとも変わろうとしないよりそっちのほうがまだましだと思って僕は今やってます。「小劇場運動」の時代の「運動」というのとは全然別の形ですけど、そんな感じで社会とのかかわりを自分なりに意識して僕は今演劇やってます。でもこれ、たぶん僕の世代の演劇人の考えを代表するようなものじゃないと思いますよ。助成金もらうようになる以前の小劇場のメンタリティと変わらないメンタリティで変わらずやれてる、っていうのが小劇場の今の感じなんじゃないですかね。

1　デモ、地域芸術祭、参加型アート＝近年の話題書として、富永京子『社会運動のサブカルチャー化―Ｇ８サミット抗議行動の経験分析』（せりか書房、２０１６）、同『社会運動と若者―日常と出来事を往還する政治』（ナカニシヤ出版、２０１７）、藤田直哉編『地域アート―美学／制度／日本』（堀之内出版、２０１６）などが挙げられる。

2　分析は同じように演劇に対しても行なわれる＝田村公人『都市の舞台俳優たち―アーバニズムの下位文化理論の検証に向かって』（ハーベスト社、２０１５）、髙橋かおり「社会人演劇実践者のアイデンティティ―質の追求と仕事との両立をめぐって」（『ソシオロゴス』39号、２０１５）、佐藤郁哉『現代演劇のフィールドワーク―芸術生産の文化社会学』（東京大学出版会、１９９９）などを参照。

3　岡田利規＝１９７３年神奈川生まれ。演劇作家、小説家。１９９７年に「チェルフィッチュ」を旗揚げ。２００５年に『三月の５日間』で第49回岸田國士戯曲賞を受賞。２０１２年より同賞の審査員を務める。２０１６年よりドイツの公立劇場ミュンヘン・カンマーシュピーレのレパートリー作品を３シーズンにわたり演出。

4　野田秀樹＝１９５５年長崎生まれ。劇作家、演出家、俳優。東京芸術劇場芸術監督、多摩美術大学教授。１９７６年、東京大学在学中に劇団「夢の遊眠社」を結成。１９８３年、『野獣降臨《のけものきたりて》』で第27回岸田国士戯曲賞を受賞。１９９２年より同賞の審査員を務める。１９９２年に劇団解散後、ロンドンに留学。帰国後の１９９３年に演劇企画製作会社「NODA・MAP」を設立。２００９年、名誉大英勲章ＯＢＥ受勲。２０１１年、紫綬褒章受章。

野田　俺が始めたくらいのころは、むしろ「小劇場運動」から「運動」を取ろうというのが運動だったんだよね（笑）。［野田・岡田2013］

見せ方・伝え方については影響を与えあう——少なくとも「ダサい」「ダサくない」——のと反比例するかのように、社会運動や参加型芸術の動員の、集まりの思考は演劇には反映されない。けっきょく誰が参加し誰を組織するのか？ 取り去られ、なじめないと言われる、運動についてもう一度考えたい。動きを求めて[5]。

「劇場」ではなく、「演劇」と「運動」とのむすびつきとして、アマチュア演劇運動は戦前からある。現在の高校演劇までつながっている。

アマチュア演劇を、小劇場やワークショップに流れ込むという仕方とは違った、運動としてのポテンシャルを再検討できるような並びで、見てみようと思う。そのために80年代前半－90年代前半に焦点をあてこの本を編んだ。担い手のプロアマの区別の消失を、小劇場の外から把握すること。

読みやすくするために論考ではなく主に談話をまとめ、総括されないよう新たなインタビューにもしなかった。ここに収録した談話は、それぞれの運動の一番盛り上がったとき、あるいはスタート時点というわけではない（語られている実践そのものは50年代だったりもする）。読みたいのは、こういう会話をしてこう読ませて成立していた言論空間があった、80年代に、ということだ。
どんな発言に価値がこのときあったのか、そして今あるのか。

❇

各章の前には編者による解題を添えた（この「はじめに」と同じく、行頭に線が入れてある）。本文には註とコメントをつけた。内容の補足や註釈は各ページ末、編者のコメントは本文中に挿入している（これも行頭に線が入れてある）。

5　動きを求めて＝小さくても動こうということでは、個々のモビリティを高めていく路線もある。内野儀『「J演劇」の場所―トランスナショナルな移動性《モビリティ》へ』（東京大学出版会、２０１６）などを参照。

集まると使える
80年代運動の中の演劇と演劇の中の運動

目次

凡例

―A―編者による文章（傍線箇所や一連の内容に対するコメント、および解題）は、行頭にラインを引き示した。

―B―引用文は「　」または字下げで表記した。

―C―引用・言及文献は［著者名、発表年］と表記し、巻末に書誌情報をまとめた。

―D―編者による註を、各ページ末に付した。一部では原註をそのまま収録している。

―書籍名・雑誌名・作品名は『　』、論文名は「　」で表記した。

―編者による補足は〔　〕で示した。

―再録に際しては、原文の明らかな誤字脱字は修正し、漢数字を算用数字に改めた箇所がある。

―節立ては原文に従い、節タイトルは字下げで表記した。

I　身体障害

る方は前衛ロックぶりっこなんだけど、これがもうCPやんか、CPの言語障害、CPの動きそのまんま！「これやんか！」思ったもんな「これでできるやん、CPが！」って。やりゃいいんだけどね。だってCPのひとがいうんやもん「CPにはCPの別の世界がある」って。私はそれでずいぶん教えられたしね。だから、やりゃいいと思うけど、まだ自分自身のリズムを発見するところまで行かなくて、やっぱり健全者のリズムに混ぜてもうてる。

A

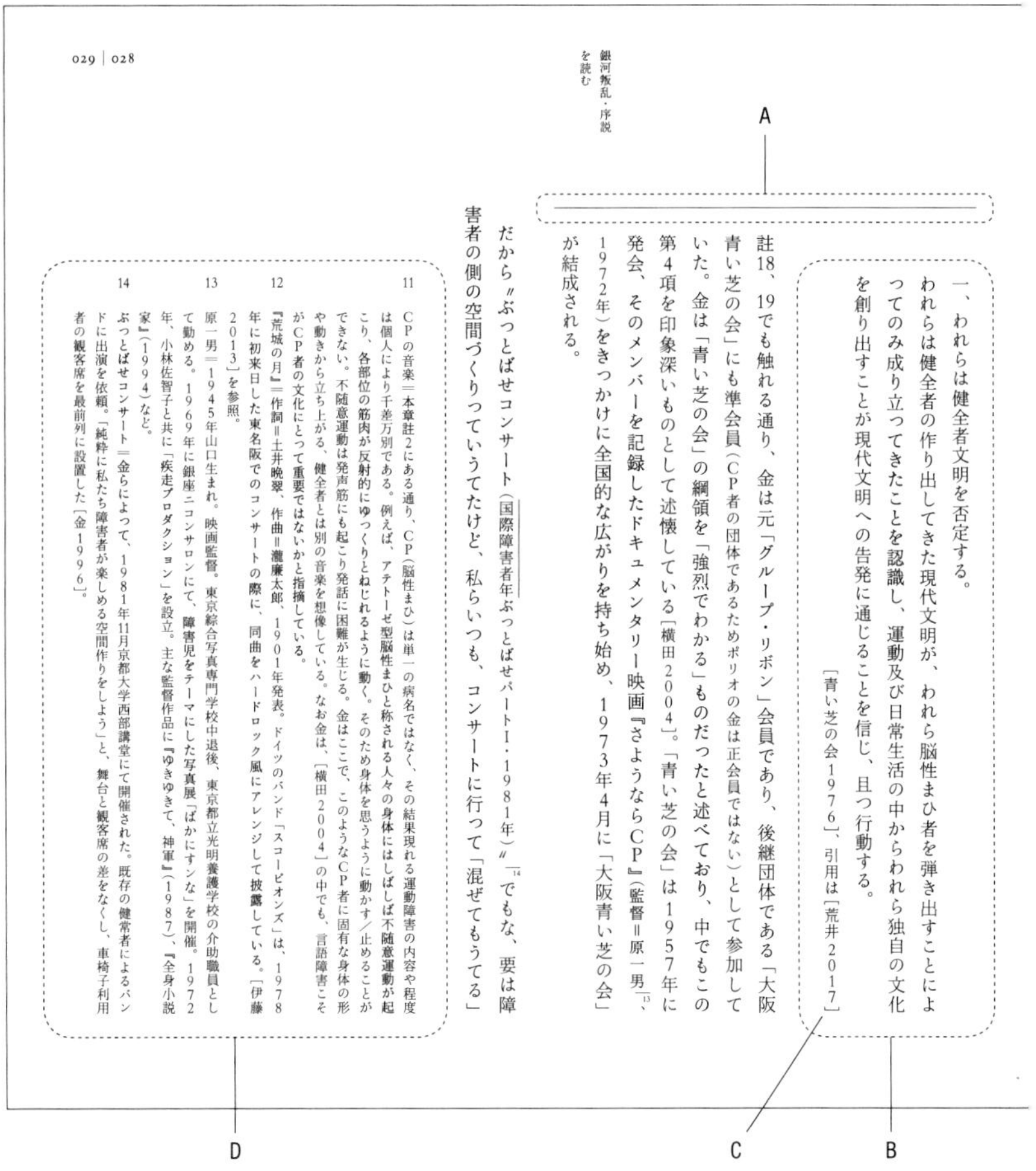

029 | 028

銀河叛乱・序説を読む

一、われらは健全者文明を否定する。
われらは健全者の作り出してきた現代文明が、われら脳性まひ者を弾き出すことによってのみ成り立ってきたことを認識し、運動及び日常生活の中からわれら独自の文化を創り出すことが現代文明への告発に通じることを信じ、且つ行動する。

［青い芝の会1976］、引用は［荒井2017］

註18、19でも触れる通り、金は元「グループ・リボン」会員であり、後継団体である「大阪青い芝の会」にも準会員（CP者の団体であるためポリオの金は正会員ではない）として参加していた。金は「青い芝の会」の綱領を「強烈でわかる」ものだったと述べており、中でもこの第4項を印象深いものとして述懐している［横田2004］。「青い芝の会」は1957年に発会、そのメンバーを記録したドキュメンタリー映画『さようならCP』（監督＝原一男[13]、1972年）をきっかけに全国的な広がりを持ち始め、1973年4月に「大阪青い芝の会」が結成される。

だから〝ぶっとばせコンサート（国際障害者年ぶっとばせパートI・1981年）〟[14]でもな、要は障害者の側の空間づくりっていうてたけど、私らいつも、コンサートに行って「混ぜてもうてる」

11 CPの音楽＝本章註2にある通り、CP（脳性まひ）は単一の病名ではなく、その結果現れる運動障害の内容や程度は個人により千差万別である。例えば、アテトーゼ型脳性まひと称される人々の身体にはしばしば不随意運動が起こり、各部位の筋肉が反射的にゆっくりとねじれるように動く。そのため身体を思うように動かす／止めることができない。不随意運動は発声筋にも起こり発話に困難が生じる。金はここで、このようなCP者に固有な身体の形や動きから立ち上がる、健全者とは別の音楽を想像している。なお金は、［横田2004］の中でも、言語障害こそがCP者の文化にとって重要ではないかと指摘している。

12 『荒城の月』＝作詞＝土井晩翠、作曲＝瀧廉太郎、1901年発表。ドイツのバンド「スコーピオンズ」は、1978年に初来日した東名阪でのコンサートの際に、同曲をハードロック風にアレンジして披露している。［伊藤2013］を参照。

13 原一男＝1945年山口生まれ。映画監督。東京綜合写真専門学校中退後、東京都立光明養護学校の介助職員として勤める。1969年に銀座ニコンサロンにて、障害児をテーマにした写真展「ばかにすンな」を開催。1972年、小林佐智子と共に「疾走プロダクション」を設立。主な監督作品に『ゆきゆきて、神軍』（1987）、『全身小説家』（1994）など。

14 ぶっとばせコンサート＝金らによって、1981年11月京都大学西部講堂にて開催された。既存の健常者によるバンドに出演を依頼。「純粋に私たち障害者が楽しめる空間作りをしよう」と、舞台と観客席の差をなくし、車椅子利用者の観客席を最前列に設置した［金1996］。

集まると
使える

80年代
運動の中の
演劇と
演劇の中の
運動

I

身体障害

銀河叛乱・序説 を読む

【解題】見るのは誰か——介助者と黒子と

この章では、劇団態変《たいへん》の旗揚げ公演『色は臭へど』（1983年）の様子を想像しつつ、その主宰者である金満里《きむまんり》による翌年の談話を読む。劇団態変は、身体障害者だけの劇団である。本書で取り上げる諸活動のうち、チケットを買うことで今も定期的に立ち会える唯一のもので、公演写真もウェブ上で見つけられる。

> この芝居をする初めから、レオタードが役者の基本スタイルだ、と皆に言ってあった。身体障害者の身体性を最大の表現にするためには、身体の線が際立ち、皮膚感覚で、それでいて怪我から身を守れる、レオタードしかないと決めていた。［金1996］

> いまでこそ、障害のある役者を抱えて舞台に出したり、また抱えて引っ込ませたりする黒子[1]（自力では歩けない役者が多い私たちの芝居には、これが不可欠である）は、文字通り黒い衣装を着て出るが、当時は、その日に介護で居あわせた人に黒子を頼んでいたので、役者を抱えて出て来る人は皆、私服だった。［金1996］

戸惑いを感じる。誰がどこから見ていたにせよ、その場で見るものが多いように、そしてその興味深い多さは今なかなかないと思える。どうしてか。集まりの中身が多いとはつまり分かれているということだ。ここには介助者がおりそれは間違いなく見える、役者の身体の線も見える。このようには見せて分けて構わないというか分けざるをえない、と当時の金は思い切りがよい。

だが1987年の公演『水は天からちりぬるを』で金は、観客が俳優を抱えて舞台に上げるという演出を行なっていたりもする。介助者と同様に私服でも、観客は観客として振舞う。黒い衣装の黒子も、黒子らしさを高めていくだろう。役割に隠れてしまい、よく見えない。

2008年にはこう言う。


介護者は障害者本人の横にいて、他者に対して、自分は責任を取る立場にないといった言葉を発することで初めてその存在の位置を示すことができるのであり、そのことで初めて重度〔障害〕者が外部に向けて人生の責任主体として立ち現れてくるのだ。

［金2008a］

1　黒子＝黒衣を着て、舞台上で役者の演技を助ける後見人のこと。

横にいるものが本人の意思を決して先取りできないよう努めるだけではなく、そのように示されなければならない。時に「障害者性」は「非日常の道具立てとして使われる」が、「道具自身に世界観があるはずやないか」［金２００８ｂ］。

＊

この談話が収められた『私は女』は、重度の障害を持つ女性——半数以上はＣＰ（脳性まひ）[2]と呼ばれる障害。金はポリオ[3]であるが——に対する、金と岸田美智子[4]による聞き書きを集めた書籍である。優生保護法[5]を端緒に、生理介護と子宮摘出をめぐる議論など、２０１８年現在もきわめてアクチュアルな語りが多数収められている。

なお１９９５年には同書の「新版」が刊行されている。その時点でも出版物として有効だったと考えてよいだろう。

2　CP（脳性まひ）＝Cerebral palsyの略。受精から生後4週までの間に、新生児仮死など何らかの原因で受けた脳の損傷によって引き起こされる運動機能の障害を特徴とする。単一の病名ではなく広範囲の症候群の総称であり、運動麻痺の特徴によって痙直型、アテトーゼ型、失調型などに分類される。構音障害や、てんかん発作などを合併する場合がある。

3　ポリオ＝急性灰白髄炎。脊髄性小児麻痺とも呼ばれ、ポリオウイルスによって発生する疾病。多くの場合、麻痺は完全に回復するが、発症から12カ月過ぎても麻痺あるいは筋力低下が残る症例では、永続的な後遺症を残す可能性が高い。

4　岸田美智子＝1953年大阪生まれ。脳性まひ。1975年、大阪府立堺養護学校卒業後、「おおさか行動する障害者応援センター」、女性障害者問題を考えるグループ「ガヤガヤウーマン」、施設入所する障害者の外出を支援する「ライフ・ネットワーク」などで活動。1998年、「自立生活センター・まいど」を設立し代表を務める。現在、社会福祉法人あいえる協会顧問。共著書に『私は女』（長征社、1984）、共編著に『わたしは、生活達人。障害者の生活ガイドブック』（ハンディキャップ・ライフ研究会、1992）などがある。

5　優生保護法＝1948年に施行され、知的障害者や精神障害者の出生を防止する優生学的断種手術・中絶・避妊を合法化した。1996年に優生学や断種に関する条項が削除され、現在は母体保護法と称されている。そのため現在では、しばしば旧優生保護法と表記して区別される。2018年、旧優生保護法のもと当時15歳で不妊手術を強制されたとして宮城県の女性が全国初の国家賠償請求訴訟を起こしたことを皮切りに、各地で補償を求めた訴訟や自治体による記録情報開示の動きが広まった。

銀河叛乱・序説[6]

『私は女』（長征社、1984・1）所収

金満里―きむ・まんり―1953年、韓国古典芸能家である金紅珠の末娘として大阪に生まれる。3歳でポリオに罹患、全身麻痺の重度身体障害者になる。1974年から他人介護を基盤としたひとり暮らしを始める。1983年、身体障害者だけの劇団「態変」を旗揚げ、以来ほとんど全ての上演の作・演出・芸術監督を担い、自身もパフォーマーとして出演する。1994年、企画組織イマージュを立ち上げ、情報誌『イマージュ』を創刊。2001年に創設した「金満里身体芸術研究所」では、障害者と健常者を対象に身体表現の指導・研究を行なう。主な著作に『生きることのはじまり』（筑摩書房、1996）など。

I

神戸大学医学部の学園祭[7]にジュリー[8]が出るっていうから、昨日、介護の子と一緒に見に行った。ワタクシ、実は〝かくれジュリーファン〟なんですよ。もう「見たい！ 見たい！」思いながら、切符が高いしね、よう行かへんかったんだけど、昨日ようやく思いを果たせた。いうたら〝長いあいだあこがれつづけたひと！〟ってかんじでさ。やっぱりよかったよ。私、なに思たんかな、そや「美しいということは、やっぱ、すごい特権だ」と思ったね。手ぶり身ぶりがウツクシイ線できまってんのね。最後の引き際なんて、まるで天上のひとやね。「それではみなさん、ありがとうございました！」いうて、サッとひっこんで雲のうえ、いうかんじでさ。

それが最前列ちゃうねん。ふつうコンサートに行ったらさ、いちおうは車いすで通路の最前列に陣取んねんな。そのままいけるときもたまにはあるけど、たいてい係員が目ざとく見つけて、「あっち行け！」とか「車いす専用座席に案内しますから」いうて連れていかれるねん。大きなコンサートのときは、ほとんどそやね。で、車いす専用いうて連れていかれるのはどこかというと、たいがいハシッコの通路でな、舞台のソデなわけ。スピーカーなんかドワーッと置いてあったら全然見えへん。そんな不当なところで見せられたらかなんやん。おんなじカネ払ってんのに。

6　銀河叛乱＝この談話の6年後、態変は『銀河叛乱'89—月に接吻したかっただけなのです』（1989年6月、伊丹AI・HALL）で、セリフを使わない、レオタードを中心とする衣装による身体表現というスタイルを確立した。

7　神戸大学医学部の学園祭＝1983年10月28日（金）、神戸市中央区大倉山公園にて開催された、神戸大学医学部医学科学園祭「大倉山祭」のこと。

8　ジュリー＝日本の歌手・俳優である沢田研二の愛称。1948年生まれ。ザ・タイガースやPYGなどのバンドを経て1971年にソロ活動を開始。代表曲に「君をのせて」（1971）、「おまえがパラダイス」（1980）など。1986年以降は2017年の舞台引退まで毎年、加藤直やマキノノゾミといった演出家らと継続的に音楽劇を創作した。

2015年7月、国土交通省は東京2020オリンピック・パラリンピック競技大会の開催を踏まえ、「高齢者、障害者等の円滑な移動等に配慮した建築設計標準(劇場、競技場等の客席・観覧席を有する施設に関する追補版)」を策定した。これまでの建築設計標準には記載されていなかった、車いす使用者用の客席の席数(客席総数の0.5ー1%以上)、位置(2か所以上の異なる水平位置)、高低差を考慮したサイトライン(視野の限界線)についても項目立てられている。ただし「高齢者、障害者等の移動等の円滑化の促進に関する法律(通称「バリアフリー法」)」の対象に「客席・観覧席」は位置づけられておらず、基準適合の義務はない[9]。

昨日はね、主催が学生やろ、それと興行屋がタイアップでやってたんとちがうかな。パイプいすがならべてあってね、そんで最初から私「車いすやけど、いけますか」いうて訊いたんよ。できたらええ席欲しと思ってな。車いすいうたら、トクするかソンするかのどっちかやねん。はじめは学生が対応して「まんなかの席を用意する」とかいうててんよ。そしたら興行屋の、ヤーさん[10]みたいなオッサンが横から出てきてさ「この、ハシッコのところに来てもらわれへんかな」っていうねんな、座席表をもってきて。「どこですかァ」いうて見てみたら、ほんまにハシッコのぎりぎりやねん。「あのねえ、いっつもコンサートに行くと、ハシッコの方に行かされてねえ、見えないところに座らせられるんですけどもォ」そのときね、私の持ってたチケットに指定されてた席は、まんなかからちょっとずれるくらいだったんよ。それ見ながら「この席と、そう変われへんけどな」ってオッサンがいうから「なにいうとん」と思いながらも「そうですかァ、いっつも見えにくいとこにつれていかれるんですよォ」ってな、抗議するでもなく、のらりくらりいうてたらさ「ほんならまんなかに行ってもらいますわ」って、オッサンあきらめとんねん。「ヤッタ!」って思ってな。そんで、はやばやと中に入れられてさ、入れるけど会場ではなくて、ガードマンがいっぱい詰めてるとこにつれて行かれて、そこで開場を待ってたわけ。

そしたら、聞こえてくるんですよ、ジュリーのリハーサルが。もう私「のぞきたい、のぞきたい」思いながらも、ここでモメたらあかんと、品行方正で待ってたら、間際になってオッサンが来て「やっぱり指定の席に座ってくれ」っていうねやんか「席まで学生が運びますから」ってな。そのとき私、思ったわけ「このオッサンは、私が座席まで行かれへんから車いすのままでおると思っとんのやな。ふつうのいすに座れるかどうかは考えとらん」。

私なんか、無理したらふつうのいすにも座れんことはないわけよ。でも座られへんような子がコンサートに来たら、このひとら、どないすんのかな、と思いながら「私、ふつうのいすには座られへん」ていうてやろうかと思ってんけど、自分のなかに「私は、まあ座れる」っていうかんじがあるやんか。だから車いすで居座る勇気がなくて「まあ、ええわ」って運んでもらって、

9　基準適応の義務はない＝詳しくは［伊藤・沼尻２０１５］を参照。
10　ヤーさん＝やくざ（暴力団）のこと。

座ったらな。これが、全然見えへんの。前のひとの頭ばっかりで。私なんか身体が曲ってて座高が低いからさ。ほんまに「なんのために来たんやろ」思いながら、顔をあっち向け、こっち向けしてさ。「混ぜてもうてる」っていう実感な、そんとき、ヒシヒシと。「こんなで最後までやったら、たまらんな」とか思ってたら、介護の子が「こっちゃやったら見えるよ」って、代わってもらったら見えたわけ。で、前のひとの頭のすきまから、はるかかなたのジュリーを見てたんですよ。そのあげくが、最後はやっぱり観客総立ちになんのよ、いつものごとく。

でもさ、このごろはね、みんなが総立ちになっても、それなりに楽しめるようになったのよ。ガタガタいうてもしょうないってこともあるけども、自分が音楽にのってしまえば、みんなが立ったからって、そがれるような雰囲気ではないわけよ。おんなじカネ払って、見えへんいうのも、シャクといえばシャクやけども、でもな、みんなが立たんと、整然と、おリコウさんできいてるとしたら、それもウソくさいと思うわけや。

ガードマンがガッと押さえこみにくるのを突破して、なだれこまれたら、私なんかこわいしさ、不利やけど、でもやっぱり気持としてはみんなが立って、舞台に殺到してくれた方がええいうかんじだから。そうなると私は、ステージが見えるかどうかは、どうでもええのよ。まあ昨日なんか、ガードマンが押さえまくっとったし、来てるみんなも女子大生みたいなひとが多かったから、立って手拍子とるぐらいやったけど、私も、動かせるとこはぜんぶ動かしてのってた。

むかしだったら、のってても、身体まで動かないし「身体を動かしていいものかどうか」とか思ったりな、精神的にも「こんなもんぐらいに、のせられてたまるか」いうかんじだったけど、このごろは「のらんとソンや」って、身体が勝手に動いてるなあ。健全者なんかが見たら「なにやってんの、あのひと！」って思うやろけどな。

　でもやっぱり障害者がひとり居るっていうのは、健全者のなかにひとりだけ混ぜてもらってんねんけど、それだけまわりのひとも、意識するひとはすごく〝異物〟にかんじて、気になる存在やねんな。遠慮しいしい立つとかさ。昨日でも、うしろの席の男の子が「手を貸しましょうか」とかさ、手を貸したら私が立てると思たんかな。だから「いらん、いらん」いうて「あんたはあんたのペースで楽しんだら？」いうかんじでさ。そしたらむこうも「あ、そう」いうかんじでね。

　のるというのは、障害者も健全者も関係ないと思うけど、でもリズム感がちゃうねんな。私なんかリズムを求める方だし、自分のなかにリズムがあるやん。でもCP（脳性まひ）の場合は、リズムがちゃうねん。規則正しく刻んでいくリズムではアタマでのれても身体ではのれないのよ。で、ちゃうかったらちゃうなりで、CPのリズムをつくったらいいと思うのよ。CPのリズムでCPの音楽[11]をつくったら面白いと思うのよ。このまえ、アマチュアのバンドがやってたんだけどさ、健全者がさ『荒城の月』[12]をロックでやるのにな、もう、なんつうの「〜ハッ！〜ルッ！〜コッ！〜オッ！〜ロッ！」ってな、ジャジャジャジャジャジャッて弾いてさ、やってる方は前衛ロックぶりっこなんだけど、これがもうCPやんか、CPの言語障害、CPの動きそのまんま！「これやんか！」思ったもんな「これでできるやん、CPが！」って。やりゃいいんだけどね。だってCPのひとがいうんやもん「CPにはCPの別の世界がある」って。私はそれでずいぶん教えられたしね。だから、やりゃいいと思うけど、まだ自分自身のリズムを発見するところまで行かなくて、やっぱり健全者のリズムに混ぜてもうてる。

一、われらは健全者文明を否定する。
われらは健全者の作り出してきた現代文明が、われら脳性まひ者を弾き出すことによってのみ成り立ってきたことを認識し、運動及び日常生活の中からわれら独自の文化を創り出すことが現代文明への告発に通じることを信じ、且つ行動する。

［青い芝の会1976］、引用は［荒井2017］

註18、19でも触れる通り、金は元「グループ・リボン」会員であり、後継団体である「大阪青い芝の会」にも準会員（CP者の団体であるためポリオの金は正会員ではない）として参加していた。金は「青い芝の会」の綱領を「強烈でわかる」ものだったと述べており、中でもこの第4項を印象深いものとして述懐している［横田2004］。「青い芝の会」は1957年に発会、そのメンバーを記録したドキュメンタリー映画『さようならCP』（監督＝原一男［13］、

1972年）をきっかけに全国的な広がりを持ち始め、1973年4月に「大阪青い芝の会」が結成される。

だから〝ぶっとばせコンサート（国際障害者年ぶっとばせパートI・1981年）〟[14]でもな、要は障害者の側の空間づくりっていうてたけど、私らいつも、コンサートに行って「混ぜてもうてる」

11 CPの音楽＝本章註2にある通り、CP（脳性まひ）は単一の病名ではなく、その結果現れる運動障害の内容や程度は個人により千差万別である。例えば、アテトーゼ型脳性まひと称される人々の身体にはしばしば不随意運動が起こり、各部位の筋肉が反射的にゆっくりとねじれるように動く。そのため身体を思うように動かす／止めることができない。不随意運動は発声筋にも起こり発話に困難が生じる。金はここで、このようなCP者に固有な身体の形や動きから立ち上がる、健全者とは別の音楽を想像している。なお金は、［横田2004］の中でも、言語障害こそがCP者の文化にとって重要ではないかと指摘している。

12 『荒城の月』＝作詞＝土井晩翠、作曲＝瀧廉太郎、1901年発表。ドイツのバンド「スコーピオンズ」は、1978年に初来日した東名阪でのコンサートの際に、同曲をハードロック風にアレンジして披露している。［伊藤2013］を参照。

13 原一男＝1945年山口生まれ。映画監督。東京綜合写真専門学校中退後、東京都立光明養護学校の介助職員として勤める。1969年に銀座ニコンサロンにて、障害児をテーマにした写真展「ばかにすンな」を開催。1972年、小林佐智子と共に「疾走プロダクション」を設立。主な監督作品に『ゆきゆきて、神軍』（1987）、『全身小説家』（1994）など。

14 ぶっとばせコンサート＝金らによって、1981年11月京都大学西部講堂にて開催された。既存の健常者によるバンドに出演を依頼。「純粋に私たち障害者が楽しめる空間作りをしよう」と、舞台と観客席の差をなくし、車椅子利用者の観客席を最前列に設置した［金1996］。

って思う意識、これを逆手にとったら面白くなるっていうことで、やりだしたわけでしょう。

国際障害者年は、国連が指定した国際年の一つで、加盟国内ではさまざまなキャンペーンが行なわれた。

国際障害者年というもので振りまかれているイメージといえば、パラリンピック（障害者のオリンピック）（原文ママ）の選手よろしく、車イスの障害者が、ボールさばき鮮やかにバスケットのシュートを決め、「僕も、頑張ってます」という字幕と、最後に〝政府広報〟と出るテレビ・コマーシャル。それと、機械に向かって作業にはげむ姿を大写しにし、「僕も、働いてます」〝政府広報〟と出るコマーシャルと、いずれにしても、上半身は健常な中途障害者（生まれつきではなく、事故などで障害を負った人）が頑張る姿の美しさを強調するといったステレオタイプなものばかりだった。

冗談じゃない。国際障害者年というのは一般の人たちがコミュニケーションを取ってくるきっかけにはいいかもしれないが、肝心の、主人公である障害者に関してふりまかれているイメージが、あまりにも一面的すぎる。［金1996］

この傾向はいまだ大いに見られ、中途ではない障害者をメディアで目にすることはきわめ

——て少ない。

一般のコンサートやったら、おんなじ入場料払って、入ってみたら私だけが障害者、圧倒的みんなが健全者、ワーッと総立ちになったら、私のとこだけボコッとかんぼつしてるわけやんか。そうすると、昨日の男の子じゃないけども、まわりのものは気になるわけよ。それだけ、なんつうの、障害者って、たったひとりおるだけでも、ただでは生きられない。なにげなく、さりげなくとけこんではいかれへん。かんぼつしてるだけで、みんなの気持は十分こわれとんのに、そのかんぼつの底で私がしらけてたら、全体的にしらけた気持が伝わっていくと思うわけ。私なんか無視して勝手にのりたいやろけどね、そこがやっぱり人間で、よう無視しきれん。その逆に、私らがのったら、みんなものらないとアホらしくなる。いうたらその場の雰囲気を握ってるわけや。

だから、そこのところでね、健全者のつくった空間だったら、それは〝点〟でしかないけれども、障害者が自分らで主催して、数として障害者を集めて〝面〟にして、やったのが〝ぶっとばせコンサート〟なわけよ。障害者が最前列をぶんどって、そこだけでコンサートやってて、まわりはみんな「混ぜたるよ」ってかんじでさ。

最初はやっぱり、障害者なんて、とくに重度のひとなんか「音楽なんて関係ない」っていうのが多いから、バンドの目の前でじーっとしてるわけよ。そしたらさ、まわりも「のっていいのかな、どうかな」って、なんとなくぎこちないのよ。で、ちょっと〝仕掛人〟にならんとあかんかったんだけど、でも、最後はもうのりのりでさ、もンのすごかった。CPの子なんて、手足の不随意運動があるやんか。その動きのまんま、車いすから立ってな、うしろから脇の下かかえられて、介護の子と一緒にビョンビョン飛んでたよ。

それで味をしめてね。コンサートでは一緒に舞台を見る立場での、あくまでも客席におっての障害者の空間づくりやってんけども、今度は私らのつくった空間そのものに視線をあつめていこうということで「芝居やろう」ってなったわけ[15]。私らがふだん街に出たときにかんじるような、あの、見るとも見ないともないような、チラチラした視線じゃなくて「どうぞ私らを存分に見てください」と、いざりかた[16]、しゃべりかた、ものの食べかた、もう、生活のペースいっさいを徹底して自己肯定して、いうたら見世物に徹することね。

金はその後、「ふだん私たちは、障害者として一方的に社会からじろじろ見られる立場にある。だから舞台と観客という位置関係でその立場を逆転して、完全に舞台の上から一方的に観客に挑みかかり、眺めまわす、という視点の逆転をはかりたかった」とも述べている［金1996］。二項対立から逃れる術をつい考えたくなる。「私らのつくった空間」に視線を集めることと、「私ら」に視線を集めることの違いについて考えたくなる。だが金には「人は、意味の読み取れぬものを長く注視し続けることはできない」という思想があるようだ

［金2006］。

なお、ぶっとばせコンサートは「国際障害者年をブッ飛ばせ！'81」のパート1にあたり、パート2では「ブッ飛ばせ市」と称してバザーなどを「自己表現として」行なっていた［金1996］。空間に目をやるにはプロセスが必要なことは確かである。

私らは、まずもって身体からして、一般の健全者といわれるひとたちと違うわけやんか。これを生かさなくっちゃね。私なんてさ、友だちと雑談しながら便器に座って、コーヒー飲みながら、ウンコしてる。そこからしても、あえて健全者社会を変えてやろうという意識なんかもたなくても、自分の肉体のペースから発想していけば、見えてくるものがあるはずなのよ。極端にいえば、私みたいにいざって生活しているものには、家の天井なんて、もっと低くたっていいとかね。だから今度の芝居にしても、自分自身の発見と、そこから結果的に何か別の価値観がでてくるかもしれないということだったんだけどさ、これはどうも私の思いこみで、現実には「対健全者」というところにとどまって、観客を挑発して楽しむことで終わってしまった

15 「芝居やろう」ってなったわけ＝1983年の劇団態変旗揚げ公演『色は臭へど』（「国際障害者年ブッ飛ばせ！パート3」内）のこと。

16 いざりかた＝座ったまま尻や膝をついて床を移動すること、その仕方。

んだけどね。

この「挑発」はきわめて直接的なものであった。

たとえば、私の友達で、歩けるCPで面白い個性を持った、酒飲みのやつがいた。その彼に、実生活に多少色をつけて、酔っぱらいの役で出てもらうことにした。衣装は、首にタオル、頭は坊主に近く、顔に色を付け、よれよれの服、といった労働者風。その男が、ふらふらと手に一升瓶をぶら下げ、先に出ていた役者を追っ払うように、大声で怒鳴りながら出てくる。「なに、しょうもないことやってんねん。」そして客に向かって、「おまえらも、なに見てんねん。こんなしょうもないもん、見てる暇があったら帰って働け。」「わしは、酒飲まんでも酔っぱらいに間違われるんじゃ。しゃあから、こうして酒を飲むんじゃや。なんか文句あるか！」「あっ、そや。皆も酒飲みたいやろ。よしッ、わしが皆に酒をふるまったろ。」そう言うと、客席に下りていって、男は一升瓶を観客に飲ませる。嫌がる人には、「オレの酒が飲めんのか」と怒ってむりやり、客の口に押し込んで飲ませたり、こぼしたりする。その他にも、言語障害の強い、車イスの障害者の延々と続くアジテーション[17]……。［金1996］

話は前にもどって……芝居やろうってなってさ「台本書いてくれたら、それ読んで、やるかやらんか考えるわ」っていわれて「ほな書くわ」となって帰ってきたその晩、寝ようとしたら寝られへん。モンモンとして、興奮して。で、夜中にスタンドつけて「ちょっと書いてみよ」って、書きはじめたらそのままウワーッと明けがたまで、もうなぐり書き。思いつきのまま3時間か4時間で書きあげた。わりと気分よかったよ、ひらめいた瞬間ていうのは。

思いつきというてもね、ひとつひとつは、ぜんぶ私のなかにあるのよ。

舞台のうえで、みんなで思いっ切り遊んでやれと、それが第一ではあったんだけど、そのとき私のなかになにがあったかというと、たとえば会議[18]のときなんかに障害者が集まってくんねんな。その場に来るまでは障害者と健全者が一対一で、健全者社会を突っ切ってくるわけよ。でも会議がはじまったら障害者ばっかりになるでしょう。

17　アジテーション＝扇動。

18　会議＝金は1973年の8月ごろから「グループ・リボン」の会合に参加しはじめる。リボンは、『さようならＣＰ』の関西圏での上映をきっかけに1972年12月に結成。「そよ風のように街に出よう」を合言葉とし、「それまで障害者が家や施設の中に閉ざされていた状態から、外へ出てなんでも自分の目で確かめてみよう、というのが設立の趣旨である」［金1996］。

「大阪青い芝の会」「グループ・リボン」らの障害者の主体性に根ざした自立解放運動において、「自立障害者集団友人組織グループゴリラ」の介護や行動保障（送迎など）は、「力は貸すが、頭は貸さない」という立場を保つことを原則とした。

そういうときに、何かの拍子で健全者がパッとドアを開けると、一瞬ドキッとした顔になって、あわてて閉める。かなりの迫力だと思うわ。でさ、会議が終わったら、いっぺんに緊張がほぐれて、必ずそこでとっくみあいというか、じゃれあうんやね。必ずよ。障害者だけの遊びの時間があるの。いざったまま相手にのっかったり、そのいざりかたにしても、ひとによってみなちがうのね。ころがったり、はねたり、寝たままズっていったり、何ていうの、それぞれの〝障害〟で遊ぶのよ。

想像せよ。また、談話のころ、態変は「健全者はもうみんな立たずに踊れ、ゴロゴロ寝っ転がってでしか踊ったらあかん」［金1998］、「ゴロゴロ・ダンス・パーティー」をクリスマスのイベントとして企画している。

組織を離れてからも[19]その光景というのは、ずーっと私のなかにあって「もしかして〝障害者解放〟っていうのは、これなんとちがうかしら」とかね。閉ざされた空間のなかで、この世のものとはちがう裏の世界がいきいきと展開されていて、それがある瞬間にカベを破って表の世界になだれ出ていくというイメージはずっとあったわけよ。

それから、海と胎内と誕生というモチーフも、やっぱり私のなかにあって、昨年[20]春に行った、3度めか4度めの長島愛生園《ながしまあいせいえん》[21]（瀬戸内海）訪問のときの経験がもとになっているの。愛生園にはわりに在日朝鮮人が多いところから、在日朝鮮人の集まりで〝イムジン江に集う会〟[22]というのをつくって、私も行くようになったんだけどね。

愛生園というのは、もともとはライ（ハンセン氏病）[23]の療養施設なんだけども、もうみんな癒《なお》

19 組織を離れてからも＝金は、前述の「グループ・リボン」および「大阪青い芝の会」を1978年の秋頃に離脱。この経緯は［金1996］に詳しい。

20 昨年＝1982年。

21 長島愛生園＝岡山県瀬戸内市、瀬戸内海に浮かぶ長島にある国立ハンセン病療養所。1930年に日本初の国立療養所として発足。長島と本土とを隔てる海はわずか30mだが、1988年に「人間回復の橋・邑久《おく》長島大橋」が開通されるまで、この水路が社会から入所者を隔絶し続けた。「患者作業」と呼ばれた強制労働により、入所者みずから道や住宅、農場などを整備、生活に必要な仕事を分担して行なっていた。ハンセン病国賠訴訟の元原告である金泰九《きむてぐ》などのように在日朝鮮人も多く入所していた。入所が義務ではなくなった現在もなお、愛生園には約180名の高齢化した元患者たちが生活している。

22 イムジン江に集う会＝在日朝鮮人障害者グループ・イムジン江に集う会。金の「自立生活」が中心に描かれた映画『何色の世界？』（障害者問題資料センターりぼん社、1975）の上映運動を進めるなかで、1976年に「大阪青い芝の会」のメンバーにより結成される。

ってて、でも一般社会が受けいれないからしょうことなしにそこで一生を過してるわけ。新たな発生もないしね、高齢化してくばかりやねん。で、なぜか私たちを可愛がってくれて、よく電話もらうんだけど、あんまり行かれへんで「悪いな」と思っててね。それで昨年の春、また〃イムジン江〃のグループで訪問したわけ。

その夜、私らの宿舎になってるところに帰ろうとして外に出たら、雨ザアザアやってん。たしか広島かどっかで、大雨のために山崩れがあった、ちょうどその日よ[24]。私と今度一緒に芝居した盧さんていう脳性まひの女のひとと、あと健全者もふくめて、総勢6人ぐらいだったと思う。夜中の12時か1時ごろかな。

長島というのは島全体がひとつの自治区みたいなもんで、統制がゆきとどいてて、時間になったらピタっと街燈が消えたりするから、もう真っ暗なわけ。で、島やろ。谷とか何とかたくさんあって、すぐ海の音が聞こえたかと思ったら山になったりで、しょっぱなから道に迷ってしもたんよ。ほんで雨がものすごくて、大雨のなかで6人、行くことも戻ることもできへんねん。で、そこらに止めてある車に――カギなんてかけてないからね――運転できる子が乗って、あちこち行ってみたけど、結局わかれへんということで戻ってきてん。こうなったらしゃあない「キツネに化かされた」とかいってるうちに、給食センターいうとこに出てきてな、そこのヒサシの下に私と盧さんの車いすを並べて、健全者はビショぬれのまま、そのへんのトラックにもぐりこんでな「とにかく休もうや」ってことになったわけ。もう「なんという！」って事態でさ。

私と廬さんは車いすに座ったまま寝ることになったんやけども、結局私は一睡もできなくて、そのままずーっと前を見てた。カッパ着てるから、横の視界はひらけないわけ。前見てるしかない。しかも「雨やどりしよう」ってなってからまた、ザンザ降り！ あれやったら土砂崩れになるのも無理ないなと、あとで思ったけど、そのときはまだ分かれへんから平気で居れたんや。

そのまま雨を見てるうちに、だんだんと夜が明けてきてん。そのときにキツネが出てきてな。え?! なんや?! って思ってるうちに、チョロチョロチョロッて、どっかに行くねん。ほんでまたチョロチョロチョロッて来んねん。いやあ、こんなかたちで、こんなところで、まさかキツネにお会いするとは思わなかったわって、びっくりしたけど、たぶん、むこうもびっくりしたや

23 ライ（ハンセン氏病）＝ハンセン病。癩《らい》菌による感染症。末梢神経がおかされ、皮膚に腫瘤・斑紋ができ、その部分に知覚麻痺が生じる。感染力は弱いが、戦後に特効薬が普及し根治可能になるまで、長きにわたり不治の病とされた。また、伝染力が強い、遺伝病であるなどという誤解や、病状進行に伴う容貌の変化などから患者本人や家族までもが厳しい差別を受けた。明治から昭和初期にかけて、患者を療養所に強制的に隔離する「ハンセン病絶滅政策」が進められた。隔離政策を定めていた「らい予防法」は１９９６年に廃止。２００１年には「ハンセン病国家賠償訴訟」の判決が確定し、隔離政策の違憲性が認められると、国は患者・元患者に対して謝罪を行ない、新たな補償制度等が整備された。２００８年に「ハンセン病問題の解決の促進に関する法律」が成立。国に対して入所者への医療・介護体制の整備、社会復帰の支援、名誉回復の措置などが義務付けられた。

24 その日＝１９８２年7月23日から25日にかけての「昭和57年7月豪雨」では、西日本各地で大きな災害が発生した。特に被害のひどかった長崎市では土石流やがけ崩れが起き、市内の死者・行方不明者は２９９名にのぼった。

ろな。立ちどまって、キョロッとこっちを見てるわけ。もう夜あけかなって思ったそのさかいめに、まずそれが、キツネが出てきてん。

そのうち雨がだんだん小降りになってきたと思ったら、波の音がザザザーッと聞こえてきて、潮の香りがしてきてん。「あ、もしかしたら夜明けかな、満ち潮になってきたんかな」と思ってな。そのときの気分が、明けていくかんじが、すっごく鮮明だったの。

で、ちょっとしらじらっとなってきたときに、今度は船の音がしだしたのよ、ポンポンポンポン……。そのうちに、ガタガタガタッと牛乳びんを下ろす音。だいたいね、なんで給食センターで雨やどりしようということになったかというと、牛乳配達の保冷車が止めてあったからね「きっと牛乳というのが一番早く来るだろう、それで私らを見つけてもらえる」っていうことだったんよ。そしたらきっちりと音がすんねんよ。で、介護の子も起き出して、無事に宿にむかうことになったんだけどさ。

でもね、満ち潮のときに人間は生まれるっていうやんか。その風のかんじとか潮のかんじとか、いうたら、ひとつの夜を眼をこらして見るなんて、これが最初で最後やろな、最後かどうかわからんけど、あんまりないやろなと思ったらさ「ああそうか、こういうときに、ひとは生まれるんか」って、そのかんじは、すごく強烈だったわけよ。

だから、それをラストシーンに生かして、いってみればそのラストシーンにいくまでの胎内の世界に、いまここにはいないと思われているもの、あってはならないとされているものたちが、ひょっとして生きているかわからんよってていうかんじを、情景としてどう出していくかということで、それにはあのキツネさんの登場の仕方なんかに、大いに助けられたわけよ。

私は夢多いロマンチストやねんけども、あんまり〃ユメーッ！〃というのは、良くないと思ってんねん。やっぱり現実に根ざさなあかんと思ってんの、どっかで。で、実際にも現実をすごーく愛してるわけですわ、ずぶずぶの現実というのも。だけど、登場する障害者ひとりひとりの動きとかたち、個性を強調して、よりリアリティをもたそうとすれば、ファンタスティックになる、その表裏一体となったものの、そのかわりめというのが、私にはものすごく興味があんねん。

たとえばこないだの晩、家に帰って、私も介護の子も「疲れたァ」いうてベターッとへたりこんでテレビつけたら、ゾウアザラシが出てきてん。そしたら介護の子がおっきな声でさ「うわぁ、見て！」いうねん「見て見て！これ、金さんや」っていうねん。「疲れてるのに、そんな冗談いわんといてくれる？」とかいいながら、ボーッと見てたら、ほんまやねんな。動きかたとか恰好とか、私そのままなんや。ヘェーッと思ってな、そのとき。

台本を書く時点でそういう話があったら、ひょっとして私はゾウアザラシに扮して、またべつな登場の仕方があったかもわからん。でもあのときは、舞台イコール胎内という設定のもとに、羊水に包まれた胎児のイメージでスケスケの袋を頭からかぶって、一番最初に出て薄暗い照明のなかをころげてたんだけどね。で、次の場面は照明も音楽もガラッと明かるくなって、ウサギがピョンピョン跳ねながら登場する。これはＣＰのひとのいざりかたそのまま。そんなかんじで、恐竜とかデンデンムシとか、キャラクターを考えていったわけ。最終的にはみんなで集まって、これは誰の役だとか、あのひとやったらこんな役やでという話しあいがあって、ウサギが悪魔に変わったりして、決定稿ができていったんだけど。

旗揚げの時の本番に、彼〔Ｋ君〕が頭を左半分剃ってきて、頭や顔に大きい恐竜の斑点を画かせた〔原文ママ〕のは、私の指示ではない。Ｋ君が全部自分で脚色をして、徹底して役作りをしたのだ。そのときの彼の役どころは、キンジザウルス[25]という恐竜だった。

［金１９９６］

化粧も扮装も思いっきり楽しんだしね。それぞれが奇抜な恰好で登場すると、みてるみんなは一瞬ワーッとなって、でもそのけったいな動きは障害者の日常そのものだから、ウッとなって、そういう観客の反応があるから、やってるもんにとっては面白かったんとちがう？　自分らがふだん「邪魔や」とか「克服しなければいけない」[26]とか、否定されてる動きにライトがあてられて、一驚一嘆する観客を逆に眺めて楽しんでんのやもん。そのくせあとになって、いやいややったような顔して「金さんにつきあっただけや」とかいうから、「なんちゅうやっちゃ」っていうてやるけど。

Ⅲ

以前みたいにな、障害者やったら誰とでもつきあわないかんというふうには、いまは全然思わへんな。やっぱり障害者は探してるけど、やっぱり、障害者のなかでも面白い障害者とつきあいたい。何が面白いといわれても私の感覚だから何ともいえないんだけど。でも、障害者だからかえって自由に生きれる側面があると思うのよ。地域からも、家族からも、何からも期待されず、いうたら疎外されてるわけでしょう。だったらさ、好き勝手せざるをえないやん。完全に障害者というところで居直りきったらさ、もっともっと、いろんなことができると思うん

25 筋ジス＝筋ジストロフィー。筋肉が次第に変性・萎縮していく遺伝性の疾患。遺伝形式や発症年齢、障害される部位などによりいくつかの病型に分類される。多くは幼児期に発病、肩や上腕、腰などの筋の変性・萎縮が緩やかに進行し、成人期に歩行や呼吸が困難になり死に至ることもある難病。

26 克服しなければいけない＝医療への期待が高かった70年代までは、障害者の心身は無能力な「克服すべきもの」であるとされ、治療・回復が目指され、また時に同化的なリハビリテーションが施された（［熊谷２００９］や［熊谷２０１２］を参照）。このような「障害」を個人に帰責する従来の考え方を「医学モデル」と名指し批判したのは、80年代以降アメリカそしてイギリスで発展した障害学の論者たちだった。彼らは「障害」とは少数派の特徴を無視して設計された環境や制度に宿る社会的障壁のことであり、それによって機会喪失や排除（障害者の無力化）が生じているのだとする「障害の社会モデル」を提起し、認識の転換を図った（［杉野２００７］を参照）。なお、この「社会モデル」は今日に至るまで様々な視点から批判検討されてきている。［星加２００７］、［白田２０１４］、［大野ほか２０１６］などを参照。

だけどな。

どういうのかな、たとえば私が韓国に行ってきたって話をするでしょう。そうすると「あんたは元気だから」っていわれるんやね「私なんて、いつノドにモノつめて死ぬかわからんのに、旅行なんて夢や」っていわれるわけ。たしかにそうかもしれないけど「もっとちがうんじゃないの」っていう気がしてしゃあないのよ。もし旅先でノドつめて死んでもね、どっちを選ぶかはそのひとなんやから。死ぬことなんて、もう、いつもうしろに控えてて、だからこそね、死に場所を選ぶとか、私だってそう思うからできるんやんか。

そのへんで欲求を小さく小さくしてしまうっていうのは——面白いのにさ、ひとりひとりを見てたら。可能性もすごくあって、キャラクターだってごっつうユニークなのに——チマチマっと障害者の生き方にあてはまっていくから、もったいないというか、イライラするんだけど。

でも、最終的には私、みんなを信じてるけどな。ほんとに必要なものがあれば、自分で何とかするもんだから、他人がガアガアいうたって、そのひと自身がかんじてなかったらあかんし、かんじたら何とかするやろと思ってるから。だから一緒に芝居したひとたちも、いろんな生活してるわけで、でもとりたてて私の方からどうのこうのいうんじゃなくて、つきあえる部分でつきあって、そのなかで何かいわれたら、私でできることで力を貸そうと思ってる。このごろはいつもね、たとえば芝居やるにしても「私はこんな芝居をやりたいんだけど」というて、やるかやらんかは、本人に決めてもらうわけ。私は自分としては「障害を表現としてどう生かせるか」というようなことをテーマとしてもってたけど、なかには「これが優生保護法に対する障害者からの回答だ」というひともおって、いろんな思いをもちながらも、一緒に芝居やりたいということだけでつながれたから、わりと気が楽だった。

「だけ」の集まりにも、実現する理由がある。例えばそのときに(「やりたい」芝居の形をとって)肯定されている美意識はどんなものか。

健全者とのつきあいだったらもっと徹底して「私を認めるか認めないか、選ぶのはそっちでしょ」ってところでつながっていきたい。「来るものは拒まず、去る者は追わず」で、むこうが、「イヤ」といわん限りこっちは健全者を離さない。こっちは徹底してつきあって、切るんなら健全者に切らす。そう思うようになったのは、いまから4―5年まえ、私が組織から離れて、いうたら〝運動〟ということで維持されていた健全者との関係が切れたとき、私個人と健全者個人が、何を接点にしてどう関わるのかということが自分に問われたわけ。そのときに軽度のひとに「どうしたって介護の必要な障害者は、健全者に首根っこをつかまれてる」っていわれてね、それがごっつう気になって、ずーっとその言葉にこだわってきたんだけど、それに自分なりに結論をだしたのが「もともと障害者は健全者を切る立場にない。切るんやったら健全者の方が私らを切るんだ」ということだったのね。

健全者に対する姿勢として、ただ単に「生きたいから健全者が必要」って、物理的にはたしかにそうやねんけど、ただ単に「生きたいから」というだけで自立生活[27]するのでは、あまりにもバカバカしいし、生きるためだけやったら、施設でも在宅でも生きれるわけやん。自立できへん状況を押して、白い眼で見られても家を借りて生活やるということは、なんぼ「目的なんてない」いうたって、自分のなかには求めるものがあるわけ、どっかに。そしたらさ、ただ健全者を手足のようにして、〃介護〃ということでわりきってつきあうのは、ごっつうむなしいわけや。「自立のために健全者が必要」というのはそうなんやけど、それだけやったら、なんのために関わらなあかんのんてことでしょう。お互いにエネルギー割《さ》いてよ、来る方だって時間割いてよ、こっちだって、毎日毎日変わる[28]、ほんまに、なにいうても通じへんアホな健全者つかまえてさ「なにがゆえに、こんなんとつきあわなあかんのや」って、なるやんか。それやったらあまりにもむなしいつきあいだと思うしさ。

　こっちは切る立場じゃない、徹底して健全者とつきあって、切るんなら向こうに切らす。そういうふうに思えたことはすごく大きかったね。ツノかくしたりキバかくしたり、おだてたりすかしたりして、介護に来る健全者をうまくつなぎとめておくというのも、ひとつの技術としてあるとは思うけど、なんぼ合わしたつもりでも、もともと障害者と関わることじたい、健全者にとって不自然である以上、すんなり一緒に生きる土俵にはなれへん。関わらんでラクなのは健全者の方やからね。それやったら「自分はこうやねん」と、引くに引かれんところで、〃リツパ〃といわれようが〃しようもない〃といわれようが、「これしかありまへんから、どうぞそっちで判断してください、私はあくまでも自分のペースで行きまっせ」ということでやるしかない。こっちは我慢ばっかりさせられてきただけあって、忍耐力はすごくあるからさ、根気で

27 自立生活＝日常的に介助を必要とする障害者が、家庭や施設による庇護・管理から脱し、本人の選択や意思決定に基づき地域社会で生活することをさす用語。「ただ、より具体的に起こった事柄に即すると、自立とは、親元や施設から離れ、ひとまず一人で暮らすことそれ自体を指していた。それを要するに自己決定する生活への移行であると言えば言える。しかし、彼らが理念としてでなく具体的な生活の仕方をもって自立（生活）と呼んだこと、自己決定を、そして自己決定としての自立を最初の唯一の原則とすることに必ずしも同意しなかったことは示唆的である。従属と保護から離れて暮らすことと、自己決定を達成すべき目標とする生活を送ることとは完全に等しくはない。この微妙な差異は重要である。彼らはその意義を積極的に規定せず、何かより「正しい」生活を示そうとはしない」［立岩１９９９］。

28 毎日毎日変わる＝毎回の介助者が替わることを言っている。金は１９７８年に「青い芝の会」を抜けて以後、組織的支援なしに自立生活を続けた。当時の他の自立生活をする全身性障害者と同様、みずからボランティアによる無償介助者を募り、日程の調整や予定組みを行なった。１９８０年以降、「患者・障害者は医療・福祉サービスの利用者・消費者である」という考え方とともに日本に導入されたアメリカ型の「自立生活センター」（ＣＩＬ）は、障害当事者による運営のもと有償介助サービスの提供を主要事業として組織的に行なった。また、２０００年代以降のいわゆる「社会福祉基礎構造改革」によって、それまで行政によって決定されていた介助内容や提供者を、障害者みずから選び利用できるようになった（「措置から契約へ」などと言われた）。これにともない、障害者介助も「労働」として成り立つことになる［前田２０１５］。有償で「介助サービス」が提供されることで介助量が安定的に確保されるという、マーケットを支えている発想に対する疑いはないわけではない。［立岩・堀田２０１２］、［渡邉２０１１］などを参照。

勝負するんやったら持久戦で絶対に勝つし。ネをあげた方が負けやと思うから、こっちからは絶対に切らない。さっさとトンズラして、ラクな生活に行ってくれてもべつにいいんよ。一瞬のうちに忘れさられるとは思うけど、でもシコリの残るのはむこうの方やろと思うからね。

私が自分のペース、障害者のペースにこだわるのは、そのことで、かえって健全者と通じていけると思ってるからね。

パッションをもってる人間というのは、どこでパッションをもつかというと、やっぱり障害者がもってるような世界というか、そのまんまでは大道《だいどう》を歩けないという、はみ出た部分がパッションの核になっているわけやんか。たまたま私らは、正真正銘の障害者やから、はみ出たまんまで居直って生きていくことで、対立というよりも、健全者が潜在的にもっている「はみ出したい、はみ出せない」という気分をくすぐるだけでさ、つながっていけるという自信があるからやっていけるようなもんでね。

でもそのつながりかたが「あいつらがあんなに好き勝手に生きとんのに、なんで自分らががんばらなあかんねん、バカバカしい、やめた」となれば正解なんだけども、逆に「自分らがこんなにがまんしとんのに、あいつらにあんなに好きに生きられたらたまらん、やっつけてまえ」となる可能性もあるわけで、私なんか街を歩いてたりして、ときどき殺気をかんじるときがあんのね。いまの世の中、ウップンもってないひとなんかいないでしょう。それをどこかで晴らしてやれというときに、役にも立たない障害者が、大きな顔して街をウロウロしてたら「ムダや」となるんとちがう？「そこまで障害者のことなんか意識してへんわい」といわれればいいんだけどさ。

――どうだろうか。

私らの年代の健全者の女性だったら、働いてるか結婚してるかでしょう。その両方やってるひともいるし。私は両方から疎外されてる。「だったら勝手にやらしてもらいます」ってかんじで、適当に男とつきあって、ひょっとして子どもは産むかもしれないけど[29]――べつに避妊してるわけじゃないしね。でもいまだったら、もし妊娠しても相手にはいわず、自分ひとりで中絶する可能性が高いと思う――で、いっぺんぐらい同棲やってみたいなと思うけど、結婚はしない。

だから、みじんの疑いもなく結婚・子育てだけに専念できるひとがいたら、たぶん、そのひととは直接には通じあえないね。だけど、そういうひとを、かりに〝重度健全者〟として、その枠からすでにはみ出てしまったひとを〝軽度健全者〟とすれば、その間には段階があるでしょう。あんまり離れてしまうと通じなくなるけど、となりのひとだったらよくわかる。

29　ひょっとして子どもは産むかもしれないけど＝『私は女』出版の翌年１９８５年２月に妊娠、12月に男児を出産。

でさ、私なんかが出あって友だちになれるのは、まず軽度健全者ね。それははっきりしてるわけ。で、彼女を通じてだんだんと、そのとなり、そのとなりに回路ができていく……はずなんだけどねー。先端はあまりにも遠くて、いまのところ、まだ出あえへん。一流商社マンとかＯＬとか、石投げてくる回路さえできてないんだけどね。

でもやっぱり、人間総体を信じてるんやね、私は。だから障害者は、障害者のペースで居直って生きていかないと——健全者の後追いして、健全者のなかに混ぜてくださいというのでは——かえって回路ができにくいのとちがうかあ、と思ってるわけですよ。

II

学芸会

構成劇の可能性　を読む

【解題】小さい劇をどう積みあげるか
——一人で書く作文とおおぜいの演劇

現代日本の子どもたちはときに、学芸会に類する催しで舞台に立つ。それは台詞を聞かせる演劇ばかりでなく、歌や呼びかけ、コールときにレスポンス、手紙の朗読などを組み合わせた上演であることが多い。こうした叙事詩的な（epicな）演劇[1]の手法として広汎な影響を残したのは実は、用語としては定着しなかったが「構成劇」だ、と考えてみるのはおもしろい。そう考えるのは、経験者の母数を大きく見積もることもできるからだ。

生活綴方《つづりかた》[2]運動の戦後復興に呼応した作文教育と、そして朗読教育を通して湯山厚《ゆやまあつし》は、子どもによる子ども自身の変化への気付きに重きを置くようになっていく。声のコントロールからネガティブな感情まで、子ども自身が見出していくものには様々なレイヤーがあるが、それらを誘発するべく物事を組み合わせる、構成劇と呼ばれる手法が生まれてくる。文学教育の延長や学芸会だけでなく、湯山は日々の指導でも演劇を使っていた。「例えば、電話で湯山先生が廊下を駆けていった、たったそれだけのこと」であれ、「問題が起こったら、それを学級全体で取り上げて劇化するようにし向けていったことは事実ですね」［湯山・村田１９９６］。だから大がかりな上演で構成される素材のうちいくつかは、教室ですでに演劇化されていた。問題の当事者たちが再演することも、別の子どもが演ずることも、問題を共有した彼らが続きを作文に書くこともあった。演劇教育をさまざまな角度から試行していたことがうかがえるが、「小さい劇をどう積みあげるか」［湯山１９５９］というフレーズは強い。

教育の世界において（演劇に比べて）手法の追求が顕著であるのは、授業時間をどのように埋めていくかという、具体的なプログラムの必要が共有されているからでもあろう。と同時に構成劇という手法はプラクティカルな課題に応えるものであって、つまりなるべく多くの子どもを舞台にのせる（場合によっては学年全員、１７６人が出演する！）という必要があったのだった。

それは脇役の水増しなんてことではカタがつかない問題なんです。そうなってくると、従来の文法を破った新しい形式を生む必要がある。［湯山・村田１９９６］

1　叙事詩的な演劇＝本章68頁を参照。

2　生活綴方＝１９１０年代前後日本に現れた、子どもの生活全体の指導を目的とする教育方法。児童の感情や発想を作文にし、生活を見つめ直すことを重視。生活綴り方によって子どもたちは、自分たちの生活に問題を見出し、その問題をありのままに書いて、みんなで論議し、生活を改善していく力を身につけていく。戦後の学校劇との関わりについては［畑中２００２］が詳しい。

「構成劇」という語が初めて使われたのは、1958年の『構成劇・光の国インド』（作＝木下順二[3]、演出＝岡倉士朗[4]）だが、こちらはまだシュプレヒコール的な色が濃かったという[5][湯山編 1985]。シュプレヒコールは、戦後には木下ら「安保[6]阻止新劇人会議」が集会での出し物として積極的に創作。その作者に名を連ねている福田善之[7]は、シュプレヒコール創作の経験が「フォルムの呪縛から脱することのできた大きな理由のひとつ」[福田 1963]と述べている。こちらは特に彼の劇作を通して、その後の新劇[8]・アングラ[9]双方への影響が少なくない[10]。

（「シュプレヒコール」ではなく）「構成劇」の手法は、解放運動や識字運動と共有されている（第Ⅵ章解題参照）。すると問題も共通する。そのひとつが能力主義である。何々が「できる（ようになる）」ということに、どのような価値を置く（位置を与える）べきなのか。参加する人々がこれこれこういうことができるとよい、となぜ言っていいのか。そもそもできるようになる「これこれこういうこと」の切り取り方はどうなっているのか。能力主義について考えるための集まりでなければそのことを問われないというのは劇場の外ではまちがいである。

＊

――本章に再録したインタビューは、1985年に『構成劇のつくりかた』をまとめた、その翌年

3 木下順二＝1914年東京本郷生まれ。劇作家、評論家。青少年期を熊本で過ごす。東京帝国大学英文学科卒。代表作に、山本安英主演で千回以上上演された民話劇『夕鶴』（1949年毎日演劇賞）、「群読」というスタイルを確立した『子午線の祀り』（1979年読売文学賞、1980年毎日芸術賞）などがある。著書に『〝劇的〟とは』（岩波新書、1995）など多数。2006年没。

4 岡倉士朗＝1909年東京生まれ。演出家。立教大学英文科卒。在学中から新築地劇団に参加、1940年に退団。1947年、ぶどうの会と民衆芸術劇場（のち劇団民芸）の創設に参画、両劇団の中心的演出家として活躍。『夕鶴』の演出で1949年毎日演劇賞受賞。1959年没。

5 シュプレヒコール的＝「シュプレヒコール」とは、リズムを持ったせりふや詩、あるいはスローガンを集団で叫ばせる朗読形式のことで、デモ行進で要求や主張を叫ぶ単純なものから、複雑な演劇的構成を持ったものまである。近現代においてはロシア革命演劇やドイツ表現主義演劇（第V章参照）、日本の戦前左翼演劇などで用いられた。『構成劇・光の国インド』はインドのラージェーンドラ・プラサード大統領来日の折に歓迎集会で上演された。「明確なインフォメーションを持つ」点で、湯山の構成劇とは異なるという［湯山編1985］。

6 安保＝日米安全保障条約。1951年に締結、米軍の日本駐留など日米間の軍事的関係を定めた。1958年から1960年にかけて新条約改定に反対する運動が全国規模で展開。特に与党のみの強行採決（1960年5月19日）から衆議院での議決（6月19日）前後まで、連日数万人がデモ行進し国会を包囲した。1970年にも条約の延長をめぐり反対運動が行なわれた。

7 福田善之＝1931年東京生まれ。劇作家、演出家。東京大学仏文科卒。岡倉士朗、木下順二に師事。1962年『真田風雲録』で安保闘争の挫折を真田十勇士に仮託して描き、その劇作のスタイルも賛否両論を浴びた。1964年『袴垂れはどこだ』で岸田国士戯曲賞を受けるが辞退する。1970年代以降は大衆的な方向に転じ『ピーター・パン』演出（1981―1987年、ホリプロ）や『壁の中の妖精』（1993年紀伊国屋演劇賞、1999年読売演劇賞）など幅広く活躍。

に日本演劇教育連盟[11]の機関誌『演劇と教育』に掲載されたもの。１９８７年の連盟創立50周年を記念して機関誌の記事をまとめたアンソロジー『演劇教育実践シリーズ』（全20巻）、その第11巻「構成劇／野外劇／紙芝居」にもこの談話は再録されているのだが、シリーズ自体すでに絶版となっている。

8 新劇＝「日本において明治以降に展開された新しい演劇ジャンルの一つで、それ以前の能・狂言、歌舞伎などの伝統演劇をさす「旧劇」に対する呼称として、日本の近代・現代演劇運動とほぼ同義に用いられる。…〔中略〕…小説・詩と並ぶ文学ジャンルである戯曲を土台にして、その指示する内容全体を俳優を中心とする集団の協力によって表現する芸術的な演劇形式ということができる。すなわちヨーロッパの市民社会で成長した近代戯曲上演の日本版であるが、より狭義には19世紀末にヨーロッパに誕生した近代劇運動の日本版である。また、人気俳優を際だたせようとする娯楽的なウェルメイド・プレイ（うまくつくられた芝居）による商業的・営利的な上演傾向に対するものとして、劇団の理念によって統一された舞台表現を志向する小劇場運動である。したがって新劇は、「型」の伝承を重視する日本の伝統演劇にはなかった演出家の存在を不可欠なものとし、その芸術的な指導のもとに上演戯曲の解釈や舞台表現の様式・方法の統一を期するのが普通である。」〔祖父江１９９４〕

9 アングラ＝「１９６０年代前半にかけて〔戦後に再出発した〕新劇の再編成がほぼ完了したが、１９６０年代後半に入るころから自然主義的な方法への疑問からリアリズムの基調が後退し、非合理的な劇空間・時間を駆使した新しい戯曲・舞台が目だつようになった。さらに１９６０年代後半から始まった「アンダーグラウンド・シアター」（いわゆるアングラ演劇）とよばれる小劇場運動が広がりをみせ、戯曲至上主義の否定、俳優の肉体の復権を旗印に、若い世代の支持を得て新劇界の一角を形成した。状況劇場、早稲田小劇場（のちＳＣＯＴ）、アンダーグラウンド自由劇場（のち68／71〔黒色テント（第Ｖ章註６参照）〕）、天井桟敷、現代人劇場（のち桜社）などで、寺山修司、清水邦夫、別役実、唐十郎、鈴木忠志、佐藤信、斎藤憐、蜷川幸雄らの作家・演出家が活躍。…〔中略〕…「新劇」がもはや既成秩序の補完物と化しているとみて、その根底にあった近代劇の理念、ひいては近代そのものを全否定しようという演劇姿勢を示した。」〔祖父江１９９４〕

10 新劇・アングラ双方への影響＝〔菅１９８３〕などを参照。

11 日本演劇教育連盟＝演教連。１９３７年に日本学校劇連盟の名で設立。太平洋戦争中の休止期間を経て、１９４９年に再建、１９５９年に現在の名称に改められる。「演劇の創造と鑑賞をとおして、あるいはまた、演劇的な発想や方法を教育の場に生かし、授業や学級の活動、集会や行事などの活動を活性化させることをとおして、子どもの発達と人間性の形成をめざす教育研究団体」〔公式ＨＰ〕。

構成劇の可能性

湯山厚さんに聞く

聞き手　副島功

『演劇教育実践シリーズ11　構成劇／野外劇／紙芝居』（晩成書房、1988・6）所収

初出＝『演劇と教育』1986年3月号

湯山厚―ゆやま・あつし―1924年神奈川県足柄上郡桜井村曽比生まれ。県立小田原中学を経て、神奈川師範学校（新制横浜国立大学学芸学部（現教育学部）の前身）へ進む。25年間小学校教師を勤める中で、学芸会の劇のオリジナル脚本を手がけていく。1964年、短期留学生として渡米、コロンビア大学等で学ぶ。1969年に小学校教員を辞職、印刷・製本所で働くほか、75歳まで横浜国立大学、駒澤大学、都留文科大学などで教鞭を執る。元NHK名作学校番組編成委員。著作に『学級づくりの仕事』（明治図書出版、1959）、『生きている民話』（牧書店、1970）など。2017年11月、小田原市民会館にて「学級全員のための演劇―学校劇の先生・湯山厚展―」を開催。同展の2週間後、2017年12月に亡くなる。

副島功―そえじま・いさお―1933年生まれ。元石神井西中学校、東京都武蔵野市立第三中学校教諭。前日本演劇教育連盟委員長。共著書に『学級を変える文化祭―考え方からアイデアまで』（日本書籍、1987）がある。2014年没。

実践の劇化のむずかしさから苦しまぎれに……

副島　昨年の夏に、湯山さんのお仕事の一つの成果として『構成劇のつくりかた』[12]という本が出版されました。この本を読んで、構成劇っていうのは、台本があってそれをそのまま、Aの学校でもBの学校でも、あるいはCのクラスでもやるっていうものじゃなくて、どこでも応用できる自在さっていうのが一つの魅力だと思いました。いかにも芝居を知っている人、演劇体験者みたいな人がリーダーになってやってきた子どもの劇指導に対して、そうじゃなくて、何も知らないけれども無手勝流でやっていこうという、一つの突破口というか糸口をつけてくださったというのが、湯山さんがなさった、すごく大きい仕事だと思うんですね。

むしろ、Aの学校でもBの学校でもそのままやれるもののことを「応用がきく」と考える場合も多い。

今、調べてみると最初の構成劇『コロの物語』[13]は1960年、今から25年前の作品ですが——学級を持っておられて、どういうきっかけから……ということからお話しいただきたい

12　『構成劇のつくりかた』＝［湯山編1985］

のですが。

湯山　何か、湯山厚というと『コロの物語』が処女作であって、あたかも構成劇から始まって構成劇で終わろうとしているように見えてますけど、実はそうじゃないんですよ。僕の正真正銘の処女作というのは、国土社版の脚本集なんかにもとりあげられている『つめなしねこなんかこわくない』[14]というんです。『コロの物語』は後で冨田博之さん[15]の力で東京書籍の教科書『新しい国語』に採用されたもんですから、ずいぶんと方々で演じてもらったんですけどね、脚本集を通して言えば『つめなしねこ』の方が多く上演されてるんじゃないかと思うんですよ。あれはちょうど僕が民話に関心を持ち始めた頃の作品で、学級経営の中に民話の教育みたいなのがあって、それとたまたま学芸会での上演が一つになってできたわけですね。

> 50年代に入って、それまでほとんど死語だった「国民」という言い方がプラスイメージで復活し、民話などがもてはやされるようになったその背景には、戦略目標を「民族解放民主革命」へと転換した日本共産党の「五一年綱領」（その中で「人民」が消え「国民」が登場した）があったのではないでしょうか。〔湯山・村田１９９６〕

民話に対する意識については湯山も本インタビュー内で再び言及している。こうした関心の分布は、木下順二を一つの結節点と考えると想像しやすい。木下は生活綴方運動にも文

学者としてコミットしており、湯山が参照しているものとしては木下順二・鶴見和子編『母の歴史—日本の女の一生』(河出書房、1954)がある。

僕はしかし、あの脚本を作品とも思ってなかったんです。一応、冨田さんのところに送ってはおいたんですが、全然無視されて取り上げてもらえなかったんですね(笑)。ところが、京都の佐藤一男さん[16]が、三一書房から冨田さんと共編で脚本集を出すことになって、どういうわ

13 『コロの物語』＝神奈川松田小学校4年1組作、湯山厚指導。『演劇と教育』1960年5月号(晩成書房)初出。あらすじ＝学校に迷いこんだ子犬を見つけた子どもたちは、飼いたいと思う。先生は1、世話ができるなら飼ってもよい。2、学級会で相談するとよい。3、どうすることがその子犬のしあわせかを考えよ、という。学級会では、飼うこととその方法、いつまでも飼うのではなくみんなでもらい手を探すことを決める。しかし、みんなにはコロをやりたくない気持ちもあり、もらい手はなかなか見つからない。そのうちに学校で飼い続けることによる様々な問題が生じ、このままでは子犬を保健所へ連れていき殺す他ないことがわかる。本気になってもう一度もらい手を探した結果、古物商のおじさんに引き取られることになった。2週間後コロに会いにいった子どもたちは、しあわせなコロを見出す。

14 『つめなしねこなんかこわくない』＝日本演劇教育連盟編『学級全員のための学校劇選集 中級』(国土社、1960)所収。

15 冨田博之＝1922年福島生まれ。青山師範専攻科卒業。日本演劇教育連盟委員長、日本児童演劇協会顧問、日本児童文学学会会長、白百合女子大学教授ほか歴任。1994年没。

16 佐藤一男＝1926年京都生まれ。大阪市立済美小学校(現大阪市立扇町小学校)元教員。冨田博之、佐藤一男編『小学学校劇脚本選5・6年用』(三一書房、1957)に「つめなしねこなんかこわくない」が掲載される。

けか声がかかったわけですよ。で、手持ちは一つしかないけれど、これでも良かったら……と送ったら、良いも悪いもなく、彼は取り上げたわけですね。それがいつの間にやら、連盟編集の国土社版の全員出演用の脚本集にとり上げられ、最近出た決定版にも残っちゃったんですね。ですから僕の出発というのは、きわめて劇らしい劇から出発はしているわけなんですよ。ただし、僕はたとえば斎田喬先生[17]などに師事をして、子どものための作劇術を学んだというような経歴がないもんですから、何を書いても全然自信がなかったわけですよね。それがどうして『コロの物語』の方へ行ったかと言うと……『コロ』の前に、子どもが迷子の犬を教室に持ちこんじゃった事件が実際にあったんです。やっぱり『コロ』と同じように貰い手を探しまして、その時は、たまたまクラスの中の一人の女の子が、お母さんの承諾を得て引き取ってくれたんです。うまくいっちゃったんですね。そういうのが作文として書かれ、文集として整理されるとかするわけですが、これを、このままで置くのはもったいないので、一つの記念碑のような格好で残すのに、劇としてやろうということになったんですね。それなら僕が書こうというわけで、『幸福になった犬』という、きわめてあたりまえなタイトルの劇となったんですよ（笑）。実物の犬を抱いて出てきたりしたんですが、しかし、お芝居にならないんですね。学級の中で起こったできごとを脚色していけば劇作りは簡単だという人もいますが、舞台にのせてみると迫力がないですね。いわゆる、お芝居になっていないわけですよ。そういうわけで、これはいかんと考えたんですが、でも、それはそのままだったんです。ところが、それと同じように今度はコロの事件が起きちゃったんですよ。

副島　コロの事件の前に、もう一つあったんですね。『幸福になった犬』ね、ああ、そうですか。

湯山　コロの時は、犬を友だちの母さんに貰ってもらうために、近所の子どもがいっしょになってサクラを演じたりいろいろやるわけで、その子が、非常にいい作文を書いたのでそれを脚色したわけです。ですから、学級の中でやってるぶんにはいいんですが、学芸会の舞台にかけちゃうと、ヤマ場のない、きわめてつまらないものになっちゃうんですよ。やっぱり、いわゆる生活劇といわれる作品の良さと同時に悪さというのはそこなんでしょうね。身内だけしかわからないというところね。

副島　見せる時の細工というか、仕掛けがないと見せられないというね。確かにそうですよね。

湯山　ですから『コロの物語』も同じような迷子の犬の事件だったし、子どもたちもやろう、やろうと言うので書こうとしたんですが、前の失敗の経験がありますから、こいつはいかんと考えたわけです。それともう一つには、本の解説のところに葛岡雄治さん[18]も書いてくださっ

17　斎田喬＝1895年香川県丸亀市生まれ。日本の演劇教育運動、自由画教育運動の推進者。洋画家、学校劇の脚本家、歌人。1920年、成城小学校に招かれ、学校劇・自由画の運動を開始。雑誌『児童の世紀』の編集に携わる一方で、創作脚本や童話・詩などを発表。1926年、学校における人形劇を提唱。1931年に「子供の劇場」を、1933年に「児童劇団テアトロピッコロ」を創設。1949年に、日本児童劇作家協会を設立し、委員長となる。1976年没。

ているように、これは子どもたち自らが演じていたんだということ、だから、子どもたちの作品にしようという気があったんです。ですから子どもたちに詩や作文を書かせて、それも単に脚色する素材にするというんじゃなくて、部分的には、それをそのまま残そうという気持ちがあったんですよ。一種のモンタージュ[19]でいこうというような。そうなってくると、従来の、斎田先生などによって完成されたような、額縁の中にきちんと収まるような形式では収まらなくなってくるわけです。それで詩や作文や寸劇があったり……。それをどういうふうにつないでいくかっていったら、ある部分ではシュプレヒコールの形式にするとか、苦しまぎれにひねり出したという、そういうことなんですよ。

［湯山編 1985］

『コロの物語』には、『ジョンはぼくたち、わたしたちの手で』という続編がある[20]。

この続編は迷い込んできた成犬を今度は自分たちで飼うことにする、というものだが、それにしてもよく野良犬[21]の迷い込むクラスである。

ボリュームのある声で観客を黙らせようと……

副島　しかし苦しまぎれとおっしゃっても、最初の場面なんてきわめて象徴的だと思うんですけどね。物語を始めるにあたって、ソロがあって、シュプレヒコールのコールがいて、という形式がありますね。これはやっぱり、意識的にとられたわけなんでしょう。

湯山　いや、僕はね、シュプレヒコールを全然知らなかったわけなんですよ。ただ、玉川大学出版部の脚本集に岡田陽さんの『おかあさん』なんていう作品がありまして、それくらいは見ていたんですが、僕の場合ただソロがあってコールがあってという、それだけのことなんですよ。

副島　そうですか。

18　葛岡雄治＝1930年長野生まれ。東京学芸大学卒業後、東京都内の小学校に勤務。日本演劇教育連盟常任委員、事務局長、副委員長などを歴任。編著書に『卒業式―ドラマとしての』(晩成書房、1981)、『卒業式―学校行事としての』(晩成書房、1999)、『朗読・群読ことばあそび 復刻新版』(ルック、2003)などがある。2003年没。

19　モンタージュ＝映画用語で、各ショットのつなぎ方で、単に足したもの以上の新しい意味を作り出す技法。

20　『ジョンはぼくたち、わたしたちの手で』＝湯山厚構成。『演劇と教育』1961年4月号(晩成書房)初出、『演劇教育実践シリーズ11 構成劇/野外劇/紙芝居』(1988・6、晩成書房)所収。

21　野良犬＝1973年に「動物の保護及び管理に関する法律」が制定され、自治体による引き取りの義務化が定められた。1999年に同法は「動物愛護法」に改正され、飼い主責任が追加された。環境省の統計によると、全国の犬の引き取り件数は、1974年には118万7千件だったが、2016年には4万1千件と、大幅な減少傾向にある。

湯山　僕の作品は、ややパターン化されてるんです。ソロが続いてきてコールで締める。最後に全員でやるコールがあって、それは前のソロのそのまま繰り返し——というようなですね。あれ、やっぱり崩れないわけです。あれを崩しちゃうと、子どもたちはそろわないでバラバラになっちゃうんですね、演技力はないですから。そういう点で、純粋に作品として優れたものを書こうという〝作者〟としての気持ちが先に出ると、僕の作品はもの足りないわけなんです。しかし、子どもたちにしてみれば、何も一つの劇をみごとに演じて観客を感動させてやろうなんて気持ちでやってるわけないんです。とにかく間違えないようにとか、そういうことばっかり考えてるんですから。

——きわめて実践的な教え。

だから、子どもたちが安心してできるような格好というと、ああいうふうな格好になってくるわけなんです。もちろん、落合聡三郎先生[22]などが到達したあの質の高さ、あれは僕も実に立派だと思いますし、やはり、小学校の段階であっても、クラブで意図的に演劇の指導をするっていうんだったら、質の高さは非常に大事だと思うんです。だけど一般的には、小学校あるいは中学校の学芸会というと、今はともかくとして、条件が悪かったわけです。

副島　そうですね。今でもそう良いとはいえないですよ。

湯山　どんなに細かい指導をしても、セリフやしぐさの妙味みたいなものは観客席には伝わっていかないわけですよ。結局騒がれてしまう。あの悪い条件をどういう形で突破して、有無をいわせず観客席を黙らせるか（笑）。そこに、僕がシュプレヒコールのコールを取り上げた理由があるわけで……。とにかく、ボリュームのある声で、言いたいことを伝えちゃう――こっちが舞台の上から呼びかけていることが観客席の方に伝わっていけば、観客はとにかく舞台の方に集中してくれる、というわけなんですね。簡単にいうと、そういうコールの強みみたいなものを生かそうとしたわけなんです。

それと『十円玉が落ちていた』[23]という作品を例にして言うと、あの作品では、路上に落ちている十円玉が、誰かに拾ってもらいたいと思っている。十円玉は十円として役に立ちたいと思っているんですね。これをどう劇に表現するか。――十円玉なんかが劇の形でしゃべったって、チンケなものになっちゃうんですよね。そういうのは、暗い中に照らし出して、モノローグのような形でやる。そこに詩の朗読なんかの手法を生かす――こういうものを部分的にはめこむには、構成劇の方法っていうのは便利なんです。心のうちを表現するとか、カットバック

22　落合聰三郎＝1910年生まれ。児童劇作家。青山師範学校卒業。小学校教師をつとめるかたわら学校劇運動を興し、1937年日本学校劇連盟を結成。1967年より少年演劇センターを主宰、青少年演劇の国際交流にとりくむ。著作に『学級図書館』（富貴書房、1951）など。1995年没。

23　『十円玉が落ちていた』＝湯山厚構成。『演劇と教育』1965年5月号（晩成書房）初出。

シーン[24]などもそう苦労せずできるんですね。

副島　当時、大勢の子どもに見せる形式だったたんですか？

湯山　そうです。学芸会でしたから。だから全員出演ということも考えるわけです。一人がどんなに短いセリフであっても声を出す。単なる素通りではなくて。それと同時に、御都合主義で全員出演ということでなく、とにかく全員の声が一つになった場合、大変な迫力になってくるという積極的な意味があるわけなんです。

副島　何でもかんでも誰でも大声を出すというのじゃなくて……。

湯山　二面あると思うんです。それで十分な子もいればね。

副島　本質的な意味で一人一人の子どもの力を引き出してやるっていうね。それで、もう一つは、今のお話聞いていていて、やはり、叙事詩的な劇の形式だということがいえるかもしれませんね。『十円玉』にしても。

解題にもある「叙事詩的演劇」[25]は現在、特にブレヒト[26]の用語として定着している。

ブレヒトは劇をおもしろくみせると同時に、観る人々を教育するものでなければならないと考えた。古来からの〔古代ギリシャからの〕アリストテレス式演劇は観客を感情同化にまきこみ、カタルシス（浄化作用）させて終わり、認識へかりたてることがない。観客をして感情的なものより、理性的な受けとりをし、思考させるような劇形式をつくりださなければならないと考え、それを主張し実践した。「叙事詩的演劇」と呼ばれるものである。演出家は観客が舞台に同化されてしまうのにブレーキをかけて、さます効果が必要だと考えた。「異化作用（異化効果）」と呼ばれるものである。演技にしても同様であり、また劇の中で使われるプラカード、字幕、歌などもその効果をねらったものである。今までの劇に対して、もっと別の視点や受けとめ方に気づかせるための異化であって、十分な同化あっての異化効果であるといえよう。［演劇教育小辞典１９８８］

『構成劇のつくりかた』でも小松威夫が「湯山さんの戯曲を読んでいると、どうしてもブレヒトのことを避けてとおることができない。」と述べている。湯山とは演教連で付き合いのあった小松は、１９６８年ごろに湯山戯曲を上演しており、１９７０年にも湯山戯曲について「ブレヒト的発想」と指摘している［湯山編１９８５］。

24 カットバックシーン＝切り返し。二つ以上のシーンを交互に描いて展開するレトリック。
25 叙事詩的演劇＝「叙事詩」という古典的な文学用語への先入観を避けてか、日本では「叙事的演劇」と訳されることが多い。
26 ブレヒト＝第Ⅲ章註31参照。

湯山　そうですね。あの『構成劇のつくりかた』のおしまいの方に播磨晃一君[27]が、湯山さんの構成劇の方向はやがて詩劇の方向をとるのではないか……というような、私にとっては大変おもはゆい文章を寄せてくれていますが、そういった点では、当たっていると思われますね。『十円玉』についていえば、ちょうどあれが書かれた年代というのは、道徳教育が実施された1958年頃で、その道徳教育に対する反発みたいなものが、あの構成劇を書かせているんです。ですから、形式的には叙事詩的な形式がとられてますが、あれは一種のアイロニカルな体制への挑戦とでもいうか……（笑）。
副島　そうですね、実践としての挑戦ね。
湯山　あれ、フィクションなんですけども、そういう方向にもいけると思うんですよね。

1958年に「道徳の時間」が小中学校に新設された。2015年の学習指導要領の一部改正により、2018年度より小学校で、翌年度より中学校で、「特別の教科　道徳」が教科として完全実施される。それまでの「道徳の時間」は教科ではないため教員による公式な評価も教科書も存在しなかった（副読本は用いられた）。

要求したのは、のびやかにセリフを言うことだけ……

副島　子どもたちにとってやりやすい、演じやすい形というお話がありましたが、そのあたり、演技の指導のことも含めてもう少し話していただきたいのですが。
湯山　たとえば『コロの物語』でもそうですが、とにかく一息も二息もついて、子どもがやっと思い出してしゃべるような長いセリフは絶対出てこないんです。本当なら長くやらないと、劇のおもしろさが出てこないんじゃないかというところでも、それは作者のエゴイズムであると（笑）。抑えに抑えて一行で終わらせるわけです。それから、子どもというのは、先ほども言いましたが十分な演技力を持っていないから、のびのびと発声しさえすればいいような作品しか書かない。専門の俳優が修業をつまなければできないようなものは書かない。ただ、のびやかに発声すれば、それが重なっていって、ある雰囲気が出てくる――そこはこっちの腕なんだと。だから、子どもには、何でものびやかにセリフを言いさえすれば良いと、そこだけを要求しているんです。

27　播磨晃一＝1929年生まれ。詩人、教育問題研究家、言語学研究家。湯山とともに『小学校国語』（大日本図書、1965）を編纂。1968年4月から1969年12月までは湯山と足柄下郡湯河原小学校の同僚となった。2009年没。

副島　やっていて、子どもたちの感想などはどうですか？ 文集なんかになってるかもしれないけど。

湯山　いや、案外でてこないですよ。やっぱりあたりまえの、間違えなくて良かったとか……。ただ教え子で、今教員をやっている野地泰次君が、今度の本には当時の感想を寄せてくれましたが[28]。今、28か29歳くらいですね。

副島　『どこまでも続く道で』[29]という作品をやってますね。

湯山　ええ。この『どこまでも続く道で』というのも、演教連ではあまり認めてもらえなかった作品です（笑）。作品として見ようとするせいでしょうね。僕なんか、そうじゃなくて、作品は作品なんだけど、あくまで子どもたちの動きを引き出すための〝すじ書き〟なんだ、そういうものもあってもよかろうと思って書いてるんですね。劇をやるのはいろんな目的がありますが、私の一つの大きな狙いとしては、子どもたちが一つのお芝居を通過した時に何が残っているかというところですね。からだならからだの動きがのびやかになるとか、それから、人前にからだをさらした時におののきを感じなくなるとか、そういうための楽しみながらできる台本があってもいいんじゃないか――それは必ずしもドラマ作りといわれるものを考えなくてもいい。少しやさしいものをのびやかに演ずる。そして演ずる快感を覚える。それが観客席に伝わっていき、そこでまたのっていく――そんな台本というのを考えたらどうかというふうに考えたわけです。

副島　それは、湯山さんの国語教育に対する考え方でもあるわけですね。今言われた野地さんも書いておられますね。「国語の授業のなかでも、かなり徹底して読みの指導をされた」って——。国語の授業のなかで読む、朗読するということに、かなり力をいれられたわけですね。

湯山は「戦後教育の出発期が教師生活の始まりでもあった」世代。「そのころは男の先生はみんな兵隊に行ってしまっていて残っていたのは女の先生ばかり。それも旧制女学校を出て助教あがりの自信のない先生たちで何も教えてくれない。ぼつぼつ復員してきた先輩たちに聞いても、「いや、おれたちは旧教育でだめだから、おまえたちこそが新教育だ」なんて言われてもどうしていいのかわからない」［湯山・村田１９９６］。

湯山　極端に言いますと、僕は読解指導無用論、否定論なんですね。日本語で書かれているものを、例えば〈山〉というものを〈土が高く盛り上がっているもの〉なんだという解説をしなきゃいけないような国語教育・読解指導をやっても意味がないんじゃないかと思うんですね。

28　野地泰次君が、今度の本には当時の感想を寄せてくれましたが＝野地泰次「演じさせられた教え子の立場から」［湯山編１９８５］。

29　『どこまでも続く道で』＝湯山厚構成、１９６６年６月上演。誌面等では未発表の作品。

副島　同感です。

湯山　だから読んだらぱっとわかるような国語教育を考えていたわけですよ。ある作品というのは説明ではなくて表現になっているわけですね。だから難解な語彙をやさしく言いかえることなどは、どこまでも補助手段であって、たとえば、読んだ状況が映像のように頭のなかに浮かび上がってくるという把握ができて、はじめてわかったっていえるんじゃないか。それにはやっぱり、ふさわしい読みとり方があるんじゃないかということですね。だから僕は意地になっても、言葉の言いかえはしないんです。

副島　声を出して読ませるわけでしょう。

湯山　ええ、読めば終わりなんだという（笑）。それしかやってなかったということです（笑）。

教室空間そのものがドラマの舞台と考えて……

副島　湯山さんが教科書なんか何もなしで授業やるっていうのは有名な話で、伝説になってますが……（笑）。本当なんですか？

湯山　本当なんです。教材を暗記してしまえばいいんですよ。なぜかっていうと、緊迫した話し合いが行われている時に、「では……」といって教科書を持って、先生が子どもたちの方から目を教科書に移しちゃうと、途端に雰囲気が崩れちゃう。子どもたちっていうのは、わかってもらおう、答えたいって先生の目をみつめているわけですよ。それがね、先生が視線をそらしちゃうと、ダーっといっちゃう。そういう点で先生は教科書を持たない方がいいんだと。全文暗記するということはできないにしても、教科書に視線を移すことによって大事なきっかけを失うことの方が怖い。

副島　緊張してるもの、集中してるものを他にそらすってことですね。教師の目線がいっちゃうだけでもね。何年生の教科書でも？

湯山　そうです。1年でも6年でも。僕の最高潮だった時というのは、教科書ももちろん持たないけれども、「はい、あなた」という指名を一回もしなかった。……つまり「今日はどこからでしょうか」という口をきいて始まり、「では。おしまいにいたします」——それだけしか口をきかなかった。6年生の授業ですが……（笑）。

副島　間はどうやるんです？　今の若い先生たち[30]はそういうことが一番知りたいんじゃないかな。

湯山　うしろで見ていた先生があきれかえったんですけどもね。うしろから見てたんじゃ、わからないんですよ。実は、僕はサインを送っているわけですよ。

30　今の若い先生たち＝1986年当時25歳として、2018年現在57歳。

副島　子どもたちには、それがわかってるわけですよね。

湯山　わかってる。そして視線を子どもたちの方にまんべんなく注いでいますと、答えたいやつの視線というのは感じるわけなんです。で、目が合ったら立ち上がるということになってるんですよ。一人が発言すると、「違う」とか「そうだ」とか顔に出てくるわけですよ。ニタッとしてね、「シメタ」とか。目が合うと立ち上がるわけですよ。だけどうしろの方で見たんではわかんないですよね。ある意味では、頭の中に演劇教育みたいなものがあって、いわゆる教室空間そのものがドラマを演じている舞台というふうに考えれば当然そのようになるという感じがしますね。

副島　もう構成劇なんてもんじゃないですね、それは。

湯山　しかし、そこでもディスカッションが白熱してくればしてくるほど、やはり子どもたちの方にも能力の差があるわけで……。そういう鋭い発言をする連中には、それなりのマナーが絶対に要求されているわけです。「同じようなことを繰り返して申し分けありませんけど」とか「私ばかりが発言してすみませんが」とかね。うしろから見ていると唖然としちゃうわけです。僕はそれでなくちゃいかんといってるわけですよ。だから伝説ではなくてそれは本当なんです。

副島　子どもたちが国語の中で、野地さんが書いているように、読むっていうのは、楽しいとか、うれしいとか、おもしろいっていう気持ちを持つ……。

湯山　いえ、そんなことはないです。そうではなくて、たとえば「オレは国語の読みはへたなんだ」というふうに思いこんでるのがいますよね。ガラガラ声だからとか、そういういわれのない劣等感とか……。

副島　つっかえるとかあるでしょう。

湯山　やはり自分の声を把握するということ。そして欠陥をどう隠すのか、持ってるものをどう生かすのか。それぞれのキャラクターを生かせるのだというふうに持っていくんですよ。

――「キャラクター」を活かすという発想は、いったいいつどこからやってきたのだろう。

それと、たとえば朗読をさせるとつっかえるとね、そうすると「もっと家で練習してらっしゃい」とか「もっと勇気を出しなさい」とかね、それだけではどうにもならんわけです。ですから僕は、指導以前の診断が必要なんだと思う。診断と治療の問題なんだと。そしてその上で、さらにそれを身につけるためのトレーニングが必要なんだ。それによって自分がだんだん変わっていく――それが喜びになる。だから、たとえば芥川龍之介の『藪の中』をうまく朗読表現ができたという喜び――そういう喜びは、僕はあまり要求しない。やはり思い通りに自分の声を操れるという――そういうふうになっていくところに喜びを見出す。そうすると、必然的にこういうものを読みたい、こういう表現をしたいというのが出てくる。ですから基本的に僕の教室の朗読の指導というのは、いわゆる作者の意図をどのように音声を通して芸術的なものを表現するかということじゃないわけですよ。結果的にはそうならなきゃいけませんけども。自分の声を自分の意図通りに操れる。そういうふうに、からだをどう訓練するかという、その問題なんです。で、声の場合には、柔らかいといえないかもしれないけど、思い通りに舌をころがすことができるというふうにね。自分がそうなるという、変わっていく変化を喜ぶ。自分のからだの変わり方の喜びという点では、演劇の狙いそのものじゃないかという感じがする。

教師に必要な技術としての演劇的感覚

副島　いわゆる言葉もそうですけれども、まあ、言葉とからだは切り離せないわけで、子どもに演技指導するって問題もそうですよね。全く同じですよね。話をちょっともとにもどすと、子どもが主体になった構成劇をつくっていこうという発想は、根っこは同じなわけですよね。

湯山　ですから『どこまでも続く道』は4年生用に書いたものですけどね、一つの子どもたちの表現力を育てるための台本。だから中身は他愛のないお話ですよね。

副島　だから湯山さんの発想のもとには鶴見俊輔のいわゆる「限界芸術」[31]っていう、まさに自分のところの子どもの力をのばすというための方法が意識されている。

湯山　しかし、欲も出しますよね。その欲を出した作品が『主人公は誰だ』[32]です。あれは子どもたちに表現力をどう育てるかということを意識したものではなくて、教師というのは子どもをダメにしているんだという、僕の教師廃業宣言[33]みたいなものを何らかの形で出したかったわけです。だからあれは、作者が自ら言わんとしたところを書いた作品なんですよ。そういう点ではえらく長いセリフも出てきますけどね。技法的にもかなりむずかしいものも出てくる。

副島　この『構成劇の……』を読んでいくと、テーマに社会性があるっていうか、子どもが社会を認識していくみたいなところがある。『コロの物語』もそうでしょう。

湯山　だからあれを、動物愛護ととられちゃ困るのね。

副島　そうそう。

湯山　そうではなくて、犬一匹飼うということがどれだけ面倒くさい、大変なことを背負い込

31　限界芸術＝哲学者の鶴見俊輔（1922－2015）が提唱した芸術概念。鶴見は、芸術を「純粋芸術」「大衆芸術」「限界芸術」の三つに分類している。「純粋芸術」は、専門的芸術家によってつくられ、それぞれの専門種目の作品の系列にたいして親しみをもつ専門的享受者をもつ。「大衆芸術」は、これもまた専門的芸術家によってつくられるが、制作過程はむしろ企業家と専門的芸術家の合作の形をとり、その享受者としては大衆をもつ。一方で、芸術と生活の境界線にあたる作品で、非専門的芸術家によってつくられ、非専門的享受者（大衆）によって享受される芸術を「限界芸術」とした。「限界芸術」の具体的な例として盆栽、替え歌、漫才、落書き、年賀状、祭り、家族アルバム、デモなどを挙げている。鶴見は、本来ならば「芸術」と呼ばれることのない人々の日常生活の行ないのなかに、「芸術」を見出そうとした。［鶴見1967］を参照。

32　『主人公は誰だ』＝湯山厚構成。『演劇と教育』1968年5月号（晩成書房）初出。

33　教師廃業宣言＝湯山は1969年に45歳で小学校教員を辞職した。本書で扱う中では第Ⅷ章の海上宏美も廃業するが、宣言はしていない。

んじゃうか、ということね。子どもを困らせるための手段でもあったわけですよ。

副島　保健所は出てくるし。

湯山　ええ、ですから裏にまわって手を打っておかなきゃいけなかったりね。校長も付き合ってくれましたけどね。ですから、副島さんがおっしゃるように保健所に行くと、そこで畜犬法[34]について説明されたり、注射代を請求されちゃったり……。でもね、最初はたかがこんな犬一匹に関わってて何だっていうふうな気持ちがあったわけですよ。60年安保の頃、戦わざる教師でしたけど、意識的にはこんなことして何になるんだと、だからたとえば民話をとりあげて、民族の問題なんかを考えようとしておったわけですよ。ですが、優等生はそれでわかったような顔するわけですよ。でもどうも違うんだね。で、迷子になった犬の問題を話し合うとね、がぜん色めきたっちゃうわけですよ。私自身、子どもへの姿勢がその頃からぐっと変わるということがあるんです。それが教育の方法としての演劇に対する考え方なども違ってきて、教師が暖めている一つの考えというものを劇という形を通して訴えるというのではなくて、劇というレベルの中で子どもたちをどういうふうに踊らせ、その中で子どもたちのからだをつちかうかといったふうな考え方がそこから出てきたんですよね。必ずしも一貫はしてませんけどね、出てくるんじゃないかという感じはするんですね。

副島　そうでしょうね。劇なんてどんなふうに使ったっていいわけでね。どう使ってもいい、それが目的であってもいい、そう思いますけど。

湯山　そこで思い出されるのが、蕪村が書いた『春風馬堤曲』[35]というものなんですね。あれはまさに構成詩だと思うんですよ。あるいは構成劇といってもいいのかもしれない。ただものすごくむずかしくて、安東次男さん[36]なんかもてあましてるんですが……。五七五の俳句の形がはっきりしたものもあれば、俳句の形を無視した短詩的な部分もあるし、漢詩のような部分もある。僕はあれに振りをつけて、あるいは音曲を配して作品化できないかってしきりに考えた時期があったんですよ。手にあまるものですけどね。

このようなことは、あらゆる芸術のジャンルでも見られることで、当たり前のことなんじゃないのかな。だから、僕のやったものをわざわざ構成詩とか小構成劇とかいわなくてもいいんじゃないか。むしろ、新劇なら新劇の、一つの完成された形が学校演劇の世界に持ちこまれることによって、逆に袋小路に入りこんじゃったんじゃないか。だから、一つの新しい方法というのじゃなくて、もっと演劇教育を広い場に引き出した場合、これを構成劇と名づけようと自由なんだけども、さらにいろんな形のものが出てくるんじゃないかなっていう感じはするのね。

34　畜犬法＝狂犬病予防法（1950年施行）のこと。

35　与謝蕪村『春風馬堤曲』＝『夜半楽』（1777）所収。発句・楽府体・漢文訓読体などの詩型の短詩18首を融合させて新たな形式を創造した仮名詩。

36　安東次男＝1919年生まれ。詩人、評論家。東京大学経済学部卒。詩集に『六月のみどりの夜わ』（コスモス社、1950）、評論に『与謝蕪村』（筑摩書房、1970のち講談社学術文庫、1991）などがある。2002年没。

日本国内の演劇実践において一定の成果が共有されたとは思われないモダニズム（用いる素材を明らかにしていく運動）の推進者として湯山を理解することもできる。だが劇場の外でも有効な方法を劇場の中で考案して持ち出そうという発想は退けてある。

副島　おもしろい話ですね。たとえば、絵画の世界なんかでもコラージュなんていう方法はまさにそうですね。

湯山　そうなんですね。形を考えれば構成劇になるのかもしれないけれど、そういった発想で教壇に立つということが必要なんじゃないか。

　今しきりに教育課程の自主編成ということがいわれていますけれども、大変なことでなかなかそこまでいかないから、「差し替え」とか「投げ込み」とかいってますけれど……。ですが、優れたものを持ってきて投げ込めば、差し替えればいいのかというと、もちろんこれも大事なことですけど、やはりもっと別の考えで教師が訴えたいテーマがあれば、それを劇にする、劇の形にしないまでも、いろいろと教材を構成することができるんじゃないかという感じがするんですね。

　そういう自主編成のあり方としても、演劇的な手法、台本構成能力みたいなものというのは、絶対に必要になってくるのではないか。僕がこんなことをいうと、おまえの趣味の押しつけだととられるかもしれないが、教育というプロフェッショナルな世界の教師の教養というか技術として、どうしても必要なものではないかなと感じてるわけです。

III

観客組織

「芝居を心から楽しむ」運動のなかで　を読む

―解題― 企てられる側にとって未知のもの

観客組織をつくることで〔地域の外から〕継続的に公演を招聘《しょうへい》する、というふうに平易に「労演」をまとめてみよう[1]。1963年、各地の労演の提携を強めるために全国労演[2]が結成される。この過程の中で、各地の労演を構成する単位で〔も〕ある「サークル」[3]のあり方に関する議論が活発化する。

労演サークル活動で、いま何が一番たちおくれているかというと、残念なことに、まさに、演劇をみ、それを論ずる活動である。レクリエーションをはじめ、今や料理・生花にも及んだ〔会員の〕諸要求を支える手だてもまだきわめて不十分であるが、しかし、労演サークルはなによりも演劇をみ、語りあうところに存在の意味をもつ。〔津上1966〕、引用は〔阿部ほか1970〕

その中で神戸労演[4]のあげているスローガンは象徴的であると思う。曰く、「芝居を心からたのしもう」。…〔中略〕…「たのしむ」とはあくまで自分の問題であり、自発的・内発的問題である。その自主性、自発性の強調が、〔会員の〕ふえている労演に共通してみ

1 「労演」をまとめてみよう＝「各労働組合や民主団体が相提携して協同の観客動員を行い、組織の力で勤労者に対する料金の割引、入場税の減免、予約席の優先的確保等を獲得して良い演劇を民主的に育て上げるように積極的に働きかけなければならない。そこでわれわれはこれを統一的に実行する為に、恒常的な連絡機関としてここに（仮称）勤労者演劇協同組合（労演）をつくり、当面優秀演劇の協同鑑賞を主な事業とし、併せて専門劇場人の協力のもとに自立演劇サークルの育成強化、更に強大な観客組織の確立等の為にも努力したいと考える。」（１９４８）、引用は［阿部ほか１９７０］。この最初期の勤労者演劇協同組合（東京）の趣意書では労働組合が単位となっているなど、その後の労演運動とは異なる点がある。だがいわゆる後援会とは違った観客組織として、各地の労演の先駆けとなった。観客組織の歴史については［倉林１９８３］も参照のこと。なお労働組合とは、労働者が主体となって、賃金や労働時間などの労働条件の改善、その他経済的地位の向上を図るためにつくる団体のこと。労働者が団結し、使用者と団体交渉を行ない、ストライキ等の団体行動をする権利は、憲法第28条で保障されている。日本では、個別企業ごとにつくられる企業別労働組合が中心であるが、それらの企業別組合が集まり産業別労働組合を、また、産業別組合が集まって日本労働組合総連合会（連合）のような全国的中央組織をつくり、毎年の春闘を主導するとともに、政策制度実現のための国民運動、政府への要請活動など、個別の企業別組合の枠を越えた課題に取り組んでいる。

2 全国労演＝全国演劇鑑賞団体連絡会議。

3 サークル＝広義には、文化・芸術・スポーツなどの同じ趣味・研究をする者が集まって活動すること。地域、職場、学校などで展開されるが、労働組合、政党、大規模な組織などの集団に比べて、より少人数で親密・緊密な人間関係が維持されることが特色である。戦後の日本のサークル活動は、１９５０年ごろまでは、敗戦の空虚感と解放感から発生し、とくに職場サークルはこの時期最盛期であった（［道場ほか２０１６］などを参照）。その後は、抑圧された人間性の回復を目ざす新しい活動が展開され、生活綴方などの生活問題が中心となった（［思想の科学研究会１９７６］、［天野２００５］などを参照）。60年代以降は、職場の近代化・管理化、農村サークルの衰退、大衆社会状況での小集団の趣味化などにより、活動は停滞。80年代以降、大学進学者の増加等の結果、学生運動の衰退に反比例するように、大学内におけるグループ活動が盛んになってきた。

4 神戸労演＝神戸勤労者演劇協議会の略称。「良い演劇を安く多くの人たちと観ていこう」と１９５４年7月に設立された演劇鑑賞団体。１９９４年には神戸市の「文化活動功労賞」を受賞。現在は神戸演劇鑑賞会と名称を変更し、活動を続けている。

られる。［阿部１９７３］

引用に「料理・生花」などとある通り、必ずしも例会（＝公演）と直結しないサークル活動もありうる。本文に詳しいが、神戸労演の会長である平田康は、あくまで観ることを楽しむこととして主とする。楽しむ対象について労演サークル内で共有しなければならないと考えるので、当該公演を観る前に語れる必要がしばしば生じる（ツアーの行程にもよる。これは再演の文化の根拠ともなりえた）。すると、集まりの成員が「何を知っているか？」が、共有（のための資料作成など）にあたって懸案になる。もっと言えば、「何を知っているか？」が動員の素材になる。だが本来、観客とは、知らないことへの期待（と不安）によって連帯しているとみられる。

結成以前と同様、初期の神戸労演は会場難を抱えていた。会場がなければ公演を招聘することはできない。活動はインフラ整備を要求する面をのちのちまで持つようになる。１９９１年５月に「神戸をほんまの文化都市にする会」を結成し、平田は会長を務める。同会は「労演、映画サークル、おやこ劇場、劇団、合唱団、美術グループ、古典芸能グループ、まちづくり運動グループなど二一団体が母体」［平田ほか１９９３］となったもので、政策提言「神戸文化都市プラン二〇〇一」を作成した。

だが１９９５年１月17日には阪神淡路大震災が発生し、神戸労演事務局のあった国際会館も全壊した。

演劇鑑賞団体・神戸労演が例会再開に向けてサークル討議を進めた時には、「家が全焼、全壊し、芝居どころではない」「芝居を早く見て、普通の人間らしい生活に戻りたい」との対照的な声が聞かれた。[塩崎ほか編2002]

平田はその後「神戸空港・住民投票の会」事務局長も務め、「特定の運動のやり方を全体に押し付けずに、各パートの自主性を重んじた」という[平田1999]。

＊

本文は、神戸労演の会長となって9年目に入る平田への、東京演劇アンサンブル[5]によるインタビュー。劇団の機関誌に掲載されたのち、1986年刊行の平田の単著に再録された。

5　東京演劇アンサンブル＝1954年、俳優座養成所の3期生の有志が結成した劇団三期会が前身。1967年に現名称に改称。2006年に逝去した劇作家・演出家の広渡常敏を中心に、ブレヒト（本章註31参照）の戯曲などを上演した。

「芝居を心から楽しむ」運動のなかで

『観客術』(神文書院、1986・12)所収
初出＝「サークル活動が人間を変える—生活意識を拡げ、深めよう—」『同時代を生きる』(第2号、東京演劇アンサンブル、1975・12)
1974年7月26日、東京都杉並区高円寺、山徳にて収録

平田康—ひらた・やすし—1930年神戸市生まれ。京都大学文学部卒業。高校教師を始めた1954年に神戸勤労者演劇協会に出会い、会長も務める。1991年には「神戸をほんまの文化都市にする会」を結成し、会長を務める。京都橘大学名誉教授。著書に『観客術』(神文書院、1986)、『観客術2』(高菅出版、2002)、『観客術3』(文理閣、2014)がある。

全国労演第12回総会が1974年7月27、28の両日、仙台で開かれた。それに出席される平田さんに、高円寺のぼくらの稽古場[6]へ寄っていただいた。

背広をスマートに着こなして稽古場にあらわれた平田さんを、まだ宵の口だったけれども、ぼくらの行きつけの飲み屋、山徳へひっぱっていった。今夜は大いに飲ませて、大いに語って

もらおうという魂胆なのだ。

店をあけたばかりの時間だから、劇団の連中[7]はいないだろうと思っていたら、もう3人ばかりカウンターに屯《たむ》ろしてメートルもかなりあがっている[8]。カウンターはにぎやかすぎるので、2畳ほどの山徳唯一の座敷(?)に長身の平田さんを押しこめた。「アンサンブル[7]に行ったらきっとイジメられるぞ、なんてみんなにおどかされてきたんですよ。なんだかおっかないなあ」なんていいながら、ニコニコ笑っている平田さんは、ちょっと飲んだだけで色白の顔をまっ赤にさせたが、最後まで端正さを失わなかった。

6 高円寺のぼくらの稽古場＝東京演劇アンサンブルの当時の稽古場を指す。同劇団の現在の拠点は、東京都練馬区関町にあるスタジオ「ブレヒトの芝居小屋」。なお同スタジオは、2019年3月の公演を最後に閉館の予定となっている。

7 劇団の連中＝アンサンブル＝東京演劇アンサンブル

8 メートルもかなりあがっている＝酒を飲んで上機嫌になる。酒に酔って威勢のよいことを言う。2018年現在では、あまり使われることのない慣用句である。

教師と生徒が裸になる

―― 芝居というものとの最初の出逢いについて少し話してください。

平田　生まれは神戸ですが、父親が鹿児島なので、中学に入る頃[9]に一家で鹿児島に移ったんです、疎開のつもりで。そして戦後、全国津々浦々をまわっていた前進座の『ベニスの商人』や『真夏の夜の夢』[10]、それに『乗合船』[11]の踊りなどをみたのが最初です。

またその前後、関西に遊びに出てきて、大阪の毎日会館で文学座[12]の『姫岩』[13]と『挿話』[14]の二本立をみましたが、『姫岩』のラストの田村秋子さん[15]と杉村春子さん[16]が強く印象に残りましたね。

ぼくは、おしゃべりのせいか詩や小説より戯曲の方が肌に合ってるみたいな気がしていましたが、大学で山本修二氏[17]の名講義を聞いて、ますます芝居好きになった気がします。ファーガソンの『演劇の理念』[18]を種本にしながら、ギリシャ悲劇からハムレット、チェホフ[19]までを、時折り歌舞伎の話もまじえながらていねいに話してもらいました。

―― その頃の青春の志というのはなんだったのですか(笑)。

平田　青春の志というのはなかったなあ。いたって現実的で、英語が好きだったので、英語の教師になったのです。

―― 神戸労演とのかかわりは教師になってからですか。

9 中学に入る頃＝平田は1930年生まれなので旧制中学1年生だとすれば1942年頃か。

10 戦後、全国津々浦々をまわっていた前進座の『ベニスの商人』や『真夏の夜の夢』＝前進座は、歌舞伎興行権を独占する松竹に抵抗し、心座を主催する河原崎長十郎らが1931年に東京で結成した劇団。歌舞伎と近現代劇をともに上演する点に特色がある。1946年11月から「大劇場公演を打ち切り、学生や一般勤労青年を対象に、全国の学校講堂、公会堂、工場に出かけていく」、「青年劇場運動」と称した公演を実施。当時、5－20割を推移していた入場税のため入場料は高騰していたが、学校が主催する公演の場合は免税となった。中でも『ベニスの商人』は612回の上演を記録した［前進座2001］。こうした活動は、労演など観客組織の原点の一つとなった。

11 『乗合船』＝歌舞伎舞踊の演目の一つ。

12 文学座＝1937年、岩田豊雄、岸田國士、久保田万太郎の3人を発起人とし、当時勢いのあった左翼思想に抗して、戯曲文学の尊重を主張して結成された劇団。政治性を排した〈娯楽としての演劇〉を目指し、戦中も公演活動を許された唯一の劇団。戦後はフランス演劇系の芥川比呂志らの参加を得て、文学座アトリエ活動を展開。

13 『姫岩』＝田村秋子が疎開先の長野県佐久郡内山村（現佐久市内山）で、実在の母子らに取材して執筆。1949年に13年ぶりの復帰作として自作自演（文学座第38回公演、演出＝里見弴）。3幕。

14 『挿話』＝加藤道夫作、1949年3月文学座初演。

15 田村秋子＝1905年生まれ。1924年、劇団「築地小劇場」創立時に研究生となる。1932年に夫妻で築地座を、1937年に文学座結成。戦時中は『姫岩』など3作の戯曲を創作。1954年に文学座名誉座員を辞して舞台を断ち、1957年には映画・放送界も離れた。1983年没。

16 杉村春子＝1909年生まれ。1927年、広島から上京し築地小劇場の研究生となる。築地小劇場分裂後は筑地座、文学座に参加。戦後演劇界を代表する女優の一人。1997年没。

17 山本修二＝1894年生まれ。英文学者、演劇研究者。アイルランド演劇を中心に英米現代劇を幅広く紹介。また関西演劇界の指導者としても活躍した。著書に『英米現代劇の動向』（創元社、1932）、『演劇寸史』（中外書房、1958）、『アイルランド演劇研究』（あぽろん社、1968）など。1976年没。

18 『演劇の理念』＝フランシス・ファーガソン『演劇の理念』（山内登美雄訳、未来社、1958）

19 アントン・チェーホフ＝Anton Pavlovich Chekhov｜1860年ロシア帝国タガンログ生まれ。劇作家、小説家。近代リアリズム演劇を完成させたとみなされ、世界的に絶大な影響を残した。1904年没。

平田　神戸の労演は１９５４年（昭和29年）にできたし、ぼくはその前年に神戸市立の高校に勤めはじめたんですけれど、創立の頃のいきさつは知らないんです。

ぼく個人からいうと、当時事務局をやっていた人が学校へまわってきて、ぼくが応対に出たら、『夕鶴』[20]をやるから好きな先生を集めてくれということで、声をかけたら20人ほどかな、意外にたくさん集まったわけです。それが54年7月の第1回例会。

それで最初からサークル[21]の代表者というわけですが、何カ月後かに代表者会議があって出かけていったら、出席者は少ないし、来た奴はみんな委員になれっていうような話でね。

――迷惑という感じ（笑）。

平田　いや、そうでもなかった。ぼくらの大学時代というと、一方では火炎ビンを投げるような跳ねあがった運動[22]もやったけれど、また一方では百貨店で日本最初の原爆展[23]を開いたり、大学に来た天皇を〝平和の歌〟で迎えたり[24]したような激動の時代でした。だから卒業して職場に入っても、なにかやらなければならないという気はあったんですよ。それで、芝居はきらいじゃないし、労演に首をつっこんだわけです。もっとも初めはあまり熱心じゃなかったけれど。

その頃の高校には、まだ戦後初期の自由なふんい気が残っており、そのなかでぼくも勤めた最初の年に生徒といっしょに『三年寝太郎』[25]なんかやった記憶があります。別に演劇教育というたおおげさなことを考えたわけじゃなく、まあ芝居をやってると、教師も生徒も裸にならざるを得ないでしょう。体で接触するというか……。

20 『夕鶴』＝木下順二作。戦中に書いた未発表の『鶴女房』を発展させた民話劇で「婦人公論」（1949年1月号）に発表。1949年10月、ぶどうの会初演（演出＝岡倉士朗、主演＝山本安英）。

21 サークル＝労演内における意味でのサークル。労演には、原則として3人以上でサークルを作り入会しなければいけない。入会後は、会費の納入、例会（演劇鑑賞会）の企画や運営などについて会員個々人でなく、サークル単位で管理、運営をしていく。

22 跳ねあがった運動＝平田の学生時代である1950年前後は、学生運動が盛んだった。事例には事欠かないが、1949年には、京都大学演劇部・文学同好会が前進座（本章註10参照）の俳優を招いた講演会に警察が警官隊を派遣し、学生と衝突するという「前進座事件」も起きている。これに対する抗議行動で学生5名が逮捕された。［今西2016］を参照。また、50年代から70年代前半の学生運動では、火炎瓶が使用されることも多かった。当時の法律では火炎瓶は爆発物に含まれないため、火炎瓶それ自体を規制することができなかった。そのため1972年に「火炎びんの使用等の処罰に関する法律」が制定され、火炎瓶を製造・保管・運搬・所持・使用した者は罰せられることとなった。

23 日本最初の原爆展＝連合国軍占領下の1951年7月14日から10日間、京都大学学生自治会の主催で開かれた日本で初の原爆展。京都市下京区の丸物百貨店（現近鉄百貨店）の5階が会場。約3万人が訪れた。医学、物理、化学、文学、政治、経済などの多角的な視点から原爆に関する展示物が制作されたほか、画家丸木位里・俊夫妻による「原爆の図」の全5部作（当時）が展示された。初めて「綜合原爆展」という名称が使われ、その後の原爆展に大きな影響を与えた。

24 大学に来た天皇を〝平和の歌〟で迎えたり＝京大天皇事件。1951年11月12日に京都大学に訪れた昭和天皇に対して、学生が「もう絶対に神様になるのはやめて下さい」などと書かれた立看板を立て、「君が代」ではなく「平和の歌」を歌って出迎えた。学生たちは一行を妨害したわけではなく逮捕者も出なかったが、政府や新聞などから激しく批判され、大学は学生自治会の幹部8人を無期停学処分にした。［今西2016］を参照。

25 『三年寝太郎』＝木下順二作、1947年発表。副題「農村演劇のために」。

高校における生活綴り方[26]を探って

――活動者交流会での平田さんのお書きになった報告書を拝見しますと、生活綴り方の活動の伝統が生きているように思えるのですが。

平田　それは光栄です（笑）。今は教科を通しての生活教育が大分進んでいますが、ぼくが就職した当時はそんなことは知らなかったし、今から考えると教科指導を重視しなかったというような間違った面はあるんですが、先輩によい先生がおられて、毎日生徒に日記を提出させて、日記による生活指導をやっておられた、その真似をするところから自分なりにやりはじめたんです。

その頃はまだ高校の生活指導に関する理論は進んでなかったですね。お手本は「山びこ学校」[27]をはじめ、中・小学校の生活綴り方ばかりでした。だからこの間亡くなられた小川太郎先生がお書きになった「生活綴り方的教育方法」[28]などという論文が出た時はうれしくてね。先輩の先生たちといっしょに読んで勉強したものです。今の世の中に流布されている概念が、子供のなかにもいつの間にか入りこんでいる、その概念をくだいて[29]、自分の生活をそのままみつめるところから出発しよう、こうした考え方は決して小・中の問題だけでなく、高校段階にもあてはまるのではなかろうか、まあこう考えたわけです。

そしてホームルームの時間に作文を書かせて、それをまとめて文集をつくり、その文集を使った話しあいをやったこともあります。またクラスをいくつかの班に分け、その班に1冊ずつノートを渡して毎日誰かが書いたものをぼくが読んで感想を書く、といったやり方をとったこともあります。

途中からぼくは労演の方にずっと傾斜していきましたから、教育の場でこうした実践なり理論なりをとことん伸ばしていくようにはならないで……その意味でやっぱり今はよい教師ではないわけで、それが悩みなのですが……もしぼくの書いたものに、先にいわれた感じがあるとすれば、こうしたささやかな経験のせいかもしれません。

26 生活綴り方＝第Ⅱ章註2参照。

27 「山びこ学校」＝無着成恭編『山びこ学校』（青銅社、1951）。生活綴方の指導をおこなった山形県山元村中学校の教師、無着成恭（1927－）が、その成果をまとめた詩・作文集。戦後民主主義教育に大きな影響を与えた。1952年には、今井正により映画化。

28 「生活綴り方的教育方法」＝小川太郎、国分一太郎共編『生活綴方的教育法』（明治図書出版、1955）。なお、小川太郎は本談話収録の約半年前の1974年1月に死去。

29 その概念をくだいて＝戦前・戦後を通して、生活綴方運動で活躍した教育実践家・理論家である国分一太郎が提唱した「概念くだき」のこと。「子どもの作文で、生活体験に裏打ちされない、かたちだけ整ったような文章を、書き直させる指導の過程で造語された言葉。やがて作文指導に限定されない、認識形成一般の過程についても、生きた概念の獲得の障害となる既成概念（思い込み）を打破していくことを意味するものとして用いられるようになった」［新教育学大事典 1990］。

企業の論理にもっていかれる

——労演の委員長になられたのはいつですか。

平田　65年ですね、60年代になって、職場でのサークル活動への圧迫[30]がきびしくなったしんどい時期でした。それまで割合長い間副委員長をやっていたんです。

——労演の委員長というのは相当にたいへんな仕事ですね。それに一方では今悩みだとおっしゃった学校の問題があるでしょうし。委員長をやった方がいいだろうと考えられた、それはどういうことなんでしょうか。

平田　実際にはずるずるとなんとなくそうなったってことはあるけれど、あとから自分なりに理由づけるなら、高校の教師をやっていて愕然としたことがあるんですね。

3年間生徒を担任すると、せめて自主的にものを考えて生きていく人間になってほしいと思うでしょう。そして、手前味噌かもしれないけれど、何人かはある程度そうなれたと思っている。ところが高校を出てすぐ職場に入って、半年か1年かたって会ってみると、きれいに企業の論理にもっていかれてしまってる感じがする。新入社員がまるで社長か何かのように「ウチの会社の景気は……」などとしゃべっているんです。18歳で学校を出て、20歳、21歳あたりまでの間が、いわば精神的に空白なんですね。その空白に企業精神なり今の社会のイデオロギーが入りこむ。こいつはしっかりしてる、ちゃんと社会に出ても自分の考えでやるだろうと思っていた者までが変わっていく。こうしたことをなんとか防げないか、なんて考えたことも、ぼくが労演の仕事に入っていった一つの理由だったような気がします。

きびしさのなかで活動家が生まれる

――神戸で「ブロック」ということを話しだされたのはいつ頃ですか。

平田　すでに〔昭和〕33、34年頃からサークル活動を強化するため代表者懇談会を系統的に開くとか、サークル懇談会を組織するといった方針が出ていました。それがさらに、職種別・地域別のサークル懇談会に発展し、懇談会から連絡会へ、そして39・40年度でブロック体制を確立する運びになったのです。

――この方法がいいとみんなで話しあった道筋はどういうことですか。

30　職場でのサークル活動への圧迫＝50年代には戦後の民主主義的な流れの中で革新運動と密接に結びつき、各地の労働者により地域や職場を拠点としたサークル活動が行なわれていた。60年代に入り、企業側が文化・レクリエーション活動の組織化に着手し、いわゆる「企業サークル」を創設。自主的なサークルの中の活動家を締め出すこととなった。他方、これに対して労働組合側が、〃資本の攻撃から組合運動を守る〃という大義名分のもと「特定政党支持の義務づけ」などの統制を強めたことも、その衰退要因の一つと指摘される。［神谷1984］などを参照。

平田　サークル活動が労演運動の基礎だということは、発足してしばらくしてから、相当早くからいわれだしていたわけです。

ただサークル活動の中身についてはいろいろ論議がありましてね。どんなサークルでも少なくとも代表者はみんなから芝居をみに行く日をきいて事務局に申し込む、会費を集めて払いこみ、券をもらってきて配布する、それもサークル活動じゃないか、それもキチンと評価しなくちゃいかんというようなことからはじまって、しかしもっと発展した形のサークル活動というのは、たとえばみた芝居の話をするとか、いろいろやることがあるはずだということは早くからいわれていました。ところが具体的にサークル活動をやっていくというのは、一つひとつのサークルにとっては実にたいへんなことなんですね。ことに代表者になるとシンドイ。そのサークル代表者の悩みを話しあおうじゃないかというのが、代表者懇談会の起こりで、それが代表者だけでなく、他のサークル員も参加できるようにサークル懇談会・連絡会に発展し、そうして各年度ごとにやっていくなかで、ブロックという形が実践的に出てきたんだと思うのです。この道筋は、全国ほぼ同じじゃないんでしょうか。

合評会を持ちたいんだけど、自分のサークルだけでは人の集まりが少ない、それじゃ意気もあがらない、じゃあ近所のサークルが集まって合評会をやったらどうか、多少は人もふえるだろうみたいなところから出てきたのが、複数のサークルでやっていく発想だと思うんです。とくに職場の状況がきびしくなっていく、そしてそれに比例して運動の中身が濃くなっていくなかで、ブロックという形が必然的に生まれたといえるでしょう。

今、神戸労演では、芝居をみる前には例会資料をもとに話しあってその芝居への期待を高めていく、みてからはいわゆる合評会を開く、そして芝居をみた感想を書き、それを集めて機関紙を発行する——などの活動を毎月やろうとしていますが、これはなかなか一つひとつのサークルでは難しい。サークル独自で合評会をもったり、機関紙を出したりしているサークルもいくつかはありますが、まだまだ一般化していません。今こうした中身のある活動ができるのはブロックがほとんどで、そのブロックで進めている活動のなかで働き手が育っていき、こうした働き手が中心になって相当数のサークルがもちこたえているというのが実情でしょうね。

だから、本来は各サークルがいきいきと活動すべきなので、ブロックはそのサークル活動を助けていくための補助手段だといってもよいぐらいなんですが、現実にはサークルでは企業の制約やらなんやらでシンドさが先に立ってしまう。だからある程度の人間が集まるブロック段階で活動をやっていき、そこで得たエネルギーをサークルにもち帰っていくという活動スタイルをとっているんです。

ぼくらは、去年ぐらいからの活動方針で、やっとブロックでやっていることをサークルへ持ちこもうというふうなことをいっている段階なんです。

自分たちで自分たちをとりもどさないと、芝居は楽しめない

――73年12月の全国労演活動者交流会での神戸の報告にぼくらは注目しているんですが、そこで、たえず自分の生活を問いなおそうということで「演劇のもつ大きな世界と個々人の生活実感との落差」といっていますね。

平田　ある人によると、芝居がおもしろくないのは舞台が悪いからだ、いい舞台を創ればみんな楽しめるはずだと、全部舞台を創る側の責任にするわけです。神戸労演は謙虚かどうかしらないが（笑）、たしかに創る側に問題はないとはいわないが、それ以上にみる側の問題が大きいと考えるのです。ここ何年かでやや拡散はしてきたけれど、戦前以来の日本の新劇運動の伝統に立った各劇団の人たち、決してもうからない仕事を一所懸命に続けている人たちの創った舞台、しかも演劇という芸術は、それこそ人類が長い間かかって創りあげてきた文化の伝統を受けついだものであり、それに対して、個々の演技が下手だとかいうことではなくて、舞台全体がさっぱりおもしろくないとか、おれとはまったく関係ないとかいうことになれば、それはこっち側に問題がありはしないか。今マスコミ文化状況と一口でいわれるなかで、ぼくらが非常にせまい実感に立ってしかものがみられなくなっている、考えようとしなくなってる、感受性がにぶくなってる、そこらを自分たち自身の手で洗い直していく作業が必要になってくるという発想がそこにはあるわけです。

もっと舞台と交流できるはずじゃないか、楽しめるはずじゃないか、というおもいが強くあって、「経験的に舞台の世界とわたしたちの日常性との間に落差があるということを知っています」と書いたのです。

ここには、今ぼくらが「芝居を心から楽しもう」という合言葉で進めている運動の、一つの大きなポイントがあると思うんです。話していると長くなるんで、くわしくは全国労演に数回報告したものを読んでもらいたいのですが、要するに理屈から出発したんじゃなくて、運動のなかで否応なくこの「落差」を痛感させられる。それを埋めようとするぼくらの主体的努力を続けるところで、はじめて芝居が楽しめてくるという実感をもってるわけです。

人間らしく生きたい要求のある限り労演は大きくなる

平田　今ぼくらのまわりには、人間らしい生活が奪われている不満がうずまいています。そこがぼくらの運動の出発点であり、運動のなかでこの人間らしく生きたいという願いをさらに豊かに育てていかなければならないといえるんでしょうね。

なかには、そんなにみんな思ってないよ、現代はシラケの時代だという人もいますが、たとえばそれはブレヒト[31]が、人間というのは本来勉強するのが楽しみなんだといったことだと思うんですよ。創る側からの論理とすれば、そこのところを信じて彼はやり続けたわけでしょう。それが今は、学問も生活手段の一つになっているところから、勉強はきついものでいやなものだというふうにしか感じさせられてない面が大きいのだけれど、ぼくらの実践のなかで、わずかかもしれないが、何人かの人は芝居によって自分の全然知らない世界にふれて、次々に自分がひろがっていくよろこびを感じてみ続けている人がいる、いや正確にいえばそのことを自覚している人がいるわけです。そしてそれはまだその事実に気づいていない多くの人の場合にもあてはまるんじゃないか。そう信じているのです。

―― そうすると、日本の今の状況がきびしくなるなかで、神戸労演の論理からいえば、疎外される人間が多くなる、だったら労演活動は大きくなって当然だという論が成り立つ。

平田　ぼくらはそう考えているんです。そういう論理で「労演をより大衆的に」という課題を実践していきたいと思っています。「より大衆的に」するという場合に、「みんなのなかにある演劇要求を発展させる」といわれるわけですが、この演劇要求がみんなのなかにあるなんて、なかなかスッといえない面がある。演劇要求という形では、ぼくらにみえてこない場合が多いんです。もっとごちゃごちゃした形で、言葉にすれば「人間らしいもの」を求めるというか、そういうものは誰しももっている。

荒っぽいいい方ですが、まあこんな状況認識を根底にもって、その上に今度は実践論を積みあげてきたというところです。

芝居の楽しみは自然成長しない

――なんでもいい思いきり遊びたい、仲間としゃべりたい、心にグーンとふれるものがほしいという状況があるということをブロックの活動家は充分にふまえておかないといけない、だからいきなり芝居に集中した研究会や合評会といった集まりには誘わない、いろんなことをやってみたいという要求をつかまえていかないと、疎外された人間をつかめないんじゃないかということと、一時悪い意味で使われた「あれもこれも」労演ということについてはどう思われますか。

31

ブレヒト＝Bertolt Brecht｜1898年、ドイツのアウグスブルクに生まれる。劇作家、詩人、演出家。ミュンヘン大学で医学を専攻中、衛生兵として召集され戦争の悲惨を目撃。終戦後、ミュンヘンとベルリンの大学で医学などを学びつつ、演劇学のゼミナールに参加し演劇活動を始める。1928年『三文オペラ』の成功により評価を得て、教育劇などの新形式の演劇によって民衆に働きかけていった。1933年、ナチスの台頭により15年間の長い亡命生活に入り、中欧、北欧、ソ連、アメリカなどで、反ナチス運動を展開する。1948年、東ベルリンで劇団「ベルリーナー・アンサンブル」を結成。1954年にパリ国際演劇祭で最優秀上演と最優秀演出を受賞、「ブレヒトの名が西ヨーロッパの演劇世界を大きくゆさぶりはじめる」［里見1990］。1956年没。日本における受容には千田是也の編訳による演劇論集『今日の世界は演劇によって再現できるか』（白水社、1962）が大きな役割を果たした。

2018年現在では生協をイメージするとわかりやすいか。本来は、地域での需要をまとめロットを指定するなどの共同購入を通じたコミュニティ形成に意義があるが、軽い関わりを認めると「あれもこれも」のサークル活動すら弱まり、単なる配達サービスに近づく。

平田　現実には難しいことですね。ぼくらは先に述べたような状況認識に立って、「圧倒的多数の人をできるだけ多くのブロック・サークル活動に参加してもらう」という方法論をうち出し、一定数の人びとを結集させることに成功した。しかし今年度の定期代表者会議（74年7月）の議案書には次のような反省をのせたのです。

「圧倒的……」の方法論は、基本的には正しく、その結果会員数も着実にふえたけれど、たとえば感想文の集まりぐあいやその内容などに表れる運動の質的な面では、必ずしも高まらなかった。これはなぜか。それはブロックに結集し、人間的な楽しみやたかまりを感じた人たちが、いわば自然成長的に芝居を楽しむようになると安易に考え、芸術の鑑賞に欠くことのできない主体的態度の確立を、意識的に追求していく努力をおこたった――こういうふうに、前年度の運動が量的にはふえたが質的に停滞した原因を抑えたんです。

――「芝居を心から楽しむ」という、一見して当たり前で考えると難しいことを神戸はいっているんですが、内容はどういうことなのか話してほしいのですが……。

平田　いろんないい方ができると思うんですけど、今ぼくらが強く考えてることの一つに、かつて木下順二さんが労演についていわれた言葉がある[32]。労演の会員が絶えず若いということは、労演にとって決して名誉なことではなかろう。会員がおじいさんやおばあさんになっても会員であり続けるように、そういうふうに労演組織が機能する必要があるのではないか。たしかこんな意味だったと思います。

全国の労演の先駆けとなった「大阪労演」が2007年に解散した。1949年に結成し、60年代には2万5千人ほどの会員を抱えていたものの会員数が減少し、解散当時の会員は400名ほどであったという。どのような会員が残っていたか想像されたい。むろん木下の発言は、あくまでもある程度の規模を前提としている。

ぼくらとしては、この「機能する」という部分を、実践的に追求していくと同時に、一つのスローガンというか合言葉として表現したいというわけで、わいわいいってるうちに出てきたのが「心から楽しむ」ということじゃなかったかな。

「芝居をみる」では、これまでと同じく、なんとなくみてしまうような気がするし、なかなか

32 木下順二さんが労演についていわれた言葉がある＝木下順二「何よりも創造的に」『大阪労演』1964年2月号初出、阿部文勇・菅井幸雄編『労演運動』(未来社、1970)所収。

ピッタリくる言葉がない。「鑑賞」では日常感覚と切れてしまう。英語にはenjoyという言葉があるでしょう。これなら芝居にだけ通用するのでなく、enjoy musicなら音楽を「聞く」、本なら「読む」となるし、いわば人間的なもろもろをふくみこんでる感じがするので、日本語として馴れてないかとも思ったのですが、思いきって使ってみたんです。しかも「楽しむ」だけでは、娯楽的な、受け身の感じもつきまとうんじゃないかと心配して「心から」とつけたりして……。

だから決して言葉にこだわっているんじゃなく、もっといい言葉があればいつでも変えたいくらいです。要するに表現したいのは、生活の他の部分と切れるのでなく、人間らしい暮らしを求める気持ちから芝居に接していくということ、そして与えられるものをただ受け身に受けとるのでなく、積極的能動的に舞台にかかわりたい、そして画一的な受けとり方で多様に楽しんでいい——考えてみると、ずい分欲張っていろいろ意味をつめこんだ言葉なんですよ。

——「画一的な受けとり方でなく多様に楽しんでいい」か。

—— 楽しむという言葉には、自分を変革する、自分が変革されるという内容があるということですね。楽しむためには自分が変わっていかなければ楽しめない……。

平田　そう、ブレヒトの言葉ですか、演劇の楽しみは自分を変革しながら世界を認識していく楽しみだということになるんでしょうね。

仲間のなかで自分が変わる

――神戸労演の機関誌のキャッチフレーズはなかなかおもしろいですね。「芝居自体よりも仲間のあったかさが私を根底から変えていった」「本を読むことの感動から音楽、演劇の感動へ！」「私の忘れていたものを息づかせてくれた友達の誘い」『想い出のチェホフ』の感動を私に与えた2冊の本の感動」とか「多くの人の感動の中から私も生まれてきた」。芝居と自分との問題よりも、生活実感という言葉にひどくかかわっている。

平田　「芝居……よりも」という部分は、ぼくらの弱点だと思うんですが、とにかくみんなが今感じている、そこのところは大事にしたいということでしょうね。事務局や委員の連中がわいわいいうなかで生まれた言葉だといえばカッコウよすぎるけど……。

――「芝居を心から楽しもう」というキャッチフレーズに「生活意識のひろがりと深まり」というサブタイトルがありますね。タイトルとサブタイトルの関係のなかで、みることの創造性を観客運動の理論として大胆に出している。相当おもしろい問題だと思うんですがね。

平田　今いわれたサブタイトルの「生活意識のひろがりと深まり」という、これがなかなか多くの人に分かってもらえない悩みがあります。それで最近では、もう一つ「主体の確立」という言葉もつけ加えたりしてみています。

「芝居を心から楽しもう——主体の確立——生活意識の広がりと深まり」

このサブタイトルでいいたかったことは、前に出てきた「落差」のところであらかた話したつもりですが、要するに芝居の世界が持ってる大きさに、今の文化状況のなかでせばめられているぼくらの生活実感だけで立ち向かっては駄目だ、ということです。「創造性」といわれましたが、結局なにをつくり出すのか、それはもちろん観客が舞台の創造に直接タッチすることなどではまったくないので、自分自身をつくりかえていく、やや大きくいえば「人間の生産」とマルクス[33]がいっていることとも結びつくんじゃなかろうかなんて考えているんです。

自分自身をつくりかえていくということは実感的に分かるわけですよ。あらかじめ資料をもとに話しあって芝居への期待をたかめ、積極的な姿勢で芝居をみる、芝居をみてしゃべりあって、感想文を書いて、それをたたきあいをして……というなかで自分が変わるということは分かるわけです。このことが、どう理論づけられるのか、今漠然と「人間」とか「人間らしさ」とか表現していることをもっときちんと考えていきたいと思っているんです。

なにしろぼくらが芸術や鑑賞について勉強していこうとすると、これまで書かれているほとんどの芸術論・演劇論が創る側の立場で書かれている、観客の問題を正面にうち出した数少ないものも、現実の観客というよりあるべき観客像を想定したものが多く、まして観客運動の立場に立ったものはない。もちろん労演運動という形態が、戦後の、日本という社会に初めて生まれたものである以上、これは当然のことですし、その意味で今のところはどんなにちゃちでも、みる側の鑑賞理論のようなものを少しずつ積みあげていくことが、ぼくらの運動を進める理論的根拠になると考えてはいるんですが、なにぶん力足らずで……。

ひとりで書いたものを集団のなかで完成させる

――生活綴り方運動には、自分でやったこと、人と話したこと、自分でこれからやろうとしていること以外は書くなということがありますね。そういう考え方が感想文集をつくるブロックで意識的にあるわけですか。

平田　その「生活」のつかまえ方は、ちょっとせますぎると思いますが、ウソを書くなということでしょうか。しかしとにかく、感想の中身ということでは、うちでも頭打ちでね。いまだにおもしろいのは、新しい人、初めて芝居をみたとか、初めて書いたとかいう人の感想文です

33　カール・マルクス＝Karl Marx―1818年ドイツ・プロイセン王国生まれ。経済学者・哲学者。ヘーゲル哲学、フランス社会主義思想、イギリス古典派経済学を批判的に摂取し、資本主義社会における労働の疎外状況を分析。剰余価値論や史的唯物論など重要な理論を生み出し、広汎な影響を残した。主著『資本論』(1867)。1883年没。

ね。長いこと書き続けている中心メンバーの感想が、ぼく自身のをふくめてどうもおもしろくないんですよ。自分を変えていくということ、何年間も変え続けるってことは、それだけ難しいんでしょうね。ブロックで感想を読みあう会をやったり、感想集の専門部をつくったりしていますが、もひとつ成果はあがっていません。今考えていることに、専門家——教育だとかその他の——の協力を得て、感想を読んでいく作業を進めてみたいということがあるんですが。

平田が語るような「みる側の」理論をたてるとき、書かれる感想の「読者」と「観客」とは別の集まりである、という事実はつねに重要だろう。島弘之は、「感動と感想との間に介在する時差を、事実上、無化もしくは昇華させるような役割を読者が自発的に引き受けて、実物を復元する作業に無意識的かつ積極的に加担してしまうことが往々にしてあり得る」と述べている。これは小林秀雄[34]が切り開いた、批評としての「〈感想〉というジャンル」に関する言及ではあるものの、本文の刊行とは時代を共有するものの一例である［島1987］。

——ひとりの高校の教師が、ともかく自分の授業内容に自信がもてなくて、生活記録ないし綴り方運動につきあたっていった。ある年月を経たなかで、そのなかにあるよさみたいなものが現在のサークル活動の中身を考えていく上で重要な意味を果たしてきた……。

平田　いや、そうしたぼく個人の問題じゃないと思うんです、神戸労演の運動は。それに一日数時間接している生徒の場合と、職場をはじめ生活の場がそれぞれに違う大人の書くものを一つの運動にしていくのとでは、非常に大きな違いがあります。

でも、ぼくらは、生活綴り方運動は日本の生んだ誇るべき民衆レベルの思想運動であり、そこから学ぶべきものは多くあると考えて、試行錯誤を繰り返しながらやってきました。

たとえば神戸労演の機関誌は昔から依頼原稿がきわめて少ない。また芝居をみる前の話しあい（研究会）のもとにする例会資料にしても、ほとんどが委員自身が台本を読んだ感想です。こうした原稿は、個人が書いたものを集団で討議して、ダメだとつっ返されて書きなおしてくるという作業を時間の許すかぎり繰り返してやる。この間も8回書きなおしたという委員がいましたが、そのなかではあきらかに変わってきますね、人間が。

34　小林秀雄＝1902年東京生まれ。文芸評論家。東京帝国大学文学部卒。個性的な文体をもち、「創造的批評」を確立した。著作に「様々なる意匠」（1929）、『無常といふ事』（1946）、『本居宣長』（1977）など。1967年、文化勲章受章。1983年没。

展望――それは状況の見方だ

―― 神戸の報告には「今の社会で人間らしく生きたいと願うひとなら誰でも労演のブロック活動に参加できる。そしてその活動のなかで生活あるいは芝居を楽しむようになっていく。つまりこの方法論こそがわたしたちの運動の発展を保証するのだと確信している」というすごい文章がありますね。

平田 いささか気負っていて恥ずかしいのですが、前にもいったように、「大衆化」とか「ひろめる」とかという問題を考えるにあたって、ぼくらがいちばん基本的におさえたいところなんです。

神戸労演も5、6年前までは、運動が低迷を続け、まったくといってよいほど展望がみえなかった。それが「70年1期」とぼくらが呼んでいる大運動の経験を通して、今まで述べてきたような状況認識と、それを基盤にした方法論をやっと探りあてたというところです。もちろんまだまだ矛盾や弱点はいっぱいあるんですが、とにかく最低限よりどころにできる武器のようなものがあるという点で、今後もやっていく目途がついたといえるかもしれません。

Ⅳ

地域演劇

川村光夫の劇世界を読む

解題 集まりの重なりと大きさ

川村光夫は自身の実践を含む「地域演劇」を、「演《や》る者も観《み》る者も一定の地域に住んでいて、そのこととの関わりで演劇を成立させる」と定義した［川村１９８７］。「人口５千人」の、劇場の外の要素を限った「閉《と》ざされたところ」で育んだものだ。ここでは、人間に絞って言えば、どの集まりの成員も、誰かの知っている誰かである（大都市でこの確信は持てない）。「地域演劇」が成立する、そういう集まりを楽しむにはどうすればいいのか。

> つくる人とつくられる者とが同時存在するという二分化の指摘は、地域演劇の場合特別な意味を持ってくるなと思いました。農協に働く富二君が○○の役をやる、あるいはやった。ということが客にとってはもう一つの楽しみなわけです。
>
> ［川村１９７４］、引用は［須川２０１６］

「二分化」という語は、マンフレッド・ウエクウエルト[1]『演劇と科学』（千田是也《せんだこれや》[2]訳、ブレヒトの会[3]、１９７３）から引かれている。演劇においては、「つくる人」すなわち現実の一部でひとりの人間である生産者と、「つくられる者」すなわち生産物とが、二分化しつつ同時に存在する、とウェクウェルトは言う。「演劇のあらゆる過程（演技、観劇、脚本執筆、舞台構成、演出等）で…〔中略〕…この二分性が同時的に繰りかえされる。」「俳優も観客も同時に生産者および生産物としてそこにあらわれるのだ」［ウェクウェルト1973］。

劇は、成員の重複した複数の集まりによって生じている。そしてそれぞれの集まりのエッジを確かめるのが最重要ということもない。集まり同士の関係をどうするかである。集まりは重なり合っているという、川村がもつような前提は、都市の演劇では忘れられて

1　マンフレッド・ウェクウェルト＝Manfred Wekwerth｜1929年生まれ。1951年よりブレヒトの下でベルリーナー・アンサンブルの演出スタッフとして活動。1960年にブレヒトが没すると、1969年までアンサンブルの主任演出家となるが内紛により脱退。のちに復帰し1977－1991年まで芸術監督を務めた。2014年没。

2　千田是也＝1904年東京生まれ。演出家、俳優。東京府立第一中学校（現東京都立日比谷高等学校）ドイツ語科在学中から土方与志の舞台美術研究所に通い始める。早稲田大学中退後、築地小劇場創立に参加。1927－1931年までドイツに滞在し、労働者演劇活動に従事。帰国後、東京演劇集団を経て、新築地劇団に正式加入、俳優として活躍。戦中は投獄され公的な演劇活動を禁止された。1944年、青山杉作らと俳優座を創立し俳優、演出家として活動。80年代は新劇団協議会会長に就任、新国立劇場建設に尽力した。1994年没。

3　ブレヒトの会＝1973年に千田是也が桐朋学園短期大学芸術科演劇専攻の4、5期生を中心に結成したグループ。川村は1974年から参加、講義のテープを山田民雄らに送ってもらいながら、通信教育のような形でブレヒトの理論を学んだ。1981年、『うたよみざる』初演時には、ブレヒトの会とぶどう座の共催でシンポジウムを実施した。

いる、あるいは隠されている。川村の率いる「ぶどう座」[4]では隠すどころか（そこでは隠しようもないのだが）、昔話や仮面の使用が、関係をさらに複雑にする。例えば。

> 昔話の登場人物には固有名詞がない。爺さまは単なる爺さまで、婆さまは単なる婆さまなのである。山も川も無名だ。時に大きなとか小さなとかつくこともあるが、それ以上の描写はない。［川村１９９５］

> だがしかし、劇にする場合爺さま婆さまだけでは困る。そういう時にはどうするか。私の体験では、仇名《あだな》に類する名前をつけるとよいように思う。［川村１９８７］

あだ名はおおむね養育者以外がつける。また別の集まりがつけたことがわかる。

❇

再録したのは、川村の戯曲集『うたよみざる』に掲載された座談会である。１９８６年10月から「うたよみ座」名義でのミュージカルオペラ版『うたよみざる』（演出＝ふじたあさや）の巡演がはじまる、その直前に収録された。

4　ぶどう座＝1950年、岩手県湯田村にて創立。旗あげ公演はマルタン・デュガル作『ルリユ爺さんの遺言』、菊田一夫作『南風』（以上、演出＝川村光夫）。1993年、ぶどう座の活動実績をモメントにゆだ文化創造館「銀河ホール」が創設される。町外・海外の劇団を招聘するなど、活発な活動が行なわれている。2018年現在も活動中。

座談会
川村光夫の劇世界

『うたよみざる』（晩成書房、1986・10）所収
1986年7月24日、東京都千代田区神田、日本教育会館にて収録

川村光夫—かわむら・みつお—1922年岩手県和賀郡湯田村（現西和賀町）生まれ。戦後、湯田村の農業委員会、役場等に勤務。また町芸術文化協会などで活動。1950年同地に劇団「ぶどう座」を創設して劇作・演出にあたる。1952年全国青年大会演劇部門最優秀賞受賞。1965年日本演劇教育連盟研究実践部門「演劇教育賞」受賞。1968年岩手県芸術文化教育賞受賞。

山田民雄—やまだ・たみお—1928年東京生まれ。東京農林専門学校（現東京農工大学）卒業。農山漁村文化協会勤務のかたわら、農村演劇運動を推進した。1967年『かりそめの出発』（ぶどう座上演、演出＝川村光夫）、『北赤道海流』（劇団東演上演）以上2作の提携公演で、小野宮吉戯曲平和賞を受賞。2013年没。

ふじたあさや—1934年東京生まれ。早稲田大学演劇科中退。在学中に、福田善之と合作した『富士山麓』（1953）で劇作デビュー。1965年、秋浜悟史とともに劇団三十人会に所属し劇作、演出をおこなう。『しのだづま考』（1992）で文化庁芸術祭賞受賞。著書に『夢・大江磯吉の―ふじたあさやと飯田演劇宿の14年』（晩成書房、2008）などがある。

香川良成―かがわ・よししげ―1931年北海道生まれ。法政大学大学院人文科学研究科修士課程修了。『鹿踊りのはじまり』(脚色=川村光夫)を第2話とする『風から聞いた話』を前進座青少年劇場で上演。1985年、リヨン市、トリノ市、シベニク(ユーゴスラビア)で開かれた児童青少年演劇祭に招聘される。著書に『日本現代演劇の諸相』(菁柿堂、2006)がある。

雪と山とダムと――作品前史――

山田　川村さんは1950年に郷里である岩手県湯田《ゆだ》町に「ぶどう座」を創設されて、以来ずっと活動を続けてこられたわけですが、その中で、今回発表の四つの戯曲[5]の前にも『百万ドル』[6]『町長選挙』[7]『どぶろく農民の墓』[8]など、いくつかの作品を発表しておられる。また、

5　今回発表の四つの戯曲=戯曲集『うたよみざる』には、『めくらぶんど』(1969)、『怪談・田螺《つぶ》変身』(1979)、『うたよみざる』(ミュージカルオペラ版、1983)、『食《か》れだ村物語』(1985)の四編が収録されている。

6　『百万ドル』=1956年川村光夫作、1957年ぶどう座上演。『農村演劇脚本集 第3』(農山漁村文化協会、1956)に収録。その後、『未来劇場　第81』(未来社、1960)に収録。後述。

7　『町長選挙』=川村光夫作、1962年ぶどう座上演。後述。

この4作を書く時期と重なる形で、宮沢賢治[9]童話の『鹿《しし》踊りのはじまり』[10]『猫の事務所ごっこ』[11]を脚色している。

なんといっても川村光夫という作家は、当時は村であった奥羽山脈の分水嶺《ぶんすいれい》湯田町で、戦後の民主的活動[12]の中から生まれたぶどう座という地域劇団を続けながら作品を書いてきたというところに特質がある。しかも観る者と演る者とがお互いに見えている場所で創られてきた。こういう作家はほかに居ますかな。

ふじた　それは居ない事はないでしょうが、しかしみんな都市的状況の中でやっている。ああいう地域でやっている人は居ないでしょうね。

山田　人口はいま5千だそうですね。

ふじた　一番多い時は何人で、それはいつ頃ですか。

川村　多い時は１万２千で、１９５５年から60年ぐらいまでですかな。

最後に調査された湯田町の人口総数は３７１０（国勢調査、２００５）。湯田町は２００５年11月１日に隣接する沢内村と合併し、西和賀町となる。人口総数５８８０（国勢調査、２０１６）。

香川　ダム[13]が出来たのはいつですか。

川村　その後、１９６５年でしたかな、完成は。

香川　1959年に木下順二[14]がたずねてゆかれ、放送劇『ダム』[15]を書かれるわけでしょう。

8　『どぶろく農民の墓』＝川村光夫作、1971年ぶどう座上演。

9　宮沢賢治＝1896年岩手生まれ。詩人、童話作家。町有数の資産家の長男に生まれる。1921年上京、童話の創作に励むが妹の病気のため帰郷、県立花巻農学校の教諭となる。1924年に詩集『春と修羅』、童話集『注文の多い料理店』を自費出版するが、一般にはほとんど知られなかった。1926年に退職し、羅須地人《らすちじん》協会を組織。昼は周囲の田畑で農作業をし、夜には学生や農家を集め農業に関する講習のほか、みずからが提唱した「農民芸術」の講義を行なった。1933年没。

10　『鹿踊りのはじまり』＝『注文の多い料理店』（1924）に収録。ぶどう座では1981－1982年にかけて各地で上演。

11　『猫の事務所ごっこ』＝尾形亀之助編集の雑誌『月曜』の1926年3月号に発表。ぶどう座では1984年と1991年に上演。

12　戦後の民主的活動＝「戦争が終って村（現在は町）へ還った若者たちは、敗戦ショックで腑抜けのようになった指導者にとって変る勢で活動を始める。地域新聞発刊、私立図書館開設、村人の食料確保、議員擁立、つまり民主的村づくり運動の全面開始である。わが演劇運動も、その一つとして始まったものだった。楽しみとて何もない山村で、自分たちの楽しみは自分たちで作ろう、という一種の自給自足運動だったのである。」〔川村1998〕

13　ダム＝北上川の支流和賀川に構築された湯田ダムのこと。1953年着工、1964年竣工。「湯田ダム計画の特徴の第一は水没規模が大きいことである。水没世帯565戸は、全国的にみても規模が大きい。また国鉄北上線15kmが水没し、付替工事を行うことも例をみないことであった。さらにこのダムは湯田村の人口の25%、宅地の29%、農地の16%を水没させるだけでなく、村の中心地区である川尻の大部分が水没することになり、役場、小中学校、警察、郵便局などの公共施設の移転がせまられていた。このような大規模なダム構築計画は480戸の直接水没戸数にとどまらず、湯田村の産業、経済の構造にかかわる重大な問題であり、なかでも大きな問題は水没対象者に対する補償とその移転問題であり、同時に村に対する公共補償、町の将来の産業振興を初め村再建についての補償の問題であった」〔須川2016〕。

川村　あれはダム工事が始まったばかりの頃だったと思います。
　私の住んでいるところを一口で言うと、閉されたところだと思うんです。まわり中が山ですし、交通だって便利とはいえない。だが反面、昔から鉱山や温泉があって、他所から思いがけぬような人が入ってきた。そういうことを考えると、閉されてはいるが、どこかに風穴があいていて、風が入ってきていた。
ふじた　秋田との交流もあったんでしょう。岩手の側の最後の宿場ですね。
川村　そのためいろいろ文化的なものが吹き寄せられて溜まってゆくところだったかも知れない。大正時代に鉄道が通って[16]鉱山が盛んになる。戦後はいち早くそこの労働者が組合をつくる。私たちの演劇活動が、いわゆる新劇的なもの[17]になったのは、そういう背景と関係があると思っています。
山田　敗戦直後の地域文化運動というのは、たとえばヤクザ芝居[18]でも演芸会でも、軍隊や工場から持ち帰ったものが多かったんですね。湯田村の場合、細々とではあっても、近代、資本といってもいいでしょうが、そういう風穴があいていて、そこからの風力がバネになって、よそとは違う新しい文化が、早くから出来ていったんでしょうか。……しかしそれにしてもよくあの地域でやってきましたね。
ふじた　演劇が成立つためには、普通、一定の条件がいると思うんですよ。その常識をもののみごとに打破って、人口5千のところでとにもかくにも一晩でも二晩でも、演劇公演を成立たせてきたということですよね。これは突然行って出来る事ではなくて川村さんを中心とする人達が、歴史的にその条件をつくって来たわけでしょう。そこを抜いては川村作品を論ずるわけにゆかない、そう思いますね。

香川　川村さんは湯田の町民誌『おらほ』[19]、これは川村さんが会長をやっている芸術文化協会の発行ですが、それの巻頭にこう書いている。

　ダム建設による打撃はいまだに克服されていない。ダムは建設されたが町民生活は根底から破かいされた。（1979年）

14　木下順二＝第Ⅱ章註3参照。

15　放送劇『ダム』＝木下順二作のラジオドラマ。『木下順二作品集4　口笛が冬の空に…』（未来社、1962）収録。木下は1957年に取材のため村を訪れている。

16　大正時代に鉄道が通って＝国鉄西横黒線（現JR東日本北上線）のこと。1922年12月16日より陸中川尻駅（現ほっとゆだ駅）が開業。秋田県横手市にある横手駅とを結んだ。

17　新劇的なもの＝第Ⅱ章註8参照。

18　ヤクザ芝居＝諸国を渡り歩く博徒や侠客を主人公にした演劇のことを股旅物、またはヤクザ芝居という。旅回りの興行で盛んに上演された。

19　湯田の町民誌『おらほ』＝湯田町芸術文化協会発行。1975年から2005年までに30集が発刊された。湯田町の住民による随筆や俳句、詩を掲載。

今度の四つの作品はこのダムが建設された以後の作品ですよね。ここが大事だと思うんです。つまりダム建設による地域破かいの深刻な影が、これら作品群を色濃く覆っており、——勿論減反《げんたん》政策[20]その他がそれに追い討ちをかけるのでしょうが——そのことと、険しい山々に囲まれた県境の豪雪地帯という風土性を抜きにしては考えられませんね。まぎれもなく、このような社会的風土的環境の中から生まれた作品群だということですね。

山田　そう。だが、そこに至る前半、約20年はね、川村さんがさっき言われた「新劇」的な芝居、「近代劇」といってもいい、そういう活動、川村さん自身、どこかで書いてた言葉で言うなら、「未来社会から村に生きるわれわれの生存の意味を問う芝居」だったわけです。

ふじた　そう。近代ですよね。そこから自分たちを見る物尺《ものさし》としての新劇だったわけです。

山田　その点では、戦後日本の新劇、専門演劇と変わらないわけだけど、その頃のぶどう座のレパートリーは、たとえばどんなもの？

川村　村山知義《むらやまともよし》[21]作『崖町に寄せる波』[22]なんていうのをやってました。1954年です。

山田　川村さん自身は1957年『百万ドル』を書いてますよね。あぶく銭に眼がくらんだ農民の空騒ぎを諷刺した喜劇ですが、モチーフではどこかで『崖町』とつながるところがあります。その後の『町長選挙』、これも生ぐさい選挙にあらわれる町民の悲しくもおかしい行動、そういう地域の現実を描いて痛烈に批判している。これを書かれたのが1962年。

ちょうどこの頃、農業基本法[23]などによる早激無類の農業近代化が上からの力で強行される。もっとも湯田町はその前段でダム建設による近代化、あるいは経済主義にまきこまれましたが……。そこで人口が急激に減って、折角町になったのに人口は村に逆戻りする。農業近代化政策は農村のとくに若い労働力を引抜いて、重化学工業中心の経済成長をとげようとするね

20 減反政策＝１９６０年代、米消費の減少と、農業技術の向上による米生産の増大に伴い、食糧管理制度下で日本政府の在庫米は急増した。その対策として、１９７０年度から実施された政策。作付面積の制限と転作による米の生産調整（減反）がはかられた。食糧管理法の後継法である「主要食糧の需給及び価格の安定に関する法律（通称＝食糧法）」が１９９４年に制定され、以降は農業者が自らの経営判断で生産量を調整するという方針へ移行が進められている。国が目標量を配分する減反政策は、２０１８年に廃止となった。

21 村山知義＝１９０１年東京生まれ。劇作家、演出家、舞台装置家、小説家。１９２１年東大哲学科に入学したが、ドイツへ留学し、構成派の美術、演劇、舞踊に魅せられ学業を断念。１９２３年に帰国、前衛美術団「マヴォ」を結成、築地小劇場でカイザー作『朝から夜中まで』の舞台装置を担当して話題を呼んだ。１９２６年に前衛座を結成。１９４０年、検挙され執筆禁止となる。戦後、占領下で、左翼演劇の再建をめざす。１９５９年、村山主催の新協劇団と薄田研二の中央芸術劇場が合同して東京芸術座をつくり、演出活動を行なった。児童劇の分野でも活躍した。１９７７年没。

22 『崖町に寄せる波』＝「米軍の艦砲射撃による漁業補償をめぐる物語で、『死んだ海三部作』の第三部として、１９５３年３月に雑誌『世界』に連載、同年11月に読売ホール、引き続いて飛行館で上演された。劇団員の越後谷栄二と、菅原済がこの公演を観たことがきっかけで、ぶどう座上演で取り上げられることになる。」［須川 ２０１６］

23 農業基本法＝１９６１年成立。国の農業政策の目的と基本方針とを規定した法律。農業と他産業との間の生産性・所得の均衡をはかることを目的とした。最重要施策として提起された「農業構造の改善」は、「農業経営の規模の拡大、農地の集団化、家畜の導入、機械化その他農地保有の合理化及び農業経営の近代化」（２条）とされる。１９９９年廃止。

らいだったわけだが、それと気づかず、あたふたしているうちに過疎となる。そうするとお客さんの方も減るし、ぶどう座自身もやせ細ってゆく。

川村　そこまでくる直前の１９６７年に、山田さんの『かりそめの出発』[24]をやらして頂いた東京公演がある。

ふじた　その前年、僕の作品と一緒に岩手で上演してますね。僕が初めてうかがった時です。

川村　あの時の東京公演を今ふり返ってみると、出稼ぎに出てきた百姓の心理とかよいあうものがある。それは確かに百姓生活にも現金がいるようになって出稼ぎがはじまる。しかし心のどこかでは都会に出られるというので浮かれた気分もあった。そういう気分が私たちにもあった。勿論その頃はそうは思わなかったんですが、今考えると、そうなんです。その後に続くもっとひどい時代のくる事がわからなかった。

山田　村が枯れ始めていた時代ですよね。出稼ぎに行ってしまった観客を追ってぶどう座が東京へ出てきたってわけですか。……その頃の事を川村さんはブレヒトの会の機関紙『ゲストウス』第3号にこう書いてます。ここに出てくる『めくらぶんど』は東京公演の翌々年にぶどう座で上演されるものです。この文章をここに載せて貰いましょう。

私が『めくらぶんど』という一幕物を書いたのは１９６９年である。我が国の高度経済成長が伸びるだけ伸びきった時期だった。人口はとめどなく都市に向って流れだし、山中の私の住むところはたちまち人口が半分以下の過疎地となってしまった。この時期、生徒数減少のため閉校となった小学校の数は全小学校数の半分5校を数える。この事実だけで、その異常さはわかっていただけよう。さらに残された者も家を留守にして出稼ぎに出る。人々は如何にすれば金を握れるか、そのことだけに眼の色をかえている時期だった。そういう風潮のもとで地域演劇は育つわけがない。観客は派手な宣伝に眼をうばわれ減少してゆく。仲間は過疎地ゆえ生業がなりたたなくなって転居を余儀なくされる。劇団の後継者たるべき若者は都会に吸いよせられていない。私たちの集団そのものが過疎状況となってしまったのである。そういう中で書き上演したのが、『めくらぶんど』である。……あの火にあぶられるような苛烈な日々の暮しの中で、私たちの心は、祖先伝来のふかぶかとした想いにつらなっていったのだ。

……この最後のところは、後にこの作品を演出された劇団東演《とうえん》[25]の演出家下村正夫さん[26]がぶどう座公演のパンフの中で、「この作品はどこまでも東北の地に根をおろした作者の人とな

24　『かりそめの出発』＝山田民雄作。1966年にぶどう座が、ふじたあさや『おばあさんと酒と役人と』と合わせて上演。1967年には東京の砂防会館で、東演の『北赤道海流』と提携公演を行なった際に上演された。せりふは劇団員の斉藤彰吾によって岩手弁に書き直された。『農村演劇脚本集　第6』（農山漁村文化協会、1966）に収録。

りが書かせたもので、ひいてはみちのくの農民が、作者の筆を通して、祖先伝来のふかぶかとした想いを語ったものである」と書いた言葉を受けて語ったものです。……この「火にあぶられるような苛烈な日々の中で……」この『めくらぶんど』は書かれたのだ、というところで、各論に入ってゆきましょうか。

近代劇との訣別《けつべつ》——めくらぶんど[27]——

ふじた　私はこの舞台は観てないんですよ。これの初演の時、私の『あとのまつり』[28]が同時に上演されています。たしか酒の話を二つ上演するという企画だったように記憶しています。

酒を飲みながら観る人もいた。たいていの村では、大勢の小さな観客たちが舞台の近く客席の一番前を早くから占領していて、これが騒ぎの張本人なのだが、ここはちがう。舞台のカーテンのすぐ前に、ねんねこのアバがいる、焼酎ビンを股にはさんだジッサがいる。ハンテンのバッパがい

る、金ボタンの学生もいる、白いマフラーの娘さんもいる。［山田１９６０］

その時台本としてみせて頂いたんですが、その時はよくわからなかったが、その後の作品群から遡ってゆくと、この作品の持っている強烈な意味が蘇ってくる。今回読み直してみても、

25 劇団東演＝１９５９年、八田元夫（１９０３－１９７６）、下村正夫の両演出家を中心に東京演劇ゼミナールが設立される。１９６２年に「劇団東演」とし、スタニスラフスキー・システムを研究、実践。両者が相次いで他界した後の１９７８年、東京・下北沢に小劇場「東演パラータ」を開設、創造拠点とし現在にいたる。１９６２年、「ぶどう座」の俳優の高橋かる子は上京し東京演劇ゼミナールで1年間学ぶ。

26 下村正夫＝１９１３年東京生まれ。演出家。１９４０年、京都大学哲学科を卒業。戦後の東京芸術劇場を経て、民衆芸術劇場（第一次民芸）文芸部。１９５２年、瓜生忠夫とともに新演劇研究所（新演）を設立、野間宏原作『真空地帯』の演出で１９５３年度の毎日演劇賞を受賞。１９５９年に東京演劇ゼミナール（劇団東演）を設立。１９７７年、肺がんのため逝去。

27 『めくらぶんど』＝川村光夫作、１９６９年11月ぶどう座初演。『テアトロ』１９７２年2月号掲載。あらすじ＝雪の重さに潰れそうな一軒家に、爺さまが暮らしている。そこへ昨秋亡くなったはずの婆さまが亡霊となって現れる。婆さまは戦死したとされる息子を待ち、爺さまは雪下ろしをしてくれるであろう村の衆を待つ。そこへ密造酒摘発の役人がやって来る。老夫婦は役人と気づかず、彼に息子の面影をみて、とっておきのぶどう酒をご馳走しようとする。だがそれは、呑めば眼がつぶれるという毒のぶどう「めくらぶんど」で作られていた。役人はこれを押収にかかるが、飲めば命を落とす偽の酒であると爺さまは反論する。見えない婆さまがカメを持上げたのに驚き、役人は逃げてゆく。息子は帰らないと確信した婆さまはあの世へと去る。待つことをやめた爺さまは雪に押しつぶされてしまう。

28 『あとのまつり』＝ふじたあさや作、１９６９年ぶどう座上演。

ああ、あそこが節目だったんだなあと思いますね。川村さんが何を書くべきかを志すかという座標軸があそこで変り始めたという感じを強烈に持ちますね。

多分あとで川村さんの「合せ鏡論」を川村さんの言葉で語ってもらわなければいけないだろうと思いますが、つまり近代を先に置いて、在るべき近代から自分を照すという事とあそこで訣別してね、あるべき近代というものが自分達のためにないのだという問題にぶつかって、鏡は近代の側にあるのではなく、後ろにあるのだと気づいて、そう思い定められたのだと思うんですよ。僕はその時まだそう気づかなかった。それが『うたよみざる』まできてわかったんです。ああそうか、と気がついた。

山田　川村戯曲の系譜の中での『めくらぶんど』の位置はそのとおりだろうと思います。しかし、その前の作品『どぶろく農民の墓』がターニングポイント（折返点）だったのではないか。あの作品の中で川村さんは「火にあぶられるような日々」を苦しんでおられた。そこからもうひとつ、ぽーんと飛び出したのが、この『めくらぶんど』だったと思うんです。

ふじた　『どぶろく農民の墓』はまだ近代劇として書かれています。次にこれが書かれたのですがその時は良く判らなかった。次の作品その次の作品を読んで振返ると、彼はあそこで近代と訣別したんだということがよくわかる。つまり方法としての新劇も含めて、訣別したんだと判るんです。

川村さんはその後何を頼りにしたかといえば、神楽[29]だったり昔話だったり、柳田民俗学[30]

だったりするだろうけど、この時はまだそれがはっきり出てはいない。だが明らかにその方向へ向い始めたという事がわかります。

香川　僕はこの作品はまだドラマとしては淡い作品だと思います。確かに『怪談・田螺《つぶ》変身』や『食《か》れだ村物語』への出発点となってはいますがね。

　現在の破壊し尽くされた村を見詰めるということが、死んだ婆さんや戦死した息子に代表される過去の人々の想い――死ぬに死にきれない想い――と重なってきます。もう未来に希望を託して「待つ」ことを止め、雪に圧し潰された現実の中で、想いの意味を噛み締め、問い質すところから出発しようとしているようには思います。

山田　私はこの作品の中に登場するお婆ちゃん、幽霊ですよね。こういうフィクショナブル[31]な（虚構性の強い）作法というのは、『どぶろく農民の墓』でもとられてはいるけど、それが劇の構造をがっちり支えるという形で強烈にここに出されてきた。それがこの作品を従前のものと

29　神楽＝皇居および皇室との関わりが深い神社で神をまつるために奏する歌舞。または、民間の神社の祭儀で奏する歌舞。

30　柳田民俗学＝柳田國男（1875－1962）が創始した、日本における民俗学。（公文書などには残らないような）常民の生活史を探求し、政治や事件を中心とする従来の歴史学を批判した。岩手県遠野地方に伝わる逸話や伝承を編纂した『遠野物語』（1910）、カタツムリの呼び名の方言分布を比較検討し「方言周圏論」を提唱した『蝸牛考』（1930）などで知られる。

31　フィクショナブル＝「フィクショナル」か。

質的に変えてるだけでなく、独立した作品としても大変面白いものにしていると思う。

再々引用して申しわけないが、これを書かれた「火にあぶられる」時期、五里霧中という言葉があるが、湯田町などではいわば十里雪中だったと思うわけですね。どうしていいかわからない。そういう現実の中で深い絶望感を抱き、その痛みをこらえながら、うめくようにして書かれたのが、この作品だったと思う。……せつない芝居ですよね。

最後に爺様が「くやしい事、くやしい事」と言いながら雪におし潰されてしまう。にもかかわらず、ほっこらする。ぬくといというか、暖かな感じが残る。矛盾したいい方だけど、暗い芝居なのに、どこか明るい。それはたぶん、さっきの、「祖先伝来のふかぶかとした想い」先人たちのふっくらした生き方とつながったところからくるものでしょうね。

それと言葉がとっても活きてます。無駄がなくて余分なものを削ぎ落している。しかも地域の先人達と一つになった川村さんの絶望感の裏側にある怒りのようなものが、撓《たわ》められて静かにおし出されている作品として私の好きな作品です。

ふじた　僕も好きですね。

香川　僕は明るいという風には思わない。全作品を通しても明るいとは思わない。むしろしぶといと思う。

ふじた　死んだ婆さんがそこに居るという存在感で支えられている部分がありますね。それを描き出された川村さんの世界観というか村観というか、つまり先祖達と共にそこに居るという感覚、それが読んでいてひたひたと伝わってくる。そのことに支えられて、どっかで楽天的なものに切り変っている。

集まりの数が増えたと言えるかもしれない。

たった一人で劇と向いあうのではなく、とうに亡くなった人々と共に舞台に向きあっている観客、それはなんと素晴らしい観客であることよ、と思ったのである。

［川村1987］

山田　「くやしい事、くやしい事」と言いながら潰されちゃうんだけど、なあに村も村人も滅びはしないんだという明るさ。私はいつかぶどう座を「わらびの根っこ」にたとえたことがある。太くて深くて強い。うわべは消えてなくなっても、そう簡単には枯れない。同じことをこの作品に感じます。

ふじた　潰されて死んだ爺さんもまた、なあに婆さんのようにホイホイとそこらに出没しながら、あの世で生き続ける。その土地にしがみつきながら。そんな楽天性がある。

香川　死に切れないでまた出てくるというのは、これ以後の作品に共通している(笑)。

山田　川村さんはあるところでね、幽霊にでもなって出てこなければならない過疎村の現実があったんだと言っておられる。
そしてご自分でもあの時から後半の劇作が始まったと言っている。それまでの、つまり『百万ドル』から『どぶろく農民の墓』までは、いわば地域を開く芝居だったのが、ここからは地域を守る芝居に変ってゆく。守ることで生きてゆくという視点にぐうっと変ってくる。「どう、みんな」と観客に呼びかけている。
これもどこかで川村さんは言っているが、それまでのぶどう座の芝居では観客が真二つに割れていた。例えば『町長選挙』の舞台で「おれは革新、おれは保守」とやれば、観客も二つに割れる。ところがどんどん観客が減ってゆくとそんな事をやっていられない。そこから共に語りあう芝居へと変ってゆく。

香川　僕はね、この作品の言葉に生活感があると思うんですよ。例えば「雪殿雪殿、べっこ(少し)はおらの事も考えで、そう圧《お》っつめねぇで賜《たも》れや」とか、「屋根が泣きだしたぞ」とか、方言が持っている生活感がにじみ出てきている。それと比べると『百万ドル』など、前の作品には観念的な戦後民主主義的な口調があるように思う。

ふじた　どっかで蒙《もう》を啓《ひら》くというようなところがあった。それがいつの間にか、啓くべき蒙は自分の側にあるというところへ来ている。智恵は爺さま婆さまがたくさん持っている。豁然《かつぜん》とそう悟ったのではないか。

香川　だからね、山田さんが言われる暖かさというのもね、言葉、方言のなんともいえぬ暖かさ、生活感が作り出しているんですね。

ふじた　そこが川村さんの川村さんたるところなんで、われわれはなんともならないところなんです。

山田　言葉にも上の言葉と下の言葉があって、これは下の方の言葉ですよね。知識というものをあまり持たない民衆、したがって自分の見たもの、聞いたもの、触れたもの、やったことを通して産み出された言葉、農業・山村の生産と生活にぴったりくっついた言葉なんですね。川村さんはそういう言葉をこの作品あたりから精力的に掘り出し、みがいていくんです。この作品では、特に婆さまとの言葉が面白い。生き生きしてるし艶があるし、弾力がある。

ふじた　この2、3年前に秋浜悟史《あきはまさとし》[32]戯曲を集中的にやってますが、それとの関連はありませんか。

川村　それはあると思います。

ふじた　これ読んでいてふと秋浜の『冬眠まんざい』を思い出したんです。あれも最後は雪の中に圧しつぶされてゆく。あの作品も待っている。この作品もそうですよね。もうひとつ言えば

32　秋浜悟史＝1934年岩手生まれ。劇作家、演出家。高校卒業後、東京に移住。1956年に処女作『英雄たち』を発表。『リンゴの秋』(1958)、『ほらんばか』(1960、第1回紀伊国屋演劇賞)、『冬眠まんざい』(1965)と合わせ「東北の四つの季節」シリーズと称される。1966－1973年まで劇団三十人会の代表となる。1973年に関西へ移住。教鞭を執る傍ら、知的障害者施設あざみ・もみじ寮で演劇活動を続けた。2005年没。

『ゴドーを待ちながら』（ベケット）[33]までつながってゆく。秋浜は郷里を離れて「待つこと」を書いた。川村さんは郷里に居て「待つこと」を書いた。……そう言えませんか。

川村　そこまでは考えてませんでした。たゞあの頃アラバールの『ゲルニカ』[34]を読んで、衝撃をうけていました。またこれを演出してくださった下村先生から似てるから読んでみろと言われて、ヨネスコの『椅子』[35]を読んでみて面白いと思いました。あれも「待つこと」の劇です。

秋浜さんとの出会いですが、そのすこし前、山田さんの『かりそめの出発』の方言を岩手の方言に書き直してやらせて頂いたんですが、その辺りから、生活語としての方言から、舞台語としての方言へと関心が高まってきていて、そこで秋浜さんの初期の作品と出会って、随分びっくりして、『英雄たち』と『りんごの秋』をやらせて頂き[36]、次に出来上ったのが『めくらぶんど』です。

山田　冒頭の「これごそ法楽法楽、積もらば積れ屋根の雪」、最後の「くやしい事、くやしい事」、この頭と終わりのセリフに川村さんの思いが象徴されてるようですね。もう一つ、戦後十数年、だけど戦争は終わってない。この作品のそういうアクチュアルな側面も見落としてはいけないと思いました。

昔話を中心に据えた現代劇――怪談・田螺変身[37]――

山田　2番目が『怪談・田螺変身』。これは1979年、ぶどう座で『つぶ上京』という題名で初演され、82年に東京の劇団東演が、『つぶやつぶ』と改作されたものを上演しています。そして今度『怪談・田螺変身』となる。つまり三たび変身しているんです（笑）。たしかに、登場人物も変わったりして随分変身している。私は読まして頂いて、「怪談」と改題しただけあって、主

33　『ゴドーを待ちながら』＝ベケット作の2幕劇。1952年仏語版発表、自身による英語版は1953年刊。同年パリ・バビロン座初演。ベケットについては第Ⅷ章註39参照。

34　『ゲルニカ』＝スペインの劇作家フェルナンド・アラバール（1932－）による戯曲。1960年発表。

35　『椅子』＝不条理劇の旗手として知られるルーマニア出身の劇作家ウジェーヌ・イヨネスコ（1909－1994）の初期を代表する戯曲で、1952年に発表。老夫婦は、彼らのメッセージを代弁する「弁士」を待っている。見えない客人たちが次々に訪れ、椅子が舞台上に溢れかえる。

36　『英雄たち』と『りんごの秋』をやらせて頂き＝1968年、ぶどう座上演。

37　『怪談・田螺変身』＝川村光夫作、1979年10月ぶどう座初演。3幕構成。あらすじ＝舞台は東京の建設現場へ出稼ぎにきた労働者たちが住むプレハブ宿舎。そこには田螺聟話の昔話を語る爺さまがいた。秋田で農家をしていた平賀平助は、かつて地元の荒れ果てたつぶ神社で出会った老人とその爺さまがそっくりであることに気づき、田園を離れたことを後悔し宿舎にひきこもり箱庭づくりに没頭するようになる。一方、岩手から来た稗貫と、同じく岩手の酪農家の息子で借金を抱えきれず家を出てきた和賀作二は、雇い主である孫請け事務所に反発し、ついには職員の西野を殺害してしまう。その責任を問われ、所長の東野は親会社から解雇の通達を受ける。悔しがる東野を大量の田螺が襲う。

題が随分明確化したという印象をまず持ちました。

香川　確かにそうですね。でも、僕は東演の『つぶやつぶ』の舞台にも衝撃を受けました。ドイツ人女性が出て来たり、ごちゃごちゃしたところはありましたがね。それはまぎれもなく農村における水俣[38]だったからです。しかも今度は田螺となって東京に出てくる。出て来ずにはおられない。都市＝日本の繁栄が農民の側から告発されていて、川村さんならではの戯曲だと感じいりました。

山田　これが最初に書かれたころは、もうかなり村がぼろぼろになってしまった時期です。農村、農民が長い間待ちつづけてきたさまざまな大事なものが、あらかた奪われてしまった。あるいは農民自身が自分で捨ててしまった。それが田螺に象徴されるんだろうと思うんです。田螺が居なくなったのは現実的には農薬のせいです。科学技術です。近代といってもいい。その近代化は田螺を潰してしまっただけでなく、地域あるいは家を潰してしまう。湯田町だけでなく、土と農民が引っぺがされてしまう。景色も、親子、夫婦の関係もこわされてしまう。人間の心までこわされてしまう。

湯田町はまぎれもなく過疎だが、過疎は必ずしも山奥の不便な村にだけあるのではない。そういう人間と人間の関係をばらばらに断ち切ってしまうのが過疎状況なんだと、この本を読ましてもらって、改めて気づいたんです。

そうさせられてしまった。あるいは自分たちがそうしてしまった、そのことへの悔み、腹立たしさ。そういう重い現実をこの作品は提示しています。……舞台は出稼ぎの労働現場ですが、そこで『田螺聟話』という昔話[39]が語られますね。『どぶろく農民の墓』でも昔話が出てくるのですが、ここではもう一歩すすんで、昔話の世界が劇の主題をそっくり背負ってます。田螺《ふじた》というのは、ざらにそこらに居るというものね、だからあっさり農薬で消されてしまった。つまり農民なんですよね。この昔話はその田螺の変身を願望する話。劇ではその田螺が変身して襲う話でしょう。つまり昔話の意味をはっきりとらえてドラマツルギー（劇作術）の中心に据えられた作品だといえますね。

それともう一つ、ここでまた何かが始ったと思うのはね『うたよみざる』でも『食れだ村物語』でも、村を出てゆきたいという願望が書かれている。その一方で、出てゆくとこうなるのだ

38 水俣＝水俣病のこと。1956年に公式確認。熊本県の水俣地方で、チッソ水俣工場の廃液に含まれる有機水銀に汚染した魚介類を食したことにより集団的に発生。1964年ごろ新潟県阿賀野川流域でも同じ病気が発生（第二水俣病）。環境汚染の食物連鎖で起きた世界初の公害病。2009年になって「水俣病被害者の救済及び水俣病問題の解決に関する特別措置法」が成立するも、救済と補償の問題は未だ解決に至っていない。

39 『田螺聟話』という昔話＝田螺長者、田螺息子とも呼ばれる。地域によって内容が異なるが、あらすじは次の通り。子どものない百姓夫婦が子どもを授けてくださるよう水神様に祈ったところ、一匹のタニシを授かる。タニシは馬を操り、村の長者へ米を運ぶのを手伝った。礼儀にかなった振る舞いを見た長者は、姿はタニシでも宝息子に違いないと思い末娘と結婚させる。ある日村の神社の祭りに二人でお参りをするうちに、妻はタニシである夫を見失う。悲しみのあまり田園へ身を沈めようとしたとき、タニシが美しい青年となって現れる。それから夫婦は仲睦まじく暮らした。

ということも見つめておられる。という発想が、ここから始まっている。出て行きたいという事と、いや出て行かない方がいいという事とが、複線となって出てきたのは、ここからでしょう。

山田　主題がいっきょに明確になるのがエピローグですね。田螺が排水管からムクムクと出てきて組長の東野にたかる。このうす気味の悪さ、グロテスクさ。しかも、「助けてくれ」と身をもだえる組長は、企業の側の末端の管理者なんだけれども、実は稗貫《ひえぬき》や平鹿《ひらか》と同じ農民出、いや、もっとつらい目にあってきた山村の出身者なんですね。……日本農民の秘めたるエネルギー、田螺はその象徴、化身でしょう。その田螺が東京にあらわれて、建設現場を襲う。襲われるのが、土からひきはがされた農民。痛烈です。救いがない場面だけれど、私は読んでいて、作者の祈りのようなものを感じました。

農村に暮らす人々の内で上演されることに、意義があるように思われる。すなわち出稼ぎに行った人は、客席にはいない。

香川　この作品以後顕著になるのですが、川村さんの発想の中に、山と里、村と街、あるいは農村と都市という複合的視点が加わり、その中に被差別と差別、被抑圧と抑圧、疲弊と繁栄、非人間的なるものと人間的なるものの問題が――里（村）における両者のせめぎあいということも含めて――提出されるようになってきていますね。

『怪談・田螺変身』について言えば、東京の出稼労働者の飯場の中での平鹿平助の箱庭農園と田螺の出現が実に象徴的で、それは単に農村と農民の問題というにとどまらず、日本の現代の矛盾として描かれているところに、この作品の飛躍的発展があると思います。

最後のペアが前と対応していないようにも感じられるが、「人間と呼ばれるもの」をめぐる指摘ととることができる。つまり、どちらが人間的か、という。

山田　今度の改作では、平鹿や北方がうらやましく思っている酪農家も、借金と交通事故でついに潰されてしまうんですね。前稿では息子の作二にわずかに未来を託していたんだが、それもなくなった。つらい芝居になったけれども、実はそれだけ農村の現状をきびしくとらえているといえる。

香川　同時にね、都市の繁栄は本当の繁栄だろうかという問題をつきつけられる。蜃気楼ではないのか……。

山田　……これね、3稿へゆくまで、かなり時代の背景も変わってきてますよね。

川村　今度の改稿では秋田の農村活動家高橋良蔵さん[40]や西和賀農協専務の高橋広治さんからお話をうかがってますのでそれが反映していると思います。

山田　そうでしょう。最近東北の村を訪ねて歩くとね、たとえば大きな農家程膨大な借金をかかえこんで、どう仕様もなくなっている。働いても働いても借金が減らない。もういっぺん戦争でも起きなければ借金は返せないぞ、といった声さえ聞こえる。一方月給とり農民のほうも、働き口が減って、かあちゃんたちが遠くの温泉場などへ長期間出稼ぎに行ったりしている。そういうふうに村の現実はいよいよきびしさを増していて、この作品はそんななかから生まれてきたのでしょうが、現実がかちんと回転すると、作品の方もかちんと回転している(笑)。とにかく川村さんは書き直すんだよ。その執念というか、いやらしさというかね(笑)。これには参るね。

香川　これ初稿からするともう10年でしょう。

ふじた　われわれはそんな風には出来ないよな(笑)。関心が続かない。どこかへ行ってしまう。だけどね、川村さんはそこに住んでるでしょう、仕様ことなしにそこで答えを出し続けなければならない。そういう事でしょう。

合せ鏡としての昔話——うたよみざる——

山田　この作品集にはミュージカル版の台本がのるそうですけど、その前に書かれた「劇版」、あれもぜひ大事にしてもらいたいですね。どうですか、ミュージカル版の演出者としてのふじたさん。

ふじた　この作品はね、昔話の世界をそっくりそのまま今につなげる方法として、ブレヒト的方

40　高橋良蔵＝1925年秋田生まれ。「良蔵さんは羽後町の農家の長男として生まれ、小学校を卒業するとすぐに親と一緒に農業を始めた。戦争中、まだ10代だった良蔵さんは軍事訓練がいやで、それに対抗して仲間と「修農会」という会を作り、学校に行かずに活動に打ち込んだという。…〔中略〕…良蔵さんのめざましい活動ぶりは『百姓宣言』（無明舎出版）に詳しい。出稼ぎに行った農民が賃金不払いや労災補償の不備に苦しんでいた状況を告発して闘った「出稼組合」の運動、減反せずに水田農業を守るために考え出した「水田酪農」の取り組み、岩手の農民と奥羽山脈を越えて交流した「奥羽山脈に風穴をあける会」の痛快な活動、全国から数百人の農家が東京大学に集まって語り合った「全国の百姓が黙っていられるか東京座談会」など、その構想力、行動力、指導力にはただ「すごい」というほかない」（朝日新聞「あきた時評」、2013）。2013年没。

41　うたよみざる＝川村光夫作、1973年ぶどう座初演。1981年から各地で巡演。1983年、ミュージカル版に改稿、芸団協によって上演（作曲＝三木稔、演出＝ふじたあさや）。「初形うたよみざる」は、1973年「共存共栄」誌に掲載。「劇版」は「テアトロ」（カモミール社、1981年2月号）に掲載。

あらすじ＝ある日爺さまがつらい畑仕事をしながら「猿でも出てきて手伝ってくれたら、なんでも好きなものをくれてやる」とつぶやくと、山一という名の猿が現れ、たちまち仕事を終え「それでは娘を一人嫁にくれ」と言って去る。家へ帰り話すと、末娘のよてこが山一を気の毒がり、嫁入りすることになる。夫婦で里帰りしたいという娘のために人間の姿、形を真似るうちに、山一は猿の能力を失う。すっかり人間らしくなったので里帰りしようと、土産に臼に入れた餅を背負い山を下る。途中、断崖に咲く桜を見た娘が、山一にねだってその花をとらせるが、臼を背負ったまま登ったために枝が折れ、川に落ちる。「猿さんが流れる命おしくはないが　あとで泣く姫くやしやかろらん」人間のように歌が詠めたと喜びながら、山一は死ぬ。村を荒らす猿が死んだと喜ぶ村人に対し、よてこは悲しみ泣き続け、ついには猿の姿となる。村人から石を投げられ逃げだした先で、山一と再会し、二人は海を見つける。

法[42]を強烈に意識しておつくりになった。前作の『田螺変身』の場合には現在があって、その中に昔話の田螺がどう投影するかを見ておられる。ところが『うたよみざる』の場合は、昔話と現在との間にクッションが入っていない。『うたよみざる』を上演する集団が目の前にいる。この時川村さんの中でブレヒティアンの部分が強烈に動き始めた。そのことが川村さんの作品系列の中で大事なステップだった事は確かで、そういう意味で僕は『劇版うたよみざる』を大切にする必要があると思う。

それと地域の人に今まで語られてきた昔話をね、いま語るとこうなるんだよという語り方として、劇版の『うたよみざる』はあったと思うんです。それを今度全国版で考えるとね、別の語り方をしないと、本当に昔話の活力を伝える事が出来ないだろうと思って、一つのやり方としてミュージカル的発想をもったんですよ。だから僕は『ミュージカル版』も『劇版』も大事に記録される必要があると思うんですよ。完成度という点ではまだラストの方がね……。

香川　ラストは劇版のほうが衝撃的でしたね。僕はぶどう座の稽古場の初演を観てるんですが、ラストで高橋八重子さん[43]の演じる少し頭の弱い末娘が、村人の石礫《いしつぶて》の中で猿に変身し「おら猿でねえ、おら村の人間だ」と主張する姿には感動しましたね。一瞬人間的に大きく成長した末娘がそこにしっかりと存在していた。

「自分は……ではない」と主張することによる差別の発露については、第VI章も参照。

山田　私も初演をぶどう座の稽古場でみたんですが、プラカードが出てきてね、憲法第十四条「すべての国民は法の下に平等であって、人種、信条、性別、社会的身分、または門地により…〔中略〕…差別されない」で幕が下りる。幕開きも世界的差別の構造のようなものが絵や字でそれとなく示される。もちろんミュージカル版も面白く拝見しました。その面白さは何なんでしょうね。……これのもととなった昔話は、やっぱり人間讃歌なんでしょう。

川村　そう言われています。

山田　それを川村さんのお母さんはひっくり返して語りたい気持になったそうですが、それはたぶん多くの農民の思いだったんでしょうね。そのあたりのことを、川村さんがミュージカル公演のパンフに書かれてますが、その文章の一部をぜひここに載せておいて下さい。

私が初めてこの話を耳にしたのは、まだ文字もなにも知らない幼児の頃、母が語ってくれた昔話の一つとしてである。母が若い頃は、山へゆくと猿が群れていたという。鍬一本が頼りの畑仕事のつらさは、猿でも出てきて手伝ってくれまいかと空想もしただろう。つまり母の時代までは、この話の成立時の実感を多少とも残していたのかも

42　ブレヒト的方法＝第Ⅱ章註25参照。
43　高橋八重子＝1925年生まれ。ぶどう座創立メンバー。役場の職員をしながら俳優として活動。2009年没。

しれない。
だがその母も、猿が臼を背負って川に転落水死するくだりでは、すっかり猿の側に身を置いて語っていた。その頃もう寡婦となっていた貧しい農婦としては、狡賢くてすぐに居丈高となる里人よりは、たぶらかされて死ぬ猿に共感したのは当然のことだったろう。そして母にその自覚はなかったろうが、常にまつろわぬえみし[44]の末えいである東北の民、われらとしては、なおのこと猿の立場に身を置きたくなろうというものである。

（『うたよみざる』公演パンフ「母のこと猿のこと」[45]より）

……ここで話題にしていただきたいのは「合せ鏡論」です。川村さんのいまの文章の次のところに、「私も昔話を合せ鏡のようにかざして後ろ向きになって未来へ入ってゆこう」とあります。「私のところは有数の豪雪地である。激しい吹雪の時は眼をあけていられなくなる。それでも歩いてゆかなければならない人は、後ろ向きになって吹雪をさけ、今歩いてきた後ろの景色をたよりとして進む。前ばかりみつめて、せかせか歩くこともあるまい。先人達にならって、私も後ろ向きに進んでゆこう」

――後ろ向きに未来へ身を運ぶということでは、ベンヤミン[46]が「歴史の概念について（歴史哲学テーゼ）」（1940）で描き出し、芸術家たちがこぞって言及する「歴史の天使」がいる。

かれは顔を過去に向けている。ぼくらであれば事件の連鎖を眺めるところに、かれはただカタストローフ[47]のみを見る。そのカタストローフは、やすみなく廃墟の上に廃墟を積みかさねて、それをかれの鼻っさきへつきつけてくるのだ。たぶんかれはそこに滞留して、死者たちを目覚めさせ、破壊されたものを寄せあつめて組みたてたいのだろうが、しかし楽園から吹いてくる強風がかれの翼にはらまれるばかりか、その風のいきおいがはげしいので、かれはもう翼を閉じることができない。強風は天使を、かれが背中を向けている未来のほうへ、不可抗的に運んでゆく。その一方ではかれの眼前の廃墟の山が、天に届くばかりに高くなる。ぼくらが進歩と呼ぶものは、〈この〉強風なのだ。［ベンヤミン1994］

44　まつろわぬえみし＝古代日本において、関東以北に居住し大和朝廷に従わなかった人々（まつろわぬ民）。
45　「母のこと猿のこと」＝［川村1987］を参照。
46　ヴァルター・ベンヤミン＝Walter Benjamin｜1882年生まれ。ドイツの哲学者、文学者。唯物論とユダヤ主義の両極を横断しながら独自の思考を展開、20世紀における最も重要な思想家として大きな影響を与え続ける。著書に『ドイツ悲劇の根源』（1928）、『複製技術時代の芸術作品』（1936）など。1940年没。
47　カタストローフ＝カタストロフィ。壊滅状態、破局。

次章でも、ブレヒトに言及するベンヤミンが引用されている。だが海上宏美《うなかみひろみ》[48]は次のように言う。「別にベンヤミンは演劇屋さんでもないし批評家ですよね。そういうことでいけば…〔中略〕…演劇からやらなければいけない義務、責任っていうものは一体何か。」「文学というフィールドから可能ですよね。だって文学のテキストなんだから。なのに何でそんなに演劇って言ってるのかなあ」〔鴻・海上2005〕。それでも演劇人として、ならまず川村の「合せ鏡論」を思い出しつつ、風向きについて考えることができる。

……つまり『うたよみざる』へきて、川村光夫のモチーフは確固としたものとなった、といえるのではないか。それは実は川村さんのお母さんに代表される民衆の想像力の上に自分の想像力を重ねてゆこうとすることなんですね。民衆と同じ歩み方をする中で劇作をしてゆこうという、そういう願い。

ふじた　「合せ鏡」というのは鏡が自分の前にも後ろにもあるんでしょう。前の鏡をみると後ろが見える。後ろの鏡をみると前が見える。そうすると後ろにあるのが昔話、前にあるのが近代化ですか。

川村　吹雪が激しいときは後ろ向きになって先へ進みますから、その時見ている鏡は昔話でしょう。しかしそれを見る光は背後からさしてくる。つまりは未来からさしてくる。

山田　川村さんもぶどう座も、前ばかり見て歩いてきた。ところが、自然の雪もさることながら、いわば社会的な豪雪がつづいて、「合せ鏡」を使わないと、にっちもさっちも行かなくなった。で、『うたよみざる』が生まれる。くり返しになるけど、私はそういうふうにみてました。

ふじた　『うたよみざる』っていう話は、昔話を研究する人達の間ではさわっちゃいけない話となってるんだそうです。むずかしい話なんです。解釈不能な部分があるし、一つ迷いこむと、わからなくなってしまう。しかも事は差別に関する事で、むずかしい事が一杯ある。だけどはっきりしているのは、今までの話は猿が死んで良かったということになっている。それをね、今まではさんざ近代劇の方に歩いてきて、さあ今度は合せ鏡だというわけで昔話に照らしてみた時、猿が死んで良かったではなく、死んだ猿はどうだったろうかと猿に身を寄せて見ている川村さんがそこに居たという事が、僕は大事だと思うんです。それは明らかに近代から持ち帰ったものですよ。つまり民衆がいかに在るべきやという思いが、もう一度昔話を照らし直している。それが「合せ鏡」なんだと思うんです。その時初めて、昔話の中に現代のエネルギーがあると確信出来るんだろうと思うんですね。

山田　だから単純に後ろを振返ってるんじゃないんだよね。話をもどすようだけど、この作品の初形が1973年なんですよね。だから実は『めくらぶんど』とほとんど同時期です。その頃からすでに合せ鏡を使いだしているわけですよ。

48　海上宏美＝第Ⅷ章参照。

ふじた　川村さんていう人は執念深いね（笑）。

山田　さっき川村さんの「ブレヒティアンの部分」という話があったけど、1973年に千田是也さんを中心にブレヒト研究会[49]ができて、川村さんもこれに参加されました。そのことと「合せ鏡論」の追究とはおそらく無関係ではないだろうと私は思います。……それに、昔話っていうのはだいたい叙事詩ですよね。

ふじた　そうそう。

山田　だから「猿婿入」を素材とすれば、当然叙事劇になるわけだろうけど。しかしこの芝居、とても抒情的なんですね。ミュージカル版はとくにそうだ。

ふじた　僕は劇版を北上市[50]で拝見したんですが、あの地域でやるとね、叙事劇としてやっても、どっかで抒情に転換するものがあるわけです。それがくやしいわけね。東京でやるとその部分にさわれない。だからつけ加えなければ仕様がないだろうとなる。それがミュージカル化するようお願いした根っこに在るんですよ。昔話をやると、「あれはおらほうの話だ」という、そのおらほの話という時、骨としての昔話に肉がついて血がかよっちゃうということがある。それが抒情なんだと思う。それを可能にするのが地域演劇だと思う。

山田　私は稽古場で劇版を拝見しましたが、舞台は乾いていていてね、私はそのとき演出者としての川村さんが「もう一つ皮がむけたな」という感想をもったんです。

ふじた　いや、それは乾いてると思うんです。先日『猫の事務所ごっこ』も拝見したけど乾いた舞台だった。だがね、観客の中ではそれが乾いてない。その両方がバランスよくあってドラマが成立しているという感じなんだな。それを踏まえてね、何かをつけ加えなければならぬのが東京かなと思っています。

香川　何かというのは演劇的楽しみをふくらますこと、そう言えませんか。ミュージカル版のこの作品は完成度が高いですよ。僕は作品を一つあげろと言われれば『うたよみざる』をあげますね。ただラストの問題は研究の余地がありますが……。

山田　余分なものを削いだシンプルな、しかも方法的には二重構造をきちんと組み立てている。そして、その世界は、えみしの末えいである川村さんでなければこうは書けないでしょうね。

ふじた　ここで面白いのはね、川村さんの中で猿村と里とがせめぎあっている。ここのところが乾いたものにならざるを得ないところでしょう。

香川　だからね、戦後民主主義的にすればね、悪い奴と良い奴がはっきりわかれる。この作品では、それでは里の奴が悪いのか、山の奴が悪いのかといえば、そう簡単には別けられない。いろいろな生き方がそこに存在している。多義的なんですよね。しかも、にもかかわらず、そ

49　ブレヒト研究会＝ブレヒトの会。本章註3参照。
50　北上市＝岩手県北上市。南西部、北上盆地を中心とする。中西部に位置する湯田町との距離は約40㎞程で、交通の要地。湯田町と沢内村の合併後の西和賀町とは隣接している。

れでは何が人間的であるかということを、全体をとおして問いかけてくる。山の人は山の人として生きてゆかねばならぬ。里の人も里の人として生きてゆかねばならぬ。それでは共同して人間的なものとしてどう生きてゆくかということでしょう。そこに、『めくらぶんど』と比べると、広い世界、インターナショナルな世界へ出てきたというように感ずるんですよ。

ミュージカル版『うたよみざる』が、その印象をさらに強めたようだ。

私はこの作品を過疎地の山村から、都会の住民へのメッセージとして書いたつもりでいた。ところが〔ミュージカル版の〕新しいスタッフはこれをアジア全域に広げ、例えば楽器もガムラン、中国笛、日本二十弦琴という編成にして演じた。私にはまるで別のものに感じられた。舞台はアジア諸地域の人々から、繁栄し続ける日本人へのメッセージとなって、私の心に激しく突きささってくる。だが同時に、過疎地山村から都会人へのメッセージでもある。不思議な体験だった。

劇中、村の長老が頭の弱い娘に、あわよくば猿をたぶらかして村に連れてこい、と言いふくめる場面がある。「汚い仕事、危険な仕事、とりわけこの危険な仕事を彼らにやらせることが出来れば、おらたちは安泰」。あれから十余年、今や汚い仕事、危険な仕事は、東北の出稼農民からアジアの出稼労働者のものへと変わった。〔川村1993〕

山田　賛成です。私はミュージカル版の公演パンフに一文を書きましたが、その一部をここに載せさせてください。

……（『めくらぶんど』の）その後の10年のあいだに、川村さんの「ふかぶかとした想い」は、さらに深さ、重さ、鋭さをたくわえたといえそうだ。『うたよみざる』にこめられた悲しみと憤り、あるいは多義性と積極性は、もはや「みちのくの語り部」の位置をはるかに超えているように、私には思われる。

……いい芝居だね。……どうもこの作品にはみんな近すぎるんだよな（笑）。

時空を飛びかって――食《か》れだ村物語［51］――

山田　さて最後の作品が『食れだ村物語』。
ふじた　これね、題名がたびたびかえられる。どうしてですかな。
川村　いや、ぴったりしたものが出てこないからでしょう。
ふじた　最初が『夢こ玉こ』次が『夢喰いあらし』そして『食れだ村物語』でしょう。もの書きとしてはね、この題名を転々とかえるという事は信じがたい思いがするんでね。

川村　……いやぁ困りましたな。

山田　川村さんにはこだわりがないんだな。

ふじた　精神のやわらかさ。

山田　ところで、どうです香川さん。

香川　僕は初稿の『夢こ玉こ』と上演稿の『夢喰いあらし』を読ませて頂きましたが、今回の稿はより主題が明確になってきていると思います。それは多用していた伝説の引用を整理し、村人が演じる村芝居としての構造をより明確にしたこと、大荒肢《おおあらし》、小荒肢《こあらし》の象徴性が次第に明らかになってきたこと、遊離していた若者と村芝居（劇中劇）の関係が一歩劇中に入ってきたことによると思います。

　作品系列で言えば『怪談・田螺変身』とつながっており、これも怪談ですよね、ある意味では。大荒肢、小荒肢が人間の夢を喰って生きている。ところがその夢を喰い尽くして、今度は夢を見なくなった人間それ自体に噛みつき始める。人々は逃げだし荒涼とした風景となる。実に恐ろしい話です。ところが今度はいよいよこの元凶と闘い始める。川村戯曲の新しい展開なわけですが、それを三婆を中心として村人が村芝居を演ずるという構造にして、しかも様式的には地域の民俗芸能を駆使するところから始まったところに、『めくらぶんど』から再出発した川村さんらしさを感じる。

ふじた　『うたよみざる』とは全く違う。同じように民俗伝承的世界を使いながら、こちらの方は明らかに現状をシンボリック（象徴的）に描いている。そのシンボルとするためのキーワード（鍵）として民俗伝承を使っている。『うたよみざる』は民俗伝承の中に自己を投影した。こちらは民俗伝承を使いながら状況論をやったということになる。またここで一つ発展してますね、川村さんは。

山田　私は『うたよみざる』の連続性と非連続性を感ずるんですね。モチーフ、「合せ鏡」という点では連続してるし、とくに猿とよてこ、ここでのももこ十郎太、これが形象として連続している。非連続というのは『うたよみざる』は昔話で、これは伝説、その違い。こちらでは、話そのものがかなりリアリステックで、それに丸っこくない、荒々しい。川村さんが昔話からい

51
食れだ村物語＝川村光夫作、１９８５年11月ぶどう座初演。
あらすじ＝岩手にある過疎の村へ流れついた若者に、３人の老婆が村の伝説を語る（民俗芸能の囃子や舞、語りによってか、劇中劇として演じられる）。村には大荒肢、小荒肢という化物がおり、人がみる夢を食い、食われた人は姿を消すといわれ恐れられていた。村の娘ももこは、マタギの青年十郎太と惹かれ合うが、祖父である弥助に猛反対される。ももこの母親はマタギの男と駆け落ちをし、村を出ていたのだった。結ばれない二人は夢の中で会うが、そのとき大荒肢に食われかけ、以来娘の様子がおかしくなる。さらに妊娠していることがわかり、村人たちは化物の子だと思い村から追い出そうと相談するが、それを聞いていたももこは自ら川に入り死ぬ。十郎太は化物への復讐を誓い、三婆とともに戦うが、あとに残されたのは荒れ果てた村と、三婆と、ももこの子のみであった。伝説の中に入りこんだ若者が、村再建に取り組むことを決意し、幕となる。

よいよ伝説の世界に入るとこうなるのかと読ましてもらいました。

昔話にはまた決まった語りくちがある。話の中身は変わっても、例えば語り始めの「昔、むがしあるけずおん」とか、語り納めの「とっぴんぱらりのぷ」というのは変わらない。他地方には違う言葉での言い方もあるが、使い方は同じだ。一種の様式化である。〔川村1995〕

伝説にはまた別の様式がある。『食れだ村』の「荒々しさ」は原作の様式の違いから来ているかもしれない。

ふじた　これはね、定着して生きている人に対して放浪の若者が出てきて、それに触発されながら、如何に夢みるかが描かれていて、その夢が食われてゆくという状況への対応が描かれる。ということで言えば、前作と連続してはいるが、この場合はその事を描くために伝説や民俗伝承が使われているというように読める。だから『田螺』とつながりますよね。夢みて東京へ出てきたが現実はこうだと。田螺が化けて出るしか仕様がないという現実の強さね、これが夢を食う大荒肢につながってゆく。この辺り全部つながってますよ。

山田　私が面白かったのは、『うたよみざる』も劇中劇になっているが、ここではさらに発展して、まさに自在に時空をとびかっていることです。若者と三婆と伝説の世界の人物と、この三者が自由に交叉するでしょう。シャトリカル[52]（劇場的）というか、スペクタクル（みせもの的）というか、劇的表現法の手がこんできている。

ふじた　若者が一重、二重の場面に自由に出入りしている。また一重目の女の子が三重目の若者のところへ出てきたりする。これ面白いが、その意味はなんだろう。

山田　『うたよみざる』とくらべてはっきり違うのは、現代の若者が登場することですね。そして最後に残るのも、この若者と三婆ともこの遺児と弥助でしょう。ここへきて作者は身をのり出して、観客に「おい、行こうや」と呼びかけているように思いました。

香川　これ最後に定住できますか。

山田　さて、それはどうだろう。若者というのは漂泊者ですよね。しかし漂泊者のもってる知恵と力を借りるというか、他所者とつながるというか、それが大事なんだよ、と作者は言ってるわけでしょう。私はそこが『うたよみざる』から一歩突き抜けてるところだと思うな。……ところで大荒肢、小荒肢、これも多義的でいろいろに読めるんですが……。

ふじた　第1稿からすると随分変わってきた。そして明解になってきた。

山田　三婆がずばぬけておもしろいですね。

52　シャトリカル＝シアトリカル。

香川　民俗芸能的面白さね、山伏神楽[53]、鬼剣舞《おにけんばい》[54]、奥浄瑠璃[55]、人形振り[56]、古典的様式的演技、……そういう芸能として楽しむ。これをやるには大変なエネルギーがいりますよ。

山田　これ実際に上演してみてどうでした。

川村　お母さん達の合唱団や鬼剣舞の踊組、民謡同好会など出演者が50人です。昼夜2回で千5百人以上の人がみました。

香川　5千人の町ですから人口の半分が集まった。

川村　みんなでワイワイやって楽しんだという舞台です。

ふじた　見たかったなあ。

川村　音楽の岡田和夫さん、美術の内山勉さん、それに「展望」の大沢郁夫さんが観にきてくれました。

香川　うーん。これはね、読んだだけでは良くわからないところがある。読んだだけではあまりにも悲惨な現実の悲しさの方がクローズアップされて何か物悲しい。しかし村人達によって民俗芸能を総動員してこれが舞台に繰り広げられた時のことを思うとね、いよいよ村に根を下ろしたそのエネルギーのようなものが感じられる。

ふじた　これは東京ではやれませんよ。まず地元でやったものを観せてもらわなければ。

山田　これこそ川村光夫の世界そのものですもんね。「合せ鏡」だし方法としては叙事的でありながら、実に楽しい部分もある。しかもモチーフは前進してます。『めくらぶんど』の頃よりははるかにすざまじい地域の状況の中で、今度は漂泊者と共に大荒肢に立ち向かってゆく生き残り作戦を呼びかけているんですから。

香川　戦争、空襲、減反、ガス落盤、農村切捨て、……みんな出てくる。

ふじた　そう、炭鉱の方にも近代化が押しよせてきたというところとつながったところで、日本がとらえ直されている。ここへ来てね、『うたよみざる』の猿が漂泊者だったことの意味がはっきりする。それと手を結んでという風に位置づけられるんです。山一と炭鉱の若者とがつながる。

そこに座す――おわりに――

山田　では最後に川村戯曲全体について感想を述べていただきますか。

53　山伏神楽＝山伏（山野に寝起きし験力を獲得することを目指す修験道の修行者）による神楽のこと。修験の霊山として名高い山が多い岩手、青森、秋田、山形に集中する。旧暦11月から正月にかけて村々を訪れて舞い、神が姿を現した獅子頭を奉じる。番楽、獅子舞ともいう。

54　鬼剣舞＝東北地方各地にある民俗舞踊。太刀を抜いて舞う勇ましい踊り。念仏踊りの一種。［広辞苑］

55　奥浄瑠璃＝近世初期から、仙台藩を中心に、盲人が三味線を伴奏に語った古浄瑠璃。［広辞苑］

56　人形振り＝歌舞伎で、義太夫狂言のある一節を操人形の動作をまねて演ずるもの。［広辞苑］

香川　川村さんの作品はね、あそこの地域でなければ考えられない戯曲でありながらね、日本の現実、差別とか非差別とかね、人間社会の全体とつながっていくところが素晴しいところだと思うんです。

ふじた　まさにそうですね。もうひとつはね、われわれの演劇史は民俗学なんかに色目を使いながら、例えば遠野物語なんかを素材としながらやってきた。しかし川村さんほど、話の構造がもっている本質を自分の方法にしてしまった人はないだろう。そう思うんです。

――

　つまり対象との距離が気にいっているのである。［川村１９９５］

神楽だってなんだって、意識して書いてる人はいる。だが川村さんとは違うんです。それはその人が、近代と照らしあうポジションの問題なんです。素材としての神楽とか、方法としての何々にとどまらず、本質として遡りつつ、それを見据えておられるという川村さんを感ずる。そしてその辺りとブレヒティアンである川村さんとが照らしあっているところが面白い。まだまだ発展するぞと思わせる。

山田　やはり、川村さんの居る場所、置かれた位置ということを私も考えますね。そこには宮沢賢治が居たし、山形の松田甚次郎《まつだじんじろう》[57]が居た。この二人の存在はさけて通れない。賢治については説明の要はないが、甚次郎は賢治に「小作人たれ」「農村演劇をやれ」と言われて、それを実践する。しかし現実の中に呑みこまれて、戦争協力という方向へ進む。この二人の先達を継ぐというか超えてゆくというか、そこに川村さんのポジションがあるわけですね。

> 宮沢賢治には4種の劇台本と、10を数える戯曲執筆のためと思われるメモが残されている。演劇に対する関心の深さを物語るものである。4種の劇台本の一つに、「コミックオペレッタ・飢餓陣営」というのがある。大正12年〔1923年〕5月と翌13年8月に、賢治自身が教壇に立つ花巻農学校で上演したものである。まずその物語の筋を要約させてもらうことから始めよう。…〔中略〕…〔バナナン大将の勲章を食って〕腹一杯となった兵士たちは、それが軍律を破る行為だと気づき、自決しようとする。その時大将が立上って叫ぶ。「もうわかった。お前たちの心底見届けた」。こうして大将考案の生産体操が行なわれる。戦場においていきなり体操とは、いささか唐突である。ここまで読んで来て、私はしばらく考える。そしてやがて気づく。これを演じていたのは農学校の生徒だ

57 松田甚次郎＝1909年山形生まれ。1927年に羅須地人協会の宮沢賢治を訪ね多大な影響を受け、山形で小作人をしながら農村劇を実践する。1927年に鳥越倶楽部を結成、鳥越八幡神社に土舞台を築き、1940年までに少なくとも36回の上演を行なう。著書に『土に叫ぶ』（羽田書店、1938）、『宮沢賢治名作選』（羽田書店、1939）。1943年没。

58 「地域演劇論」＝川村光夫『素顔をさらす俳優たち』（晩成書房、1987）所収。

ったのだ。するとそれを観ていたのはその父兄たる農民達だったわけだ。しかもその体操は、当時のもっとも先進的農業技術の一つである、果樹整枝《せいし》法のさまざまである。その事に気づいて、その光景を思い浮べて私は急に感動におそわれる。〔川村1982〕

詳しくは『素顔をさらす俳優たち』〔川村1987〕、『宮沢賢治の劇世界』〔川村2011〕も参照のこと。

香川　川村さんはブレヒトの会発行の『ゲストゥス』の地域演劇論[58]の中で、宮沢賢治の『飢餓陣営』にふれて、「あの時代において、賢治の演劇ほど誰のために、ということは誰にみせるかだけでなく、誰がそれを演ずるかも含めて明確にしたものはない。そこに賢治演劇の魅力の真髄があると同時に、地域演劇成立の一つの形がしめされているように思われるのである。50年の歳月をへだてて、それがいまはっきりと私に伝わってくる」と書いておられますが、70年代以後のところへきましてね、賢治再発見というか、真正面に賢治を見据えてそれを越えようとするところへきていると思うんですよ。

山田　ここに収められた四つの作品は、その試みであり、実りでもあるんじゃありませんか。それぞれ独立した、そしてひとつながりの……。

V

第三世界

コラージュ・二十世紀民衆演劇語録　を読む

【解題】方法を話すために

ここまでの談話を位置付けうる、当時の「知見」を振り返っておこう。「民衆演劇運動の地平——'83アジア民衆演劇会議にむけて」という特集が組まれた、『新日本文学』[1] 1983年8月号に掲載された語録。本書の各章とこの語録の内容は、少なくとも次のような観点で連関をもつ。

第Ⅰ章、これまで参加したことのない人々の参加。第Ⅱ章、日常的な場面との関係。第Ⅲ章、自発的な組織化。第Ⅳ章、担い手の重層性。

＊

PETA[2]の提唱によって発足したフォーラムの第3回を日本でホストする形で行なわれた「'83アジア民衆演劇会議」（以下、ATF）は3週間にわたった[3]。主に東南アジアから招いた20人以上のゲストとともに、ワークショップ[4]の交換、観察旅行（取材旅行）、民衆演劇祭という3期に分けて進められた。水牛[5]、黒テント[6]、PTFJ（日本民衆演劇ワークショップ会議）[7]、民衆文化研究会、太陽の市場工房[8]など、成員に重なりを持ちつつそれぞれに行なわれていた探求が凝集した催しと言ってよいだろう。

1 新日本文学＝文芸雑誌。1946年創刊。1945年に発足した新日本文学会の機関誌。戦後日本の民主主義文学の確立を目標に刊行され、政治と文学、戦争責任問題、国民文学論などに活発な議論を展開した。2004年に第652号をもって終刊。

2 PETA＝ペタ。Philippine Educational Theater Association（フィリピン教育演劇協会）の略称。1967年に設立。フィリピンで初めて英語やスペイン語ではなくタガログ語による劇作品の創作を行なった演劇創造集団。国民的な演劇の創造を目指すとともに、一方では演劇の教育的な機能を活用した民衆演劇運動を展開し、アジアの各地の文化運動に大きな影響を与えた。

3 3週間にわたった＝唯一の公表された記録「アジア民衆演劇会議から」は里見実『ラテンアメリカの新しい伝統──〈場の文化〉のために』（晶文社、1990）所収。

4 ワークショップ＝美術、音楽、演劇などの芸術の分野で、進行役や講師を迎えて行なう体験型講座。講師の話を参加者が一方的に聞くのではなく、参加者自身が討論に加わったり、体験したりするなど、双方向性が重視される。「ワークショップとは要するに稽古のことだが、公演を目的にしない稽古を欧米では演劇ワークショップとよんでいる。1930年代のイギリスの労働者演劇運動の中からうまれた概念である」［里見1990］。

5 水牛＝1978年から1987年まで久保覚、高橋悠治（1938─）、津野海太郎などを編集委員とし発行された新聞。全100号発行。アジアにおける民衆文化の動きを伝えることを目的とし、評論、戯曲などが掲載された。

6 黒テント＝劇団。1968年、自由劇場・六月劇場・発見の会が連合して「演劇センター68」を発足。「佐藤信や津野海太郎たちは、翌1969年には、「自由劇場」と「六月劇場」を解消して、現在の黒色テントの前身である「センター68／69」をつくる」［瓜生1983］。1970年秋から黒い移動式テントで巡回公演。「真冬の商業演劇」「アジア演劇」など時々の指針を立てた活動が特徴。1990年に現在の名前に改称。

7 PTFJ（日本民衆演劇ワークショップ会議）＝People's Theater Forum Japanの略称。里見実らが1982年に発足し、主にPETAの手法を用いたワークショップを主催した。［PTFJ1982］参照。

「演劇会議」といっても／「演劇」についての会議ではない／演劇による会議／創造する会議／私たちは　それをワークショップとよんでいる［'83ATF実行委員会1983］

この語録は（少なくとも編者である民衆文化研究会から見て）ATFが当時参照できる活動や思想をまとめたものと考えることができる。ATF実行委員であった津野海太郎《つのかいたろう》[9]によると、おそらくは久保覚《くぼさとる》[10]を中心に編まれたものであるという[11]。久保氏は既に鬼籍に入られているが、津野氏と相談の上で本書に収録した。

ATFと同様に「第三世界」[12]の「民衆文化運動」に着目した久保の活発な発言は、1981年のアジア・アフリカ・ラテンアメリカ文化会議[13]から目立ちはじめる。十何年ぶりに新日本文学会の活動に復帰し、この会議の実行委員会にも途中から参加した久保が、「中心テーマを民衆文化運動に置いたらどうかという提案をした」［久保ほか1981・11］。久保は、1981年6月に梁民基《やんみんぎ》[14]との共編訳として『仮面劇とマダン劇――韓国の民衆演劇』を上梓し、翌年には「韓国民衆演劇の実験」[15]という催しをプロデュースしてマダン劇『アリラン峠』を上演している。

マダンとは広場もしくは現場を意味する言葉である。…〔中略〕…広場の演劇は舞台劇とはちがって人々をとりかこむような形でおこなわれており、演ずるものと見る者との交流、さらには観衆のドラマへの介入が公演の重要な活力素となっている。こうしたことからみても林賑澤[16]のいう「マダン劇」[17]は、ボアール[18]の民衆演劇の理念にき

8 太陽の市場工房＝１９８１年に、遊び場づくりや障害者の自立生活運動に関わる演劇ワークショップに関心を持つ齋藤啓子らが結成。まちの課題を取材し表現活動をした。

9 津野海太郎＝１９３８年福岡生まれ。評論家。早稲田大学卒業後、劇団「黒テント」演出、晶文社取締役、『季刊・本とコンピュータ』総合編集長、和光大学教授・図書館長などを歴任。著書に『悲劇の批判』（晶文社、１９７０）、『ペストと劇場』（晶文社、１９８０）、『小さなメディアの必要』（晶文社、１９８１）など。

10 久保覚＝１９３７年東京生まれ。本名鄭京默。在日朝鮮人二世。編集者、文化活動家、朝鮮芸能文化史研究者。１９８４年から１９８７年まで「新日本文学」編集長を務める。編著に『仮面劇とマダン劇』（晶文社、１９８１）など。１９９８年没。

11 久保覚を中心に編まれたものであるという＝ＡＴＦの趣旨文「場の文化のために（原題＝主体の危機とその転換——演劇ワークショップ運動の思想）」［里見１９９０］は、久保覚・里見実・津留由人が共同執筆したとある。

12 第三世界＝「アジア・アフリカ・中南米などの発展途上にある諸国を、東西両世界、あるいは米ソ（ロシア）二大国とこれに次ぐ先進諸国と対比した呼称」［広辞苑］。東西冷戦終結後、用いられるケースは減少した。

13 アジア・アフリカ・ラテンアメリカ文化会議＝１９８１年11月４日－７日、川崎市立労働会館ほか、新日本文学会主催。

14 梁民基＝１９３５年名古屋生まれ。在日朝鮮人二世。立命館大学文学部中退。戦後、移り住んだ京都市で民族運動の中心人物となり、特に「マダン劇運動」と呼ばれる文化活動を展開。１９９３年に「東九条マダン」創設に関わる。２０１３年没。第Ⅵ章も参照。

15 韓国民衆演劇の実験＝１９８２年８月16日、俳優座劇場。黒色テント68／71の「八月の劇場」という連続企画の一環。［久保・津野１９８２］を参照。

16 林賑澤＝Lim Jin Taek １９５０年生まれ。演出家。ソウル大学校文理科大学外交科卒業。無形文化財であるパンソリの伝授をうけ、新しい演劇運動に参加。実験的マダン劇『流浪劇団』『マスゲーム』などを演出。

わめて近い内容をもっているといわなければならない。［里見1981］

特に［マダン劇の代表的な作品である］『イエス伝』[19]の上演の仕方なんかでずっと拾っていくと、これはほぼ完全にロシアの20年代の連中のやり方と同じですね。それは実践面においてだけでなく、当時彼らは、あらゆる種類の、各国のさまざまな歴史における民衆演劇の要素を拾い出す作業を行なっている。その結果出てくるのがこれであるという形で、ずらっと10個以上出してくる。つまり、時間的にも空間的にも連続性を欠いているかに見えるもののなかから、民衆的なものを求めていく者どおし［原文ママ］が共通するものに至るという事実。［桑野ほか1981］

こうした指摘をしている里見実[20]、桑野隆[21]、柿沼秀雄[22]らから刺激を受けつつ、フランツ・ファノン[23]やパウロ・フレイレ[24]が金芝河[25]に「重要な啓示を与えている」［AALA実行委員会1981］ことなども確認しつつも、久保は次のように言う。

たしかにマダン劇の思想や運動というのは、ロシア・アヴァンギャルドのやってきたことと似ている、本質的に似ているところがある。そのことの指摘はとても大事なことだし、賛成だけれども、しかしそれはもっとあとで言ったほうがいいような気がする

17 マダン劇＝マダンとは朝鮮語で広場・庭の意味。マダン劇は、朝鮮半島の村々の広場で農民たちが仮面劇や権力者への風刺劇を楽しんだのが起源とされる。70から80年代、韓国の民主化運動の中で、若者たちが抑圧への抵抗を表現する手段として発展させた。

18 アウグスト・ボアール＝Augusto Boal―1931年ブラジル生まれ。サンパウロのアリーナ劇場で演出家として活躍。1969年の第2軍事クーデターにより正規の活動ができなくなり、アルゼンチンに亡命。ラテンアメリカの各地で民衆演劇運動を行なった。1978年からはパリで「表現技術研修普及センター」の主宰を務めた。2009年没。「ボアールのシステムは、ボアール自身が関知せぬままに、いろいろな地域で「引用」されているらしい。彼の主著である『被抑圧者の演劇』はアルゼンチンの政情が変化したために再版が出ていないのであるが、ボアール自身の知らぬ間に各地で「海賊版」がつくられ、そのまた海賊版の海賊版がつくられたりして、中南米の解放文化運動の中でさかんに使われているらしい。ヨーロッパでは七七年に仏訳が、また七九年に英訳が刊行された」「里見1981・11」。

19 『イエス伝』＝梁民基・久保覚編訳『仮面劇とマダン劇――韓国の民衆演劇』（晶文社、1981）所収。

20 里見実＝1936年生まれ。教育学。1965－2007年まで國學院大学に勤務。80年代に民衆文化研究会、新日本文学会などを拠点に、演劇ワークショップ運動を提唱、実践する。傍らラテンアメリカなど各地の民衆文化運動の紹介に努める。著書に『ラテンアメリカの新しい伝統』（晶文社、1990）、訳書に、パウロ・フレイレ『希望の教育学』（太郎次郎社、2001）など。

21 桑野隆＝1947年生まれ。ロシア文化・思想。2001年から2018年まで早稲田大学教育・総合科学学術院教授。著書に『バフチン〈対話〉そして〈解放の笑い〉』（岩波書店、1987、新版2007）、『夢みる権利―ロシア・アヴァンギャルド再考』（東京大学出版会、1996）、訳書にトロツキイ『文学と革命』（岩波書店、1993）など。

22 柿沼秀雄＝1947年東京都生まれ。アフリカ教育史研究。国学院大学文学部教授を2015年に退官。共訳書にパウロ・フレイレ『被抑圧者の教育学』（亜紀書房、初版1979）など。

23 フランツ・ファノン＝Frantz Omar Fanon―1925年西インド諸島マルティニーク島生まれ。精神科医、革命家。アルジェリア民族解放戦線に深く関わった。植民地主義を批判し、60年代以降の第三世界の革命思想に大きな影響を与えた。著書に『地に呪われたる者』（みすず書房、1969）、『黒い皮膚・白い仮面』（みすず書房、1970）がある。1961年没。

んです。つまり、韓国のマダン劇運動のことを、すぐに知的に歴史化しないほうがいいんじゃないかと思う。…〔中略〕… マダン劇運動の根本にあるのは、簡単に言うと、表現というものが関係性や相互性をどうつくり出し、発見できるか、逆に言うと関係性や相互性をつくり出し発見できる表現行為というのはどういうものなのかということの具体的な追求でしょう。［久保ほか 1981・10］

このコラージュの性格もここから読み取れよう。アジアやワークショップといった方法が（方法だったのだ）、現在どう機能しているか、背景を見ながら、考えられたい。ただ先取りして言えば、われわれにはこの語録を、歴史化する契機が持ちづらくなっている。かといって現代の運動と、自由に結びつけて論ずることができるわけでもない（一例を挙げると「コッカイオンドク！」[26]と、「生きた新聞」（本章に頻出する「トラム」を準備したロシアの風刺演劇運動）とを、街頭でニュース性のある内容を上演するというアプローチのみにおいて比べることはためらわれる）。だからどちらかというと、方法の話し方が現在どうなっているかを、考えることになるかもしれない。

24 パウロ・フレイレ＝Paulo Freire｜１９２１年ブラジル北東部ペルナンブコ州生まれ。教育学者、哲学者。「意識化」「問題解決型教育」などを通じ、20世紀の教育思想から民主政治のあり方にまで大きな影響を与えた。その実践を通じて「エンパワーメント」「ヒューマニゼーション（人間化）」という表現も広く知られるようになる。著書に『被抑圧者の教育学』（亜紀書房、初版１９７９、新訳２０１１、50周年記念版２０１８）。１９９７年没。

25 金芝河＝Kim Chi-Ha｜１９４１年韓国生まれ。詩人、思想家。本名金英一。１９７０年、長編譚詩『五賊』で、反共法により投獄。以後、保釈と逮捕を繰り返しながら、詩作のほかに李朝時代の民衆劇「タルチュム（仮面劇）」を元とした戯曲を執筆。社会を辛辣に風刺した『金冠のイエス』（１９７１）、『青山別哭』（１９７３）は、民主化のための文化運動のなかで上演された。

26 コッカイオンドク！＝文章に書き起こした実際の国会審議でのやりとりを、一人で、または複数人で音読する活動。音読は自宅、カフェ、街頭など様々な場所で行なわれる（公式サイトには街頭で行なう場合のノウハウも記載されている）。イラク戦争をきっかけに平和活動に取り組む金沢市の主婦小原美由紀（１９６４－）らが、２０１７年に「共謀罪法案（組織的犯罪処罰法改正案）」をめぐる国会審議を音読する活動を始め「コッカイオンドク！」と名づけた。活動は、その後ＳＮＳなどを通じて全国に広まり、「共謀罪」審議終盤の２０１７年６月には22都道府県44か所で音読会が開催された。

コラージュ・二十世紀民衆演劇語録
——トラムからマダン劇まで

『新日本文学』（1983年8月号）所収

民衆文化研究会編

その理念

……われわれの時代の基本主題はなにか？

また、なにであるべきなのか？　筆者がいちいち挙げきれないほど多くの問題が浮かび上がっているが、それにたいして共同討議をしていく過程自体が、とりもなおさず共同創作の第一段階の作業と見ることができる。このようにわれわれの社会に内在している主要な矛盾と葛藤を典型的なパターンで捉え、それを解決するために総力を集中して共同体的関心にねらいを定めてその標的を射止める作業、これこそまさに現代の演劇が担っている課題なのだと思う。

　このような主題のもとに構成された作品は、矛盾の集積体であるその集団自体の粛正《しゅくせい》[27]運動に直接寄与することになるが、演劇はそのようにして共同の利害集団がみずから創り出し、共有[28]するものでなければならない。農村で、工場で、教会で、夜学で、大学で、市場で、アパートで、板子村《バンジャ》[29]で、職場で、街頭で、そして劇場においてさえ、演劇は1回きりで消耗されるものでない、生産的な公演をくり返していかねばならぬのだ。

マダン劇の公演では、したがって創造する者と享受する者が分離されるべきなんらの理由もないのであり、創作の過程でも一人のずば抜けて知的な人物が先んじるよりは、多数の見解と欲求がだんだん総合されてでき上がっていくほど望ましいと言える。ここでなによりも大切なことは、演劇行為が演戯者と観衆を問わず参加者すべての意識化に寄与しなければならないという点である。そして意識化されたかれらは次回の演劇にまた新たな内容と形式を補完しながら、さらに次の段階のための意識化を促す媒体とならねばならない。こうして演劇参加者と劇作品のあいだの相互発展とともに意識化作業はいっそう明確で堅固な形態に発展していく。

（林賑澤「マダン劇のために」[30]１９８０年）

27 粛正＝きびしく取り締まって異分子などを除き、組織の純化を図ること。特に独裁政党などで、反対者を追放、処刑などによって排除すること。

28 共有＝原文では「享有」。

29 板子村＝韓国語でバラックの集落という意味。50－60年代にかけて、朝鮮戦争の避難民などがスラムを形成したソウル、清渓川一帯をそう呼んだ。

＊

演ずることを軽蔑している
劇団もある。
彼らにとって
舞台とは
鍵穴だ。
どうぞ、お静かにお坐りください、
まっすぐにでも、ななめにでも、
そして、他人の生活のかけらをおのぞきくださいというわけだ。
さて舞台を眺めると――
マーニャ叔母さんに
ヴァーニャ叔父さんが
ソファに坐って鼻声でおしゃべりだ。
ぼくらには、叔父さんも叔母さんも
面白くはないさ。
叔父さんも叔母さんも家に帰ればちゃんとご在宅だ。

ぼくらが見せるのもやっぱりほんものの生活だが、
それは劇場で
目もあやな見世物に変えられている。

（マヤコフスキイ「ミステリア・ブック改訂版へのプロローグ」[31]1921年）

＊

コミューン[32]は新しい演劇のために洗練されたプロの劇団を招聘することはしない。みずからの内部から劇作家や音楽家、役者を生みだす。……〔中略〕……必要なのは「民衆の観客席のために演ずる」ことではなく、むしろこの客席がみずから演じるように手をかしてやることだ。それ

30 「マダン劇のために」＝梁民基・久保覚編訳『仮面劇とマダン劇—韓国の民衆演劇』（晶文社、1981）所収。

31 ウラジーミル・マヤコフスキー『ミステリヤ・ブッフ』＝Vladimir Mayakovskii｜1893年生まれ。ソヴィエトの詩人、劇作家。代表的な戯曲に『南京虫』（1928）、『風呂』（1929）など。1930年没。『ミステリヤ・ブッフ』（1918）は聖書の方舟の物語をもじって革命を描いたもので、7組の「不潔な人々」が洪水を生き延び、約束の地としての機械化された社会主義国家へたどり着く。初演時も1921年の改訂版も否定的な評価が多かったが、サーカス的な要素など演出家メイエルホリド（本章註43参照）のその後のスタイルを決定づけた。

32 コミューン＝フランス語で「共同」「共有」などを意味する語。共同で作業を行ない、収入や財産を共有する小規模な生活共同体を指す。また、私有財産を否定し平等な労働を原理とする共産主義的な生活共同体の意味で用いられることもある。

が芸術の民主化の最重要課題である。プロレタリア[33]の創造を覚醒させ、それにふさわしい表現形式の発見を促すことが必要なのである。

（ケルジェンツェフ『創造的演劇』[34] 1923年）

＊

1 民衆演劇とは、民衆に寄り添う形で民衆のなかから生まれたものであり、現状維持を図る支配制度によって芸術をないがしろにし、民衆の社会参加を許さないラテン・アメリカの現実の内部にあって、諸階級の平等を探究する事業の一部を荷ない、その事業に統合される演劇のことを言う。

民衆演劇が備える特徴としては、

a 民衆が抱えている問題にそくして、民衆に属する人々ないし文化活動家の手で創り出されたテキストとその上演

b 民衆の言語の使用

c 民衆の利益を擁護するテーマの設定

d 民衆が手軽に見ることのできる料金で、民衆の生活する土地において行われる公演といった点があげられる。

2 経済的文化的支配に服従させられているラテン・アメリカの現在の社会・経済・文化的状況

にあたっては、上述の概念はダイナミックでこそあれ、決して静的ではありえない。

3 人間を解放する過程にあって、ラテン・アメリカ社会の変革をめざす新しい闘争形態のなかから、私たちは、演劇はあくまでも手段であって目的ではないとの自覚に立って、演劇を選び取る。

4 民衆芸術が、自立と解放の芸術になるためには、民衆の豊かな芸術的遺産を奪回し、現在の民衆の創造力を運動のなかに統合することが、絶対に欠かせない。

5 民衆演劇に携わるグループ間の経験交流及びその統一は、基本的な重要性を帯びている。悲しむべき分裂主義の姿勢が見られるがゆえに、この統一はなんとしても維持されなければならない。互いに支えあい、経験を交流しあうことがなければ、大陸全体で発展しつつある、自由で平等な社会の創造という課題に統合される広範な民衆演劇運動の力は強まっていかないのである。

（民衆演劇に関するラテン・アメリカ会議「民衆演劇に関するラテン・アメリカの声明」[35] 1977年）

33 プロレタリア＝プロレタリアート。生産手段をもたず、自分の労働力を資本家に売り生活する賃金労働者階級のこと。

34 プラトン・ミハイロヴィチ・ケルジェンツェフ『創造的演劇』＝Platon Mikhailovich Kerzhentsev｜1881年生まれ。プロレタリア演劇の理論的指導者。1940年没。「本書は初期ソヴィエト演劇運動の中で指導的な役割をはたした理論書である。著者ケルジェンツェフはその後スターリン体制下でメイエルホリドらの弾圧に加担したことで悪名高い」［里見1990］。［鴻2014］も参照のこと。メイエルホリドについては本章註43参照。

✻

未来の観客は劇場に出かける際、「芝居を観にいく」とはいわず、「芝居に参加しにいく」というようになるだろう。実際彼は「共演」するのだ。彼はおとなしく鎮座ましてお義理で拍手を送る観客ではなく、芝居に積極的に介入する「共演者」となるのである。

（ケルジェンツェフ『創造的演劇』1923年）

特に90年代以降の参加型芸術の隆盛を受けて、日本では「参加型演劇」の語が一般的になった。演劇の中の一ジャンルと化してしまったためか、ここで述べられているような、慣例の更新には至っていない。

✻

民衆演劇とは、その地域の民衆が使う言葉や表現、民衆自身のもつ文化財、その土地で調達できる材料を用いた民衆自身の即興による演劇である。

（S・バッパ「ナイジェリアにおけるマスカ・プロジェクト――成人教育・地域活動」[36] 1981年）

チクワクワ劇場[37]は、現在の社会的文化的諸条件を通して、民衆のための真にザンビア的な演劇の発展をはかることに捧げられるものである。現在ザンビアは、ゆっくりとした足どりで広がりつつある社会革命を経験しているところである。この社会革命は、ザンビア人が日常生活のあらゆる場面で経験しつつある多種多様な状況を形象化し、強調し、それにコメントを加

✻

35 「民衆演劇に関するラテン・アメリカの声明」＝1982年に発行された『Third World Popular Theatre Newsletter 第三世界民衆演劇通信』1号に収録。［柿沼1983］を参照。

36 S・バッパ「ナイジェリアにおけるマスカ・プロジェクト――成人教育・地域活動」＝ナイジェリア北部ハウサランドのザリア市郊外にある、アーマドゥベロ大学の英文学科演劇教室の教員サリフー・バッパ Salihu Bappaらは、1977年に始めた自分たちのプロジェクトを、「ワサンマノマ Wasan Manoma」（農民のための演劇を意味するハウサ語）と呼んでいる。マスカ地区でのワークショップは、識字教育担当者を組織した。［柿沼1983］を参照。

37 チクワクワ劇場＝ザンビア大学近郊に、1969年から1970年にかけて建設された野外劇場。当時ザンビア大学演劇学科の教員であったマイケル・エザートン（のちにナイジェリアでワサンマノマ・プロジェクトにも関わる）の創案になるもの。「チクワクワ劇場は年に一度ないし二度、1週間から10日間の地方巡回公演（ワークショップ）をこの10年続けている。上演される劇は、倫理的・政治的メッセージを含んだものであるが、そのほとんどが創作劇であり、民話を素材にしたものはかなり多い。…［中略］…しかも73年頃からは土着言語による劇の上演が大勢を占めるようになる。72もあるといわれる部族の言語を考えると、土着言語劇の上演は容易ならざることであるが、民衆演劇が現在の言語・文化状況のなかで真に民衆のものになっていくために、それを避けて通ることはできない」［柿沼1983］。

えるような演劇的娯楽を求めている。チクワクワの主要な理念は次のような点にある。

1 知識人をも包みこむ民衆の劇場であること
2 社会の問題と密接に結びついた劇を上演すること
3 ザンビアの新しいドラマづくりを支え励ますこと
4 ザンビアの民間芸能のもつ伝統的要素を演劇の概念のなかに取り込んでいくこと
5 劇場を民衆のところまで届け、持っていくこと

チクワクワ劇場建設の指針
1 その土地で調達できる資材を用いて、できる限り安上りのものにすること
2 必ずしも半永久的な建造物である必要はないこと
3 農村地域で容易に同じようなものが造りうる劇場でなければならないこと

（Y・シムコユ「チクワクワ劇場の理念」1971年）

いわゆる社会包摂とはベクトルが逆となっているが、単にそれだけの意味以上のポテンシャルが感じられる。

＊

文字文化の世界から疎外されてきたことは、アフリカの民衆にとってたしかに一面では重大な負価であるにちがいない。しかしことはつねに両義性を帯びているのであって、文字文化の世界から排除され疎外されることによって、逆にオーラルな文化、歌、ダンス、物語りなどの身体と結びついた豊かなパフォーマンスの文化世界が民衆のなかに息づき続けてきた、という側面がある。この点はギニア・ビザウで教育活動に携わったとき、パウロ・フレイレ自身も、アフリカ民衆の文化世界がもつ重要な特質として注目したところである。（P. Freire; Pedagogy in Process[38], 1978）

表現メディアとしての身体には、さまざまな文化記号が刻みこまれており、人びとはその身体を仲立ちにし、言葉を補足手段として用いながら他者と物と交流・対話し、その地域に固有の文化を形づくってきたのである。その意味で、身体はたんなる物理的機能の荷い手や生理・生物学的実体であるわけではなくて、文化の表現であると同時に文化の媒体でもある。一挙手

38 Pedagogy in Process ||「アフリカには、非アフリカ化した知識人を別とすれば、自分のルーツを否定するものなどひとりもいないし、自分の言いたいことを表現しようとして身体を動かすさいに、しりごみしたり恥ずかしがったりする者もいない。比喩を用いて身体をごく自然に動かしながら話をするかれらの姿を見聞きしているうちに、わたくしたちはふと、これらアフリカ文化の源泉によって切り開かれている解放教育の無限の可能性について、思いをめぐらせていた。」(Pedagogy in Process–The Letters to Guinea–Bissau, New York: The Seabury Press, 1978)、邦訳引用は［伊藤１９７９］より。

一投足、手や腰の表情そのものがすでに生活のドラマやその人のストーリー性とでもいうべきものを備えている。アフリカ民衆の日常生活は、こうした文化としての身体を用いたパフォーマンスには事欠かない。そうであればこそ、社会教育としての民衆教育を真に民衆のものにしようと意欲する場合、アフリカにおける民衆教育は、民衆のもつこうした文化的次元に注目せざるをえないのではないか。さらに言えば、そこに下り立つことは、文字文化を相対化させることによって、そこに新たな魂を注ぎこむ可能性を開くことにも結びついていくのではないか。

（柿沼秀雄「アフリカの民衆教育演劇」１９８３年）

その感覚

――さて、ここで私がお話しできることは、カミリズ（村）での私たちのささやかな経験についてだけです。カミリズ教育文化コミュニティーセンター[39]は、農民と労働者が泥壁の家に住んでいる村の、ちょうどその中心にあります。さて、私たちが力をあわせるべく一堂に集まった時、つまり私たちの誰しもが、この芝居『したい時に結婚するわ』を上演しようと集まってきた時のことです。この時、農民と労働者たちは、この芝居が彼らの歴史を反映していることを知ったからにほかなりません。いわば、彼らはそれを自分のものとし、追加をし、変形したのです。そして最後に、彼らがそれを上演するに至った時、『したい時に結婚するわ』は、彼ら自身の生活の一部となってしまったのです。

それゆえ、リムルのカミリズ村の農村と労働者によるこの芝居の演技は、おそらく、ケニア演劇史上でも最高水準の出来ばえだったと思います。この芝居ではたくさんの身ぶり、生活を映し出しており、また彼らの言語（ギクユ語）でつくられていることを知ると、たちまち自分たちから新しい追加案を提出したり、さらには演技の仕方についてまで提案しにやって来たのでした。

言いかえると、農民と労働者が先導し、上演の形を決定したのです。野外劇場の舞台を設計し、観客がどのように座るかを決定したのも彼らでした。この人びとが、脚本、つまり芝居の内容に、自分たちの生活と歌、踊りを使いました。それらすべては、言うまでもなく、村の生活の一部となっているものでした。

（グギ・ワ・ジオンゴ「一粒の砂に世界を見る」1979年）

39
カミリズ教育文化コミュニティーセンター＝1976年、アフリカの都市ナイロビの西方約40キロに位置するリムルにあるカミリズ村で活動開始。当初から関わるグギ・ワ・ジオンゴは1938年同地生まれ、キクユ語を用いる作家でありノーベル文学賞にたびたびノミネートされている。1977年初演の『したい時に結婚するわ』は彼の代表作となるが、同年上演禁止のうえ翌年中拘禁される。1982年に政府はセンターを非合法化し、以降グギは亡命を余儀なくされた。［グギ1987］参照。

＊

トラム[40]が勝利を収めたのは、明確に表現されたその現代的な世界感覚によってであった。それは抗し難い感情の力で客席に広がり、偏見と不信にみちた観客の心をつかまえた。青年労働者たちはこの劇団に自分たちの演劇を認め、その芝居に熱烈に歓呼したのである。

（マルコフ[41]『演劇の真実』１９６５年）

＊

わが国の「演劇」ということばはふつう舞台とかフットライト、カーテン、客席という語と結びついている。ひとことでいえば、演劇芸術のただひとつの形態に結びついているにすぎない。これは誤りだ。演劇の分野ははるかに広い。演劇の要素は実に多くの日常の現象のなかに垣間みられる。演劇的なるものは、ふつう考えられている以上に、われわれの日常生活に広く根をはっているのである。

（ケルジェンツェフ『創造的演劇』１９２３年）

＊

革命前には演劇芸術は資本主義的搾取によって拘束されていた。だがいまや、演劇芸術は自由な発展の道を歩みはじめた。民衆が隷属のくびきを断ち切るとき、民衆はつねに演劇に目を向けた。大衆の解放闘争のもっとも強力な手段である演劇は、このようなとき、息苦しい建物から街頭へと出て、われわれが今日「大衆的演《だ》し物」と称する形式をまとった。すでにルソー[42]はいっている。「われわれは、沈黙と無為のうちに困惑しながらもじっと時を過ごしている人々の小さなかたまりをあの暗い建物のなかに押し込めている退屈な見世物を拒絶しなければならない。否、民衆よ、諸君らの祝祭はそんなものではない。野外の広々とした場所に、諸君は集うべきなのだ」と。

（メイエルホリド[43]「教育人民委員会演劇局の大衆的民衆演劇創造に関するアッピール」[44] １９２０年）

40　トラム＝「「青年労働者劇団」の略称。１９２５年から１９３０年代半ばにかけて活動したソ連の自立演劇運動」（原注）。

41　パーヴェル・アレクサンドロヴィッチ・マルコフ＝Pavel Aleksandrovich Markov ―１８９７年生まれ。ソヴィエトの演劇学者、評論家。１９２５年から１９４９年までモスクワ芸術座の文芸部長を務めた。１９８０年没。

42　ジャン＝ジャック・ルソー＝Jean-Jacques Rousseau ―１７１２年ジュネーヴ生まれ。フランスの作家、啓蒙思想家。『人間不平等起源論』（１９７５）、『社会契約論』（１７６２）などで民主主義理論を唱えた。１７７８年没。

43　フセヴォロド・メイエルホリド＝Vsevolod Emilievich Meierhol'd ―１８７４年モスクワ生まれ。演出家、俳優。俳優訓練法であるビオ・メハニカを開発。１９３９年、スターリン政権下の政府から反ソ連的であるとみなされ逮捕される。翌１９４０年、処刑の最終判決を受け銃殺される。

ここでメイエルホリドが引用しているのは、ルソーが1758年に執筆した『ダランベールへの手紙』。続く段落ではこう言っている。

自由があれば、人が集まるところには、いたるところに、快適な生活もまた見られます。広場のまんなかに、花で飾った一本の杭を立てなさい、そこに民衆を集めなさい、そうすれば楽しいことが見られるのです。もっとすばらしいことをしなさい。観衆を見せることにするのです。［ルソー1979］

ワークショップは、成人教育に携わる者が活発な参加を通じて、即興で劇をつくる初歩的技法を学ぶ場、つまり劇づくりを通して農村共同体が直面している問題の追求に必要な技法を学ぶ場である。より高度のレベルでいえば、それは、成人教育プログラムのなかにドラマを正当に位置づけて、社会の底辺で生きる何百万ものナイジェリア農民にとって、社会的教育なしには真の開発はありえない、という新しい自覚とドラマを結びつけようとする、協同のいとなみである……。

この場合、ドラマは現実のより深いレベル、多種多様な専門家と称される人びとの眼鏡ごしの眼からは隠されたままになっている次元を開示し、探究するものとなる。

（S・バッパ「ナイジェリアにおけるマスカ・プロジェクト――成人教育・地域活動」1981年）

✻

われわれは、ありのままの事実が観客に示されるのではなく、革命的な形式が観客に提示され、それによって驚くべく多様で複雑な力強い革命的内容を観客が汲みとれるように演劇を再建しなければならない。しかしこの再建が時間を要する難儀な仕事になることは必至だ。またそれにはプチブル[45]・イデオロギー〔思想〕の残滓《ざんし》を根絶するというやはり息の長い難儀な仕事が必要となるだろう。それゆえわれわれには、自分たちの生活のあり方を改変するという問題がわれわれの生活のなかに演劇を確立するという問題と深くからみあっているように思われるのである。

正しい方向に進みつつある劇団としてまずわれわれを瞠目させているのはトラムである。たしかにそこにはメイエルホリド劇場のような様式劇の手法の模倣がみられるが、それが新しく、価値を有しているのは、その役者たちが社会の積極分子と自認し、プチブル・イデオロギーを

44 「教育人民委員会演劇局の大衆的民衆演劇創造に関するアッピール」＝本アピールが収録されている『メイエルホリド・ベストセレクション』（諫早勇一ほか訳、作品社、２００１）は、１９７０年頃に日本語訳・編成に着手するも、２００１年まで刊行の機会に恵まれなかったという。だが80年代初頭にはすでに「大部の全4巻という世界中どこにもない規模」の翻訳が完了しており、本コラージュ作成時の資料にも厚みがあったと想像できる。

45 プチブル＝プチ・ブルジョアの略。ブルジョアジー（資本家階級）とプロレタリアート（賃金労働者）との中間に位置する階層。また、趣味や生活意識がブルジョア的な中産階級の人々を軽蔑的に呼ぶ語。

根絶し、それに代わって社会主義イデオロギーを打ち建てるという仕事に使命感をもって倦まず邁進しているためである。

（メイエルホリド「演劇の再建」[46] 1930年）

以上の引用は「演劇の再建」の結びの文にあたるが、その前にメイエルホリドは各地の同時代演劇について考察を述べている。例えばイタリアの民衆演劇の衰退について。

演劇らしい演劇や街頭演劇、演劇的祭典の強烈な印象にひかれるイタリア民衆のこの独特な憧憬を利用したのは誰か？
いったい誰が利用したのか？
それは教会の代表者たちである。…〔中略〕…この見世物は「演出芸術」のすぐれた知識をもって構成され、莫大な資金が投入されている。私は法王の荘厳な登場や宗教的な行進、盛大な照明や花火、法王の手に接吻できる人と法王の手からできる限り遠くに追いやられる人とを区別する仕切りや垣根のことをいっているのである。…〔中略〕…ファシスト[47]のリーダーは自分の軍隊のパレードもカトリックの行進も利用するつもりである。彼には劇場は必要ない。法王のような腕ききの「演出家」がいれば充分である。

［メイエルホリド2001］

✻

われわれの民衆的という概念は、発展に完全に参加するだけでなく、それを堂々と手中におさめ、強制し、決定するような民衆と結びついている。われわれが思いえがくのは、歴史をつくり、世界と自分自身を変えていく民衆である。われわれが思いえがくのは、闘う民衆であり、したがって戦闘的な概念としての民衆的という概念である。

民衆的とは、広範な大衆に理解され、かれらの表現形式をとりいれつつ、かつそれを豊かにし／かれらの立場をうけいれ、強固にし、訂正し／民衆のなかのもっとも進歩的な部分を代表して、その部分が主導権をにぎるのを可能にし、つまり民衆の他の部分にも理解できるようにし／伝統と結びついてそれらを継承発展させ／主導権をにぎろうと努力している部分の民衆に、いま主導権をにぎっている部分が達成したさまざまな成果を伝達するということである。

（ブレヒト[48]「民衆性とリアリズム」[49]１９３８年）

✻

46 「演劇の再建」＝『メイエルホリド・ベストセレクション』（諫早勇一ほか訳、作品社、２００１）所収。

47 ファシスト＝ファシスト党。１９２１年に結成されたイタリアの政党。１９２２年政権を獲得し、一国一党制を樹立。反共産主義、反民主主義の性格をもち、他国のファシズムの形成に大きな影響を与えた。１９４３年解散。

48 ブレヒト＝第Ⅲ章註31参照。

われわれはつねにトラムの芝居を演劇上の事象としてではなく、なんらかの生活上の事実、なんらかの問題をめぐっての社会的発言と考えてきた。

（ソコロフスキイ「レニングラード・トラムの仕事」１９２９年）

＊

トラムの演出家たちは、役者のプロフェッショナリズムをおそれ、変身の芸術より主人公と演技者の一致を尊んだ。彼らの芝居にみられる「ティパージュ性」[50]は、初期のエイゼンシテイン[51]の映画の特徴である。やはりドキュメンタリーへの情熱、「歪曲されていない」忠実なモデルへの情熱から生まれたものである。

（ミノロヴァ『トラム』１９７７年）

＊

心理劇の代わりに、われわれが提示するのは見世物的な芝居だ。今日の「夕刊モスクワ」紙で労働者はわたしを批判している。あるものは「見世物小屋」だといい、あるものは「ペトルーシカ」[52]だという。ところが、それこそわたしが望んでいたものだ。見世物小屋も、ペトルーシカも大いに結構。

（マヤコフスキイ「『風呂』をめぐる討論会での発言」[53]１９３０年）

49 「民衆性とリアリズム」＝１９３８年に亡命地のデンマークで書かれ、１９５８年に初めて発表された。『今日の世界は演劇によって再現できるか―ブレヒト演劇論集』（千田是也訳、白水社、１９６２、新装版１９９６）所収。

50 ティパージュ性＝タイプ。型。「エイゼンシュテインは一つの階級的・職業的な特徴――とくに肉体的・心理的な特徴を入念にしらべあげ、その上に一つの典型的なイメージをつくりあげる。そのイメージにピッタリする人物を多くの人のなかからえらび出してくる」［山田１９６４］。エイゼンシュテインは次のように語る。「30歳の俳優が60歳の老人を演じるよう命ぜられる。リハーサルは2日か3日か、あるいは2時間か3時間あるくらいだ。だが60歳の老人は60年のリハーサルを積んでいる。私は職業俳優を使わない……私の演技者は役を演じるのではない。彼らはただ本来の自分であるだけだ。私は彼らをカメラの前に連れて来て、彼らが日常していることをくり返しさせる。彼らはほとんどこれが人工的な虚構だということを意識しない……」［シートン１９５２］（引用は［山田１９６４］）。

51 セルゲイ・エイゼンシュテイン＝Sergei M. Eizenshtein｜１８９８年生まれ。映画監督。ソ連映画の開拓者。国立映画研究所長。そのモンタージュ理論は後代の映画芸術に大きな影響を与えた。映画作品に『戦艦ポチョムキン』（１９２５）、『十月』（１９２８）、『イワン雷帝』（１９４４）などがある。１９４８年没。

52 ペトルーシカ＝17－19世紀にかけてロシアの民衆の支持を受けた、人形劇の主人公の名前、または人形劇全体を指す言葉。この主人公は背こぶと巨大なかぎっ鼻を持ち、泥棒やインチキ医者、警官など、人民から嘲笑され憎悪される対象をこん棒でなぐり倒した。「ペトルーシカの形象には、教会のスコラ哲学、禁欲主義に対する抗議や、支配階級への奴隷的な従属に対する抗議が具象化されているかのようで、素朴な人間の価値が大胆にあらわされていました」［フェドートフ１９８０］。

53 「『風呂』をめぐる討論会での発言」＝『風呂』はマヤコフスキーの戯曲で、１９２９年９月23日に自ら朗読し発表した。１９３０年３月16日にメイエルホリド劇場において上演され、マヤコフスキーはその演出に満足していたが、批評家たちは戯曲の難解さを批判。当該の討論会は３月27日に開催され、４月14日にマヤコフスキーはピストル自殺する。［リペッツリーノ１９７１］などを参照。

シナリオからの解放

ここまで引用されたテキストの年代を確認してみると、ブレヒトの前にロシア・アヴァンギャルドを置き、後に南アフリカ、ラテンアメリカ、マダン劇の実践まで、という流れをもっているように見えてくる[54]。ロシア・アヴァンギャルドの系譜でも、例えばエヴレイノフ[55]はいない。エヴレイノフの「生活の演劇化」から「自分自身のための演劇」へという展開は、直接の前史にはならなかったのだろう。あるいは彼の演劇がフィットしないコラージュだった。

演劇は芸術ではないと脅しをかけても、彼には痛くも痒くもなかった。彼にとっては「演劇は演劇である」にすぎず、演劇の本質は演劇性という本能にしかない。［浦1989］

どこにこだわるか。言葉は似るので、クリアにしたほうがいい。梁民基は次のように書いてもいる。

初期に、ことに『アリラン峠』上演後[56]の困難な一時期に、われわれはＰＥＴＡのワークショップの経験を単純に「模倣」した「訓練」を続けてみた。だが、単純な「模倣」では、なによりも情緒的な異和感〔原文ママ〕が強く、成果をえられなかった。会員のなかから、「芝居のための芝居をやるつもりなら、黒テントに入ってやればいい」といった不満が出てきた。われわれがつきあたっていたのはどのような形式を選択するのか、という問題だったことは確かだ。［梁1985］

民謡、踊り、民衆の創造のあらゆる形式は、現代芸術にとって汲めども尽きぬ源泉であり、そのビタミンである。

（メイエルホリド「プラハの〈D37〉のメムバーとの談話」1936年）

54　ブレヒトの前にロシア・アヴァンギャルドを置き、後に南アフリカ、ラテンアメリカ、マダン劇の実践まで、という流れ＝ロシア・アヴァンギャルドの影響は、北米における「円形劇場」の再発見を経由する形をとって、ボアール参加以前の「アリーナ劇団」（サンパウロ）に及んでいるという。［里見1990］参照。

55　エヴレイノフ＝1879年モスクワ生まれ。劇作家、演出家、演劇理論・演劇史家。1910年から1917年まで劇団「歪んだ鏡」の主席演出家を務める。「生活の演劇化」をテーゼとし、「古代劇場」では13世紀当時の観客までも再現し、「モノドラマ」では主人公への観客の完全な心情同化を、そして「公園のベンチに座って、通り過ぎる群衆と車を眺めている」だけの「自分自身のための演劇」などを主張する。6千人以上が参加し1万人以上が観客となった群集劇『冬宮奪取』（1920年11月7日ペテログラード、ウリツキイ広場）も演出。1925年にフランスへ亡命。著書に『生の劇場』（新曜社、1983）ほか多数。1953年没。

56　『アリラン峠』上演後＝1982年11月、「マダン劇の会」の旗揚げ公演のこと。

それらの形式とて固定した動かないものではなく、したがってちょっと立ち寄って汲むということができるわけではない。なぜどう動いているかを気にしなければならない。

✻

民衆演劇だけが真の伝統演劇であり、みずからの演劇の刷新のよりどころを演劇の伝統のなかに探し求める演出家は、必然的に民衆演劇の手法、方法、スタイルの学習に着手しなければならない。演劇の革新者たちがその新しい道を民衆的な演劇伝統の復興のなかに模索するのはこのためである。ゴードン・クレイグ[57]は「プロンプターにすがり記憶に頼って役を朗読する今日の役者より、綱渡り芸人のほうにより多く演劇芸術がみられるかもしれない」と表明している。メイエルホリドもまた同じような感想をもらしている。…〔中略〕…そして彼はただ夢みることだけが可能な最も古い伝統を手がかりとしながら、あくまでも革命的で、現代的な、本当の意味で新しい演劇をつくり上げたのである。

（モクリスキイ「伝統の再評価」１９２５年）

✻

……かれら[58]は、自分で詩をつくったり劇をやったりするばあい、きわめて独創的だった。

いわゆるアジプロ[59]芸術についていえば、どんなに鼻の高い連中でもこれをあざ笑うわけにはいくまい。これはまさに、新しい芸術的手段と表現様式の宝庫だった。とっくの昔に忘れられていた真に民衆的な芸術時代の壮大な諸要素が、新しい社会的目的に応じた大胆な裁断をほどこされて、このなかに姿をあらわしたのだ。思いきった短縮や圧縮、みごとな単純化、そこにはしばしば驚くばかりの優雅さや含蓄の深さや、複合した全体にたいする物おじしない視線があった。多くは幼稚であったかもしれない。だがその幼稚さは、ブルジョワ芸術のいっけんきわめて進化しているようにみえる内面描写のあの幼稚さではなかった。

(ブレヒト「民衆性とリアリズム」１９３８年)

＊

……私たち全員が作家です。それはどんどん確かになってきている。ペンをもった人間でなければ作家の資格がないなんて、どうしてだか私にはわかりません。即興芝居をする俳優は一

57 ゴードン・クレイグ＝Edward Gordon Craig｜１８７２年イギリス生まれ。舞台美術家、演劇理論家、俳優。演出者の絶対主権を主張し、俳優に「生ける人形」であることを要求した。演劇論に『俳優と超人形』(而立書房、２０１２)など。１９６６年没。

58 かれら＝労働者たち。[ブレヒト１９９６]参照。

59 アジプロ＝アジテーションとプロパガンダとを略して結びつけた語。扇動的宣伝。

人の作家である。語のもっと広い意味で。従って、私たちには作家はいる。でも、問題は、この方法内では、私たちはきわめて未経験者だということね。一つ一つのスペクタクルで、私たちは初心者《デビュタン》なんです。私たちがいま作家を欲していないとしたら、それは作家なるものは決しておのれを初心者とは考えないからですよ。

何故即興に忠実でいるかですって？　それは、私が、役者は白い原稿用紙を前にしているよりもかれらの感受性と肉体によってはるかに作家であると信ずるからですよ。

（ムヌュシュキン[60]「太陽劇団との出会い——ムヌュシュキンとの対話」[61]１９７５年）

＊

トラムの演出家は演劇が文学から始まるという見方を退け、演劇の自主性を信じていた。文学を芝居の基礎において、これに拝跪《はいき》[62]するという傾向は、彼らにはなかった。……青年労働者演劇の信条をモクリスキイはこう定式化する。演劇は、劇作家の意図の解釈者ではなく、芝居の創造者である。劇作家はその演劇集団のメンバーと一緒にこの創造に参加するのだ。

（ミノロヴァ『トラム』１９７７年）

＊

〈創造性〉は〈異なる思考〉、すなわち、経験の図式《シェーマ》を連続的に打ち破ることのできる思考と同義である。〈創造的〉とは、つねに仕事をし、つねに疑問を投げかけ、他人が十分な答えを見出したところに疑問点を発見し、（父親からも先生からも社会からも）独立した自分なりの判断ができ、法典化《コード》されたものを拒否し、順応主義に毒されることなく、事物や概念をあやつることのできる精神をさす。創造の過程にはこうした特性がすべて現われる。そしてこの過程は——よくよく聞いてほしい！——あそびの性格を持っているのだ。つねにだ、〈ひどくむずかしい数学〉をやっている場合もだ……。

（ジャンニ・ロダーリ[63]『ファンタジーの文法』[64]一九七三年）

60 アリアーヌ・ムヌーシュキン＝Ariane Mnouchkine｜一九三九年生まれ。演出家。パリのソルボンヌ大学在学中に劇団Théâtre du Soleil（太陽劇団）を創設。

61「太陽劇団との出会い——ムヌシュキンとの対話」＝アリアーヌ・ムヌシュキンほか『道化と革命—太陽劇団の日々』（佐伯隆幸訳、晶文社、一九七六）所収。

62 拝跪＝ひざまずいておがむこと。

63 ジャンニ・ロダーリ＝Gianni Rodari｜一九二〇年北イタリア生まれ。詩人、童話作家。小学校教師ののちレジスタンス運動に参加。共産党に入党。戦後、ジャーナリストと旺盛な作家活動を両立させる一方、子どもの教育に深い関心をよせる。代表作に『チポリーノの冒険』（一九五一）『青矢号のぼうけん』（一九五四）などがある。一九七〇年国際アンデルセン賞作家賞を受賞する。一九八〇年没。

64『ファンタジーの文法』＝『ファンタジーの文法—物語創作法入門』（窪田富男訳、筑摩書房、一九七八、のちちくま文庫、一九九〇）

続く段落でロダーリは「《創造性》を目指した教育は可能である。」と結論づけた上で、自身が参加していた「教育共同運動」〔イタリア戦後の教育改革をめざした、現場の教師を中心とする民間の教育運動。全国的規模をもつ（原訳注）〕が、教科ではなく教室・学校全体での創造性を問題にしていたことを示す［ロダーリ1990］。

❇

……抑圧された大衆は、形式ばった文化や文明の窮屈な枷《かせ》から解放され、自分たちのフォルム、手法を創造することにより、演劇本能を満足させる。しばしば、こうしたフォルムや手法は、異なる民族のなかにおいて互いに借用してきたということでは説明しきれないほど、よく似ていることがある。ギリシアの見世物芝居ミムス劇[65]、古代ローマの民衆仮面劇（アテルラナ劇）[66]、中世のヒストリオンやジョングルール[67]、ロシアの放浪芸人《スコモローヒ》[68]、16世紀イタリア喜劇、コメディア＝デラルテ[69]をつくった人々、イギリス、スペインの放浪芸人たち、国民演劇のシステムをつくり出した人々など、ひとつひとつ拾いあげてみても、あるいは、目を古代日本や中国の民衆演劇に向けてみても、いたるところで、われわれは、たとえ民族的な違いを考慮に入れても、民衆演劇の中に、ある統一された様式、共通した特質に出会うのだ。

　この民衆演劇の特質は、次のような点にある。文学からの独立、即興への志向、言葉に対する動きやマイムの優位、明るい辛らつなユーモア、崇高なもの、ヒロイックなものから卑しいもの、歪められた滑稽さへの転位、レトリックと誇張された道化芝居との自然な結合、普遍化への志向、役の型の特徴を鋭く対立させることによる総合化、制約化された演劇形象――仮面――の創造、そして俳優の任務が分化されていないこと、俳優と軽業師、曲芸師、香具師《やし》、歌手、放浪芸人との結合、自分の肉体を思いのままに操る能力、先天的なリズム感、目的にかなった動きを基礎とした万能の俳優のテクニックである。こうしたすべての特性が結合されて、ただ単に補助的役割に使用される他の芸術から自立し、俳優の技芸による純粋な演劇をつ

65 ミムス劇＝ミモス劇（Mimos）は「ものまねの技」の意で、人間本来の演戯本能に根ざす古代ギリシアの即興的雑芸を指した。ローマ時代には（Mimus）として発展し、紀元後2、3世紀にはせりふのないパントマイム劇（Pantomimus）として隆盛し、欧州各地にひろまり演劇、舞踊に大きな影響を与えた。［世界演劇辞典］

66 アテルラナ劇＝〔前3世紀－1世紀にかけて〕ローマ、カンパーニャのアテラを中心に発達した即興の仮面滑稽劇。［ブリタニカ国際大百科事典］

67 ジョングルール＝中世初期フランスの大道芸人、旅芸人。特に聖者伝・武勲詩を歌い、城から城へ放浪した楽士をいう。［百科事典マイペディア］

68 スコモローヒ＝11世紀〔のロシア〕に現れたといわれる職業俳優。町の広場や定期市で、民衆のあいだに歌や踊りをひろめる役割をはたした。［演劇百科大事典］

69 コメディア＝デラルテ＝16世紀にイタリアで起こった大道芸人による仮面即興劇。17世紀初頭には職業演劇となりヨーロッパ各地で巡業上演された。語義は「職業的技芸（アルテ）を持つ俳優たちの喜劇」。類型化された役柄があり、特有の仮面と衣装をつける。

くる。民衆演劇は、貴族階級、ブルジョワ階級の演劇の美学的な要求から解放されている。つまり民衆演劇は、目を楽しませ、耽美的な豪華さを与えるだけが目的の見世物をつくろうとはしないのだ。

（モクリスキイ「伝統の再評価」１９２５年）

正しい歩行

舞台は、今日の問題が熱い心と興奮のうちに討議されるコムソモール[70]の大衆集会の演壇にかえられた。

（ヴェルホフスキイ「石油――レニングラードにおけるバクー・トラム」１９３１年）

＊

マダン劇は１回きりで終ってしまうものではなくてくり返しくり返し演じられていくたびごとに、たえず新たな社会的認識を可能ならしめていくのであり、したがって劇の結末も完結ずみの、閉鎖的に閉ざされたものではなしに締め括りをつけながらも同時に新たな出発でありうる開放的なものにし、それがひきつづき生活の現場で拡大再生産されていく持続性をもたせるように、観衆と共同して努力する。

（民俗文化研究集団ハントゥレ集団創作[71]『イエス伝』1979年）

＊

……ぼくの考えではサイコドラマ[72]は過去に関心をもつんだけれども、それにたいしてテアトロ・フォーラムは未来に、やがて到来すべき問題に関心を向けるんだと思うよ。それからサイコドラマは患者を治療するのが目的だが、テアトロ・フォーラムの目的は社会を変えること

70　コムソモール＝ソ連の青年組織。全連邦レーニン共産主義青年同盟の略称。共産主義の学習と共産主義社会の具体的建設をその目的とし、14－28歳の男女で組織。1918年ロシア青年共産同盟として創設、1926年改称、1991年解散。［百科事典マイペディア］

71　ハントゥレ＝「トゥレとは、朝鮮の農村における部落内の農家が一戸に一人ずつ動員し、一斉に田植え、除草などの共同作業をおこなう伝統的共同労働の組織のことをさしている。…〔中略〕…トゥレは日帝時代にはその姿をほとんど消してしまっていた。ハンは仲間の意。つまり、民俗文化研究集団〈ハントゥレ〉の名称は、かつての民衆の連帯と共同の精神をあたらしく回復しようとするところからつけられたものと考えられる。」［梁・久保1981］

72　サイコドラマ＝心理劇。ルーマニア生まれの精神科医モレノによって始められた集団心理療法の一つで、神経症など精神に障害を持つ人々が、医療スタッフの支えにより即興劇を演じながら心の病を治していくもの。治療を受ける人々は、舞台という安全で自由な仮の世界の中で主人公を演じるが、その中で自己の課題を表現し、危機と直面し、それを克服していく。主人公の分身を演ずる補助自我というスタッフや演出家的な監督（治療者）の助けによって、今まで気づかなかった自己の一面や、新しい生き方を発見し、最後に自分はどうあるべきか〈洞察〉に至る。［演劇教育小辞典1988］

だ。この違いは重要だよ。テアトロ・フォーラムのなかにも、ぼくらが「抑圧の破砕」とよんでいるレパートリーがある。過去において何らかの抑圧を蒙《こうむ》った人物を選んで、その場面を、まるで今はじめてそれを経験したかのように演じてみてほしいと要求するわけだよ。彼は抑圧を受けた。だが、この場面では、まだ、彼はそれを甘受しているわけだ。

次に2回目に、もう一度この場面を演ずることになるんだが、今度はくだんの「俳優」に前もって注文をつけておくのさ。その厭な出来事にきっぱりとケリをつけてほしい、つまりなんとかして「抑圧をうちやぶって」みてほしいとね。

3回目には、今度は役わりを入れかえてしまう。2回目の際、抑圧を破る役を演じた俳優は、3回目のときは抑圧をする側にまわるんだ。抑圧する側だった役者は、逆に抑圧される役にかわっている。そうすることによって現状に抑圧を受けた人びとは、そのとき自分の頭の中にいったい何が起こったのか、そして抑圧する人間の頭の中はどうだったのかということも、はっきりわかっていくわけだよ。たしかにそこには、サイコドラマによく似た一面がある。しかし「抑圧をやぶる」という段階では、目標は未来におかれているわけだよ。過去において主体は抑圧を蒙った。その抑圧を、もう一度、再現してみようとする。それは、その次に、反撃を試みるためなんだよ。それは状況をたち切るという行為をうながすための刺激なんだよ。こうして最終的な目的は社会の変革だ。個人の「治癒」ではないのさ。

（ボアール「被抑圧者の演劇を語る」1976－1977年）

テアトロ・フォーラムは、討論劇やフォーラムシアターとも呼ばれる。

まず参加者は、なにか一つ話題を提供せよと要求される。ただし、そこには、どうやって解決したらよいかよくわからない政治的・社会的な問題がふくまれていること。ついで十分から十五分程度のスキット〔寸劇〕が演じられ、この問題が描写される。討論のたたき台として一定の解決が、想像もしくは事実にもとづいて劇のかたちで示される。

スキットが終わると、この場面、これでいいのかね、という質問が、参加者に向けられる。すくなくとも何人かは、気にくわんという者がでてくるだろう。ここにいたって、もう一度、芝居をやりなおしてみようということになる。一回目と全くおなじ要領でやりなおすのだが、参加者は文句があればいつでも出ていって、俳優の役をうばい、自分の納得のいく方向に、話をもっていくことができる、というわけだ。

［ボアール 1984］

ここでは、何が「政治的・社会的」か（何はそうでないか）という判断が、話題を提供する段階でなされる。

＊

討論にたいするインタレストから、ブレヒトは、演劇のもっとも本源的な原理のなかにたちもどった。かれは、いわばひとつの教壇をつくりだすことで満足した。そこでは、おおげさなシバイのストーリーは拒否される。こうしてかれは、舞台と観客、脚本と上演、演出家と俳優のあいだの機能関係を変革することに成功したのである。叙事的演劇は、筋の展開というよりもむしろ状況の提示でなければならない、とかれは説明している。叙事的演劇はこうした状況を——すぐあとでみるように——筋の中断によってつくりだす。

（ベンヤミン[73]「生産者としての作家」[74]１９３４年）

＊

ＰＥＴＡでは、すべての作業は次の三つの観点から準備され、かつ、反省・評価される。

Ｏ　オリエンテイション（目的性）——何を伝えるのか。それは伝わったか。

Ａ　アーティスティック（創造性）——どんな表現の形を作るのか。それは成功したか。

Ｏ　オーガニゼイション（関係性）——うまく集団の作業は進められたか。グループの問題は何か。

（ＰＥＴＡ「アジア演劇会議への呼びかけ」１９８１年）

＊

芸術家は芸術の作法を教える人間なんだ。たんに自分で作品をつくるだけじゃない。どうやって作品をつくるかを教える人間なんだ。ぼくがそこで得た発見はきわめて貴重なものであった。ぼくが何かを手わたす。そうすると、それが投げかえされて、すっかりちがった姿でぼくの前に登場するんだ。これはすばらしい発見だよ。ただ戯曲を書くんじゃない。ただ演ずるだけじゃない。ただ演出するだけでもない。教えるんだ。教える人びとが、みるみる、自分たちで芝居をつくってしまう。自分たちでドラマをつくり、自分たちでそれを演ずる。そうやって共同制作の集団が形づくられていくんだ。

（ボアール「被抑圧者の演劇を語る」1976－1977年）

＊

73　ベンヤミン＝第Ⅳ章註46参照。
74　「生産者としての作家」＝『ヴァルター・ベンヤミン著作集9』（晶文社、1971）、『ベンヤミン・コレクション〈5〉思考のスペクトル』（筑摩書房、2010）などに所収。
75　さきの林賑澤の発言＝当語録冒頭の引用第4段落を指す。
76　「民衆文化運動の経験と展望」＝里見実・久保覚「「民衆文化運動の経験と展望」への問題提起（下）」（『新日本文学』1981年12月号）

……民衆演劇運動は、創造のなかで人びとの結びつきを生みだし、結びつきをつくりだすことのなかで創造する。それは、表現というものが関係性や相互性をどうつくりだし、発見できるのか、逆にいえば、関係性や相互性をつくりだし、発見できる表現行為とはどういうものなのかということを実践的にさぐりだそうとしている。すなわち、創造と表現が同時に、相互主体化、相互解放化の場を形成することと一体の切り離せないものとして考えられている。まさしくそこには、人びとを分断し、しかも画一化してしまう大量消費文化、支配文化の創造と享受、送り手と受け手に両極化する表現と伝達の一方通行的構造を否定し、のり超えることのできる質をはらんだ具体的な第一歩がある。

現代における民衆創造は、すぐれて方法論的な自覚を必要としている。あらゆる表現行為が支配文化の操作と誘導の対象となっている今日の状況では、自然発生的に創造がおこなわれ、ひろがっていくという可能性は全く死滅している。「正しい道という概念は、正しい歩行という概念よりも劣っている」というブレヒトのさきの林賑澤の発言[75]と対応している言葉があるが、民衆文化運動とは、正しい道だけではなく、「正しい歩行」を発見していく運動である。

（里見実・久保覚「民衆文化運動の経験と展望」[76]１９８１年）

Ⅵ

解放運動

劇『わしらが人間の中の人間や』に参加して　を読む

解題 参加できるか——差別と能力主義

民衆の側からの演劇をはじめとした表現がまだないといわれましたけど、そうではなくて、すでにあったし、あるのですね。専門の演劇人にはそれがみえないだけです。

［村田ほか１９８３］

村田がこのように述べた座談会[1]は、俳優座[2]公演『食肉市場のジャンヌ・ダルク』[3]（作＝ベルトルト・ブレヒト[4]、改修・演出＝千田是也[5]、翻訳＝岩淵達治[6]）の糾弾《きゅうだん》闘争をうけて開かれた。俳優座は、内容の差別性[7]を問う全芝浦屠《と》場《じょう》労働組合らと話し合いは重ねつつも「公演中止」の要求は容《い》れず「台本の修正・字句の削除」にて、１９８２年５月から６月にかけて全国14都市のツアー[8]を敢行した。これに対する糾弾から、議論は広くたたかわされた。村田は部落解放同盟[9]中央本部文化対策部のメンバーとして、大阪公演をめぐって俳優座と話し合った立場から、この座談会に参加している。

議論は、差別表現の言い換えではなく、いかに差別的な感性を変革できるか、人々が自ら作りかえてゆけるかを検討しようとする。岩淵はブレヒトの教育劇[10]について、「ある素材を提起して劇をやる側が見る側に教えるという演劇ではなくて、やる側も見る側も同じ立

1 座談会＝岩淵達治、菅孝行、星野隆、村田拓「座談会 解放の表現へ――俳優座公演『食肉市場のジャンヌ・ダルク』をめぐって、差別と表現の問題を考える」(『新日本文学』１９８３・３)

2 俳優座＝１９４４年2月に青山杉作、千田是也、東野英治郎、小沢栄太郎、東山千栄子、岸輝子ら10名の同人によって設立された劇団。文学座・劇団民藝と並び、日本を代表する新劇団の一つ。

3 『食肉市場のジャンヌ・ダルク』＝原題『屠殺場の聖ヨハンナ』。１９５９年初演。舞台はシカゴの屠殺場街。資本家の競争や陰謀、労働者のストライキ、かん詰工場の実体(労働者があやまってボイラーの中に落ちてベーコンになってしまった等々)。教会の救世軍の「戦士」であるヨハンナによる、貧民に対する救済活動と、労働者に接しての動揺、労働者の味方に徹しきれなかったが故の破滅までの数日間を描いている。

4 ベルトルト・ブレヒト＝第Ⅲ章註31参照。

5 千田是也＝第Ⅳ章註2参照。

6 岩淵達治＝１９２７年東京生まれ。ドイツ文学者、演出家。ミュンヘン大学、ベルリン自由大学で演劇を学ぶ。学習院大学名誉教授。ドイツ演劇を専門とし、千田是也に師事。ブレヒト劇の研究と演出にたずさわった。２０００年に『ブレヒト戯曲全集』(全8巻、未来社、１９９８―１９９９)で日本翻訳文化賞。２０１３年没。

7 内容の差別性＝「俳優座の方は、以前他の劇団が、原作名『屠殺場の聖ヨハンナ』で上演しようとして反対をうけ中止した事実を知っていました。なおかつ、今回題名を「屠殺場」から「食肉工場」に変えたのは、労働者なり一般大衆にチケットが売りやすいと考えたことにあるといいました。それを聞いた時、私達は、このような差別意識(本人は全然自覚していないわけですが、屠殺場という題名ではチケットが売りにくいことを当然の事と思っている)で公演されたら、と場に働く労働者としてはたまったものではないと実感として思いました。そして、これでは「差別を商う」ことそのものではないかという怒りを禁じえませんでした。」[金沢１９８３]

8 全国14都市のツアー＝第Ⅲ章で取り上げている神戸労演も、ツアー先に含まれる。

9 部落解放同盟＝被差別部落とその出身者に対する部落差別の撤廃と被差別部落の完全解放をめざす自主的・大衆的な運動団体。第二次大戦後の１９４６年、松本治一郎、朝田善之助、北原泰作ら旧水平社運動の指導者と、武内了温、梅原真隆、山本政夫ら旧融和運動の指導者とが発起人となり、水平社の〈革命的伝統〉をうけついで、新たに部落解放全国委員会(解放委員会)を結成、のち１９５５年に部落解放同盟と改称した。[世界大百科事典]

場で一緒にその素材を検討しようということから始まったんで」、「本当なら民衆が積極的に自分のものを作るという形にとっくになっているはずなのです。ブレヒトが五十年も前からそれを試みているんですからね」と言う。これに応答するのが、冒頭に引用した発言である。

そして村田は、この糾弾闘争独自の点を次のように指摘している。

その重要性は何かと言うと、日本の演劇界の中に被差別の民衆が物申したという、ブレヒト流に言えば観客が演劇に参加してきたことです。〔村田ほか1983〕

戯曲は差別を主題にしたものではない[11]。この申し立ては、この参加は、上演においてこそ起こった。企てる側と企てられる側の区別が強固な上演だったからこそ、そのように起こった。

（被差別の）民衆による演劇には、村田は遅くとも1975年に関わり始めている。『濡衣秘録・寛政五人衆』[12]（作＝中川鉄太郎[13]、演出＝岩田直二[14]）がそれである。この時点ではややロマンチックだが、しかし企てる側と企てられる側の区別の存在にはきわめて自覚的だ。

ぼくはもはや〈観る方〉ではなく、そうした演劇を〈つくりだす方〉に参加している。

もちろん、こうした芝居は、もはや〈観る方〉と〈演じる方〉との分離をとっぱらってしまって、その両方が共に生きてたたかう状況のなかで、その状況に衝きささってくるものとして、舞台と観客席をこえてひとつにしてしまうものなのだ。［村田1975］

その後、識字運動[15]の表現活動「解放のオガリ」[16]の構成・演出を手がけるなかで、さらに思考を深めていく。「解放のオガリ」は、「識字学級生の被差別部落のオジサン・オバサン」た

10 教育劇＝ブレヒトが1920年代後半から30年代はじめにかけて執筆した、既成の商業劇場での上演をめざさない、一連の戯曲群の名称。登場人物たちの（政治的に間違った）行動を、労働者や学生たちが自ら演技することを通して「教えながら学ぶ」。

11 戯曲は差別を主題にしたものではない＝「私も『新日本文学』誌主催の座談会で、ブレヒトのこの作品に攻撃されるような差別はないことを論証しなければならなかった。」［岩淵2005］

12 『濡衣秘録・寛政五人衆』＝寛政12年（1800年）に黒田藩堀口村（福岡の千代部落）で身分差別による冤罪と見せしめのため無実の青年5人が処刑された顛末を、緻密な調査に基づいて描いた戯曲。第一回部落解放文学賞佳作。部落解放同盟大阪府連合会の主催による初演を村田がプロデュースした。詳細は［中川1976］参照。

13 中川鉄太郎＝1916年長崎生まれ。本名中西茂雄。旅役者の子に生まれ、学校に行くため18歳で廃業するまでドサ回りをする。在学中に水平社の運動に参加。1951年より福岡の高校や盲学校で教諭として勤務、高校演劇コンクールへの参加も多い。1975年没。

14 岩田直二＝1914年大阪生まれ。演出家、俳優。1957年に関西芸術座を創立、代表を務めた。部落解放同盟では1982年に全国水平社六十周年記念『構成劇・荊冠旗』も演出している。2003年、大阪芸術賞受賞。2006年没。

ちの識字作品を構成して「部分的に、あるいは全体を簡単な劇にして自分たちで演じる」ものである〔村田2000〕。構成劇[17]、あるいは構成詩[18]と呼べるものだろう。

ここで能力主義をめぐる問題がふたたび顕在化してくる。「識字の喜びが大きければ大きいほど、文字の重要性が主張され、過大に評価してそれを絶対視する危険が」〔村田1995〕あり、無文字の、また被差別の人々のもつ文化が内外から破壊されてしまうかもしれない。しかも結局、

近代市民社会の市民たちが、その〔無文字の〕文化を文化として認識するのは、その無文字の民衆の日常のくらしの文化のなかでつくられたものを、伝統的な民芸品とおなじように、エスニックな民芸品として商品化し、観光の対象として商品化するときだけである。〔村田1995〕[19]

＊

大阪清掃部落問題研究会の結成二十周年を記念して、清掃労働者たちが1989年に立ち上げたのが、劇団「もえる」だ。協力依頼を受けた[20]村田は資料収集や現場交流・調査を重ねて台本を書き、演出も担当した。

彼が『新日本文学』誌上に残した1992年の公演の報告を、本章に再録した。談話の文字起こしではなく、書き物である。

15 識字運動＝日本のように初等教育の義務化がある程度まですすめられ、成員によみかき能力があることを自明とする社会においては、学校教育を受けたにもかかわらずその習得ができなかった者や教育過程から排除された者は不利益をこうむる。「識字運動は、差別にさらされてきた非識字者が文字をまなび、それによって社会生活上の不利益を減少させ、さらに自尊心を回復するための援助をそのおもな内容としている」。公教育からの疎外が、部落差別との結びつきにおいて語られることの多かった、日本の「識字運動」については［角谷・あべ2010］の分析を参照。

16 解放のオガリ＝「おがる」とは方言で、大声で自分の思いを語るというほどの意味であり、「オガリ」とは識字に関わる人びとが自らの経験や思いを語る群読などのこと。

17 構成劇＝第Ⅱ章参照。なお、現在も続く構成劇の創作活動には［東日本部落解放研究所2015］などがある。

18 構成詩＝［木村1986］などを参照。

19 近代市民社会の市民たちが……＝村田のこうした気付きは梁民基の発言（1991年9月の部落解放研究第11回大阪集会における）に依る。梁民基については第Ⅴ章註14を参照。

20 協力依頼を受けた＝［村田1990］を参照。

劇『わしらが人間の中の人間や』に参加して

——大阪清掃労働者の劇団「もえる」

『新日本文学』1992年夏号 所収

村田拓―むらた・ひらく―1930年生まれ。小説家。新日本文学会ほか多くの文学集団に関わり文学活動、劇団「もえる」ほか多くの演劇集団に関わり演劇活動。表現創房キャパス（現代社会・文化研究所）主宰。元大阪森小路教会牧師、「フォークキャンプ」実行委員長。主な小説に『地鳴り』（再刊＝新日本文学会、2000）などがある。

1992年2月19日―20日、都市清掃労働組合協議会第47回定期大会が大阪でひらかれた。全国の政令都市の清掃労働者を主体とした代議員が120名、中国からの訪日団4名が、19日、浪速《なにわ》解放会館[21]に集まり、その人たちを中心に900名ばかりが大ホールの席についた。1時間の開会式典の後、午後2時30分から、劇団「もえる」の劇『わしらが人間の中の人間や』が上演される。1989年6月29日、この同じ会場で、1000名をこえる観衆を前に旗上げ公演から5回目の上演である。この日とあわせて3500人の人たちが観たことになる。こうして5回の上演をやりとげさせたのは、この劇を観た人たちの熱意であった。

劇団「もえる」は、大阪清掃部落問題研究会[22]の結成20周年を記念してつくられた、大阪市で働く清掃労働者たちのまったくの素人の演劇集団で、１９８９年4月7日、結成された。その後、幾人かのいれかわりがあったが、全市にひろがる30をこえる事業所や工場、車庫などから60名近い団員が集まった。そのうち22名がスタッフ、32名がそれぞれ配役についた。団長と副団長、それに大道具をつくる大工仕事と美術や音響に経験をもつメンバーがいるだけで、他のすべてがはじめて演劇活動をする人たちだ。それに、これまでの上演をかさねる過程で、大阪清掃の職場に月１００円の会費を負担する後援会が組織され、今その会員数は３０００を数える。自分の職場の仲間が、自分たちの芝居を演じる。それを観た感動が後援会づくりをと

21 浪速解放会館＝正式名称は大阪市立浪速同和地区解放会館。大阪市浪速区東一丁目に位置した。１９２８年に浪速市民館として設置。当初は社会福祉事業法にいう隣保館事業として、いわば〝救貧対策〟が主であったが、戦後、特に「同対審答申」以降、部落解放運動の発展によって、部落問題の解決に向けた拠点施設として、積極的に会館活動が展開されてきた。１９７０年に「大阪市同和地区解放会館条例」が制定され、「解放会館」と改称。さらに２０００年に同条例が「大阪市立人権文化センター条例」へと改正され、「人権文化センター」と名称が改められた。２０１０年3月に閉鎖。２０１８年現在、同位置には高層マンションが建設中である。

22 大阪清掃部落問題研究会＝１９６９年12月、当時の部落解放運動が大きく発展するなか、大阪市職・従環境事業局支部（大阪清掃）は、部落問題研究会（部落研）を組織した。部落研は、部落差別をなくす闘いに労働組合、労働者がどのように取り組んだらよいのかということを研究すると同時に、清掃労働者に対する清掃差別について取り組むという問題意識を持ち、部落差別撤廃へむけて、部落解放府民共闘に結集して進めてきた。２００７年に「人権問題研究会」と改称。

りくませた。劇団の団員はそうした仲間と観衆に支えられて活動をつづけるのである。

2018年現在はファンクラブという語が広く用いられているが、公演団体側が組織するケースが大多数である。後援会的なものから離れた自立した観客組織として「労演」は構想されている（第Ⅲ章参照）。

ところで、労働者の職場演劇[23]も、専門の役者たちが社会主義リアリズム[24]にたって演じるプロレタリヤ演劇[25]も絶えて久しい。今、それをかつてのままに再現しようとは考えない。1981年に『戦後演劇—新劇はのりこえられたか』[26]で、菅孝行[27]は、

労働組合運動一般が、「資本主義社会を変革すべき歴史的任務」を担うものであるなどといえるかどうか、きわめて疑わしい今日の様相のもとでは、「資本主義社会を変革する」ための労働者の「文化芸術運動」としての非専門演劇が、「工場経営内」に成立するような全般的情勢は存在しない。そのような演劇の存在は、論理的にも自明とはいえないし、現実的にはなおさらである。

しかし、1940年代後半の社会情勢のなかでは、「自立演劇」[28]は部分的ではあれ、現実的であった。「自立演劇」を欲する労働者の存在が自明のことであったし、欲すれ

ばそれを組織すればよく、組織すれば成立したのであった。

23　職場演劇＝会社、工場、官庁等の職場で組織された自主的なサークル演劇活動。昭和初めのプロレタリア演劇運動の進展において、盛んになる。戦後、１９５０年頃までに、民主化の中で、労働組合の文化活動の一つとして、専門演劇人の協力も得て高揚期を迎えた。

24　社会主義リアリズム＝「文学・芸術を、現実を革命的発展の姿で歴史的・具体的に描き、人民の共産主義的教育に資するべきものとする立場。１９３４年第1回ソ連作家大会で定式化」〔広辞苑〕。久保栄（１９００－１９５８）ら日本の左翼演劇人は、スタニスラフスキー（１８６３－１９３８）の演劇理論に依拠してこれを適用しようとした。

25　プロレタリア演劇＝プロレタリア階級〔第V章註33参照〕に社会的根拠を置く政治主義的な演劇。左翼演劇とほぼ同意だが、日本では主として戦前のそれを意味する。〔広辞苑〕

26　『戦後演劇』＝菅孝行『戦後演劇―新劇はのりこえられたか』（朝日新聞社、１９８１のち社会評論社、２００３）。

27　菅孝行＝１９３９年東京生まれ。評論家、劇作家。東京大学文学部卒。１９７２年、演劇集団「不連続線」結成、１９７８年解散。戯曲集に『ヴァカンス／ブルースをうたえ』（三一書房、１９６９）、評論集に『想像力の社会史』（未來社、１９８３）などがある。

28　自立演劇＝職場演劇出身の劇作家である大橋喜一は、自立演劇運動を１９４６年から１９５０年の〈第一期〉と60年代前半の〈第二期〉に分け、前者を生産現場の工場職場中心の「労働組合運動の線に沿い、専門化しないという、階級的な性格をもったアマチュア演劇運動であった」としている。１９４９年から１９５０年にかけて、労働運動に対する弾圧が激化（ＧＨＱによって行なわれた、共産主義者やその同調者の公職または民間企業からの追放。いわゆるレッドパージ）。これに伴い、組合活動の宣伝班としての役割をもっていた自立演劇も追放され、運動も壊滅状態に陥った。その後、60年代に入り「官公労や事務的職場に重点が移り、企業中心から地域中心に形を変え、京阪神と東京の職場演劇交流を軸にして、全国的交流にゆるい速度で発展していった」のが〈第二期〉にあたる〔大橋１９８９〕。演劇評論家の菅井幸雄は「職場、企業の側面を結果として重視せざるをえないかつてのドラマツルギーに代って、専門劇作家と同じように、現代に生きる人間のテーマを描くドラマツルギーに移行していった」と述べている〔菅井１９８９〕。

と総括している。

たしかに、この菅の総括はまちがっていない。そして、90年代にはいった今日においても、この絶望的な状況は変っていない。だから、台本を書き演出にあたった私は、かつての労働者の自立演劇に学ぶことも、それを再現することも考えて、ということにはならなかったのである。むしろ、ひとつはフィリッピンやブラジルそしてケニヤなど第三世界で識字運動を基点とした、民主化闘争[29]での被抑圧民衆の演劇運動、韓国での仮面劇やマダン劇[30]の運動が私に今日の演劇のありようを指ししめしてくれた[31]、ということである。それらは80年代後半からわが国にも紹介され、ことに在日韓国・朝鮮人の若者たちが、実際に自分たちのたたかいとして、仮面劇・マダン劇を多く演じているのに接してきた。そして、これらの第三世界での民主化をたたかう民衆の自立演劇運動に影響されつつ、自然発生的にわが国における反核[32]やエコロジー[33]、またフェミニズム[34]の運動で、コント風の寸劇があちこちで演じられ、ひとつのブームをつくった。労働現場、職場ではなく、市民運動の広場でそれは拡がっていたのである。

日本国内での朝鮮人の最大集住地域であった大阪市生野《いくの》区で、朝鮮半島の分断状況を反映した二大民族団体（在日本朝鮮人聯合会・在日本大韓民国民団）の対立を超えた在日朝鮮人共通の行事として、１９８３年から「生野民族文化祭」が行なわれていた（２００２年の第20回を最後に終了）。日本各地での類似の催事に関しては「生野民族文化祭」を皮切りとみる向きが強い[35]。

開催第1回からマダン劇が行なわれており、前年から活発な活動をみせていた梁民基ら「マダン劇の会」[36]がリードしていた。

もうひとつは、『寛政五人衆』という芝居からさまざまにとりくまれた部落解放運動でのそれぞれの地区の劇活動である。ことに識字運動を基礎とした〈解放のオガリ〉といういうみずからの体験を語った識字作品や詩を構成して朗読する表現活動のとりくみがつづけられている。いくらかは劇化されて芝居にもなっているが、素朴な朗読が観衆にリアルな感動をつくりだしている。

29 民主化闘争＝民主化を目指す民衆運動が、世界各地で活性化してきた過程。民主主義理念が普遍的に受け入れられ、特に80年代半ば以降、東欧や第三世界の一部で大きな変革を起こした。政治・経済エリート、それを支える知識人などによる上からの民主化と、労働者、反体制知識人、底辺層、女性、少数集団など疎外された人々による下からの民主化とから構成され、両者は複雑に連動する。１９８９年には中国に飛び火した民主化運動が弾圧を受け（天安門事件）、大きな国際的反響を呼んだ。

30 マダン劇＝第Ⅴ章参照。

31 今日の演劇のありようを指ししめしてくれた＝第Ⅴ章参照。

32 反核＝核兵器の実験・製造・配置・使用などに反対すること。

33 エコロジー＝環境保護。自然保護運動。

34 フェミニズム＝第Ⅶ章註12参照。

35 「生野民族文化祭」を皮切りとみる＝［藤井２０１０］などを参照。

36 梁民基ら「マダン劇の会」＝［梁１９８５］に詳しい。

それに、教会や教会からはなれて以来の自分たちの研究所で毎年、それも40年代後半からずっと演じつづけてきた宗教劇[37]、反天皇のパロディ劇で追求しつづけてきた私自身の演劇体験や関西フォーク[38]の運動が、今回、新しくとりくんだ劇団「もえる」の演劇活動に活かされている。

村田は1950年に初めて、朝鮮戦争を主題とする戯曲を書き教会のクリスマス会で演じた。1950年のレッドパージ反対闘争、1960年・1970年の安保闘争[39]といった政治状況に呼応する形で教会の旧来的な体制とも向き合い、その挫折の結果として文学や演劇を通した主体の確立[40]を試みることとなる。

この三つめの私自身の演劇体験がなければ、部落解放運動での〈解放のオガリ〉という表現活動に参加することも、第三世界における民主化闘争における被抑圧民衆の演劇活動にもそれほど親密な出会いはなかっただろう。そうしたなかで、追求しつづけてきた〈演劇〉が、なんであったのか、そして菅が書いた「戦後演劇」、とくにあの労働者の自立演劇を総括した絶望的な状況と、それはどのように関わるのか、それがしだいにあきらかとなり、みえてきつつある、といえる。そして劇団「もえる」の演劇活動が、たんに職場のそれだけでなく、職場の部落問題研究会の劇団であり、部落解放運動、被差別部落の民衆との関わりでとりくまれている、とい

う点が、戦後演劇の必然的なありようとして歴史的にも、社会的にも重要な意味をもっているであろう、と思うのである。

大阪清掃部落問題研究会の独自性は命名にも表れている。

職場の研究会に「部落」という言葉を使っているのはあまりありません。多いのは「解放研」です。「部落問題研究会」という名前にするときも意見が出ました。「部落と書かれるのは困る。解放研なら入るけど」という、部落出身者からの問題提起も現実にありました。しかし、ぼくらが素直に学びとらなければならないのは、部落問題だと。だからあえて「部落問題研究会」にしました。「自分は清掃やけど、部落と違う」ということ

37 宗教劇＝宗教の儀式として行なわれ、また宗教行事に随伴し、もしくは宗教的主題を脚色した演劇。
38 関西フォーク＝フォークソングとはアメリカ起源の民謡調歌謡で、60年代以降に若者の間で流行して世界に広まった。ギターの弾き語りが典型的なスタイル。関西フォークは60年代後半から70年代初頭にかけて生まれた、フォークソングにメッセージをのせるプロテスト・ソング（政治的抗議を前面に打ち出した楽曲）の一大潮流。1967年に設立された高石音楽事務所を拠点とした。代表的な曲に、岡林信康「山谷ブルース」、ジローズ「戦争を知らない子供たち」、加藤和彦と北山修「あの素晴らしい愛をもう一度」など。
39 安保闘争＝第Ⅱ章註6参照。
40 文学や演劇を通した主体の確立＝［村田1969］を参照。

を意識するあまりに、部落差別に発展していくという場合もありえますから。

［池田ほか1990］

実際、表現のありようとして、はじめから私が考えていたのは、南アフリカのコミッテッド・アーティストの5人の演じる『アシナマリ』[41]だった。それに、この清掃労働者たちの劇団「もえる」の芝居は、集団の群衆劇で、その点でも、やはり南アフリカの若者たちが演じた『サファリヤの声』とあのアメリカの『ウエストサイド物語』[42]を考えていた。『アシナマリ』で5人の役者が、それぞれに自分の被差別・被抑圧の体験と闘争を語るように、1日の清掃労働を終えて詰所に帰ってきた清掃労働者たちが、日常であうさまざまな被差別体験をそれぞれに語る。そのなかで、第1幕で演じられた、その仲間のひとりの息子が、遊び友だちから「ゴミ屋の子、ババ屋[43]の子」と差別され、いじめられたことが告げられ、その子自身が「お父さんなんか大きらいや」と父にぶつかってきた、その苦悩が訴えられる。つづいて、ゴミ屋、ババ屋などやっているのは部落の者だろうと、婚約者をその父と兄からひきはなされた青年労働者がいて、その事実を訴え、彼は思わず「自分は部落民ではない」と叫んで、差別発言をしてしまい、同僚たちと対立する。

そのきびしい対立の間に、在日朝鮮人で今は帰化して共に働いている仲間がたち、自分の子どものころ、父と共に部落の婦人と出会い、差別されている者こそ、人間で、みんな自分たちと同じ人間ではないのか、と教えられた体験を語り、自分は部落民とはちがう、ということが、なぜ差別発言であるかを告げる。つづいて、老作業員のこれまでの清掃労働者たちの反差別を柱とした闘争を、スライド[44]に写しながら、報告し、それとかさねて若い作業員が、88年に起こった焼却炉に落ちて死んだ仲間への差別的な扱いの事件が報告され、自分たちを人間扱いし、職場を人間が働くのにふさわしいものにせよ、と叫ぶ。

41 『アシナマリ』＝南アフリカの「コミッテッド・アーティスツ」とムボンゲニ・ンゲマによるミュージカル。舞台はヨハネスブルグのはずれにある、リーウコップ刑務所の監房。カーキ色の粗末な囚人服を着た囚人5人が、交互に1人ずつ、なぜ服役することになったかを、ダンスや歌を交えて話していく。内容は、アパルトヘイト政策下での過酷な状況の告発。舞台中央の囚人用椅子5脚と、床に固定された上手の窓枠以外に、舞台上には何もない。アフリカーンス語、英語、ファナカロ語、ズールー語など、多言語にて構成される。タイトル「アシナマリ」は、“We have no money”を意味する。1983年にターバンにて初演、1989年にはPARCO劇場にて来日公演が行なわれた。「半月に及ぶ公演は、英語で演じられたにもかかわらず開幕前から指定席売り切れの日が続出。楽日には三百の席に加えて百を越す立見が出るという盛況だった」［くぼた1989］。

42 『ウェストサイド物語』＝1957年9月に初演されたブロードウェイ・ミュージカル。トニー賞の振付賞、装置デザイン賞を受賞した。イタリア系移民のジェット団とプエルトリコ系シャーク団の不良少年たちの対立に、元ジェット団のトニーとシャーク団首領の妹マリアとの悲恋を絡めた物語。『ロミオとジュリエット』を下敷きに、多民族国家アメリカの社会問題も重ねる。原案・演出・振付のジェローム・ロビンスについては［津野2008］に詳しい。

43 ババ屋＝糞尿回収業者を指す差別的表現。「ババ」は関西弁で「うんこ」。

44 スライド＝スライド映写機のこと。写真フィルムに光を透過させ、映像を映し出す光学機器。デジタルプロジェクターの普及する2000年代までは、プレゼンテーションや教育の場などで広く使われていた。

終幕は、彼らが語りあっている詰所に、父と兄の手をのがれて婚約者がかけこんでき、まもなく彼女を追ってきた父と兄も来て、仲間たちのその父と兄への糾弾と説得がはじまる。心動かされるが納得できないまま、ふたりは帰っていく。これが劇『わしらが人間の中の人間や』のあらすじである。

『アシナマリ』も『サファリヤの声』も、もちろん、『ウェストサイド物語』も、いわば十分訓練された役者たちが演じている。劇団「もえる」のように、素人ばかりの芝居とは、基本的に違っている。素人であり、演じられる主題も内容も、自分たちが当事者であり、みずからの思いを表現する。つまり彼らにしかできない表現である。素人の労働者演劇のそのリアリティ、そのよさをしっかりとひきだす。その点では、第三世界の民主化闘争としての被抑圧者の演劇運動とつながるのである。

「もえる」はほぼ演劇未経験者の劇団だが、経験者がいる場合もまた複雑さがある。村田は『寛政五人衆』の公演に際して、「部落の芸能の伝統を活かすいうても、それに生きた人は、部落でも喰えないから旅役者になった。だから、部落のなかでも差別され、さげすまれていた。旅役者でしか喰えなかった辛さ、部落でもさげすまされてきた辛さ。それに触れられたくないからな。それがわからんと、芝居に出てくださいと気易くいわんことや」と言われ衝撃を受けつつも、演劇経験をもつ「被差別の部落大衆」の協力を得て、素人と混淆《こんこう》した集団

を動かした［村田１９７５］。

体制とその権力が、芸術文化をも商品化し民衆への攻撃と支配の手段として徹底的に利用し、大衆の意識を底の底までトータルに呪縛し、操作している状況。かつての労働者の自立演劇運動を圧殺し、その後の反体制演劇をものみこんで、その文化における支配の体制にくみこんでしまっている現況で、第三世界での民主化闘争での演劇運動と共に、新しい現代の視点に立った演劇活動が、今とりくまれなければならないだろう。現実の状況に対抗し変革する民衆の文化をつくりだす、そのひとつとしての演劇がうまれてこなければならないだろう。

　この大阪清掃労働者の、部落問題研究会の〈反差別〉をテーマとした劇団「もえる」の結成とその演劇活動はそうした意味で歴史的に大きな意義をもっている。状況全体、体制と権力の攻撃と支配に対抗する民衆の芸術文化、ことに演劇活動が、清掃労働への職業差別、それとかさなる部落差別、それとかかわってあらわとなる民族や性の差別をうけている清掃労働者たちからはじまったこと、彼らの反差別のたたかいからはじまったことは、必然であったし、そこに重要な意義があるといわざるをえない。

「現在もなお部落差別は存在する」と明記した「部落差別の解消の推進に関する法律」が、２０１６年12月16日に公布・施行された。

ともかく、楽しいのである。スタッフも役者も、そして観る人たちが、響きあって、そこで、みずからの思いを表現し、心の叫びをあげ、それに応えてすべての人たちが動きはじめる。近くこの5回の公演を総括し、より機動的に動ける新しい芝居をつくって、次の段階にすすむことになっている。

Ⅶ

ジェンダー

なぜ「アジア・女性・演劇」なのか？　を読む

解題 対話する人の顔のあるなし

1988年にニューヨーク州立大学バッファロー校で開催された「第1回国際女性劇作家会議」[1]に参加し、「興奮と混乱の1週間」[如月1989]を過ごした如月《きさらぎ》小春《こはる》により、「アジア女性演劇会議」実行委員会は準備された。

決意をしたのはよいが、国際会議の経験をして熱くなったのは日本人では自分だけ[2]。実行委員会の下相談をはじめても、しばらくは、波長が合わず、沈黙がつづき、のりはわるかった。ようやく、活性化し、リーフレットの第1号が91年12月に出た。

[管1992]

この第1号に掲載された座談会を本書に再録した。ニュースレターを矢継ぎ早に5号まで発行し[3]、満を持して1992年10月、第1回「アジア女性演劇会議」の開催となった[4]。

まず、実行委員の一人である如月小春が、次のように主旨説明をした。

「アメリカで開かれた女性演劇会議に参加したとき、アジア人がマイノリティの中に入っているのが不思議でした。世界の人口の大半を占めるアジア人がなぜマイノリティなのかという疑問から私は出発しました。しかしその時私は、アジア人の劇作家や演出家の名前を一人も思い浮かべることができなかった。女性はいうまでもなく、アジアの演劇について何も知らないということに少なからぬショックを受けました。そこで私は知りたいと思い、アジア女性だけで集まる演劇会議を開かなければならない、と

1 第1回国際女性劇作家会議＝The University at Buffalo presents The First International Women Playwrights Conference―1988年の10月18日－23日に開催（会議に伴う上演は14日－23日）。「劇作家だけで二百数十人、世界四十ヶ国以上から集まった」「お互いを知らなさすぎたことが、かえって女たちをこの会議に夢中にさせたのかもしれない」［如月1989］。1991年の第二回会議にも如月は出席。［如月1995］などでも、会議から派生した交流の様子がうかがえる。

2 日本人では自分だけ＝「出席が予定されていた、岸田理生さんが直前に体調を崩されて不参加となった為、彼女が本来行なうはずであったパネルも私の仕事となった」［如月1989］。如月に日本から同行したプロデューサーの楫屋一之、俳優の常田景子をはじめ立ち会った日本人は数名いた。

3 ニュースレターを矢継ぎ早に5号まで発行＝第5号が会議開催直前の10月20日付けの発行。

4 第1回「アジア女性演劇会議」＝アジア女性演劇会議'92／東京会議…10月27日－11月4日―会場＝国際交流基金アセアン文化センター（会議）、渋谷ジアンジアン（公演）、青山劇場リハーサル室（ワークショップ）／京都フォーラム…11月6日－11月8日―会場＝京都市国際交流会館（会議）、アートスペース無門館（公演）／主催＝アジア女性演劇会議'92実行委員会―後援＝国際交流基金アセアン文化センター、（財）日韓文化交流基金、朝日新聞社―助成＝（社）日本児童演劇協会「落合聰三郎青少年演劇基金」／「日本以外に十カ国、約二〇名が来日」［アジア女性演劇会議1992］。

思いました。」［敦賀１９９３］

続く東京会議の各タイトルは日ごとに以下の通り。「知ることからはじめよう」「どんな言葉で語るか」「どのように劇を創るか」「誰に向けて問いかけるか」「同時代としてのアジア」。

その後、

フィリピンで開催される予定だった第２回が資金不足などによってなかなか実現しなかったため、第１回会議の中心を担った如月さんと岸田さんが、再び日本で会議を開くことを考えたのである。その計画が進むなか、フィリピンが第２回会議を開催する意志を表明し、結局、第２回会議は２０００年11月に開かれることになったのだが、日本サイドの実行委員会としては、フィリピン会議と緩やかな連携を取りながら、われわれの会議を第３回とすることで合意し、開催時期を当初の予定よりも多少遅らせるかたちで２００１年２月にすることにした。［内野[5] ２００１］

２０００年12月29日に如月は突然この世を去るが、第３回「アジア女性演劇会議」は変わらず開催された。

今回の会議については、予想外に観客の関心が高かったこともここで指摘しておかなければならない。…〔中略〕…その一方で「予想内」だったのは、そのなかに、「演劇関係者」の姿がほとんど見られなかったことだ。それはある意味で当然のことで、ある意味で憂慮すべき事態だともいえる。…〔中略〕…家父長制[6]イデオロギーに全面的に依拠する日本の現代演劇実践の関係者が、このような会議に興味を持つことなどそもそも期待できないからである。しかしそれは、「顔のある」演劇実践者にかぎられた話ではある。〔内野2001〕

5　内野儀＝1957年京都生まれ。学習院女子大学教授。表象文化論、舞台芸術論。著書に『メロドラマの逆襲――「私演劇」の80年代』(勁草書房、1996)、『「J演劇」の場所――トランスナショナルな移動性へ』(東京大学出版会、2016)など。

6　家父長制＝ジェンダー論を専門とする社会学者の瀬地山角(1963―)によれば、日本語の家父長制は、英語のpatriarchalismとpatriarchyという異なる原語に対応しているという。「前者は主に法制史や社会学で用いられ、特定の家族形態や支配形態を指す概念であった。…〔中略〕…一方後者は主に19世紀の文化人類学で用いられたもので、親族組織における権力を持つ主体の性別に着目した分類であり、父権制と訳されることもある。しかし対立概念としての母権制(matriarchy)が、結局実証的に検証できなかったことから、概念としての意味を失うことになった。こうして文化人類学で使われなくなった後に、男が権力を持つという意味に読み込んでpatriarchyを再び使い始めたのが、1970年代以降のフェミニズムである。主に男性総体の女性総体に対する優越を主たる含意として用いられ、男性支配を告発するフェミニズムの中核概念となる」〔瀬地山1999〕。

顔のある演劇実践者に対立するのは、顔のない演劇実践者、ではない。内野の指摘は「観客」「ボランティア」の評価につながっていくのだが[7]、そうした顔のない（ということになっている）当事者については「黒子」[8]という形で、如月の名を小劇場演劇界隈に知らしめた1979年の『ロミオとフリージアのある食卓』[9]において早くも向き合われていた。

この芝居の登場人物は全部人形という設定にし、芝居のはじまる前とカーテンコールが終わったあと、黒子が出てきて役者（＝人形）を片づけるというシーンをつくったという。それを手がかりに、個々の登場人物がどうすることもできぬところで、舞台に出し入れしたり生かしたり殺したりしている、一見、同一平面上にいて、役や役者をこえた存在として、「黒子」を再発見した。そしてそこから、黒子の操る空間として、都市が再発見される。［菅1992］

その後の如月の都市論につながる、時代特有の想像力だが、その同一平面上にいる黒子は実際「誰たち」なのか、問うていい。

7 「観客」「ボランティア」の評価につながっていく＝本章252頁参照。

8 黒子＝第I章註1参照。

9 『ロミオとフリージアのある食卓』＝1979年初演。ドラマの位相が次々に転換していく戯曲は、メタシアターの先駆けとなった。平和なある家庭、樹里絵津都(ジュリエット)を含む奇夜比由烈徒(キャピュレット)家の面々は路美夫(ロミオ)を待ちわびており、そこにやってきた三越の荷物配達のアルバイト青年は、路美夫の役を押し付けられる。これは北野神社例大祭の催しであり、演じているのは中野区の人々であることがわかってくるが、路美夫役の若者は困惑のうちに本当に死んでしまう。

討論会

なぜ「アジア・女性・演劇」なのか？

『アジア女性演劇会議'92ニュースレター』第１号（「アジア女性演劇会議'92」実行委員会、１９９１・12）所収

如月小春―きさらぎ・こはる―１９５６年東京生まれ。劇作家、演出家。大学在学中の１９７６年、劇団「綺畸《きき》」を結成。脱退後の１９８３年、「ＮＯＩＳＥ」を創立。代表作に『ＤＯＬＬ』（１９８３）、『ＭＯＲＡＬ』（１９８４）などがある。90年代には兵庫県立こども館など全国で小中高生のための演劇ワークショップを行なう。２０００年、クモ膜下出血により急逝。

岸田理生―きしだ・りお―１９４６年長野生まれ。劇作家、演出家。１９７４年、劇団「天井桟敷《さじき》」に入団。寺山修司と戯曲を共同執筆する。自らも劇団「哥《か》以《い》劇場」を主宰。１９８３年「岸田事務所＋楽天団」を結成（演出家の和田喜夫と共同主宰）。『糸地獄』で第29回岸田戯曲賞受賞。劇団解散後は自ら演出・プロデュースを手がける。２００３年没。

外岡尚美―とのおか・なおみ―１９６０年茨城生まれ。青山学院大学文学部教授。共編著に『境界を越えるアメリカ演劇―オールタナティヴな演劇の理解』（ミネルヴァ書房、２００１）、論考に「グローバル化とフェミニズム―「発話の場」の問題化」（『社会文学』第15号、２００１）などがある。

李静和―リ・ジョンファ―済州島生まれ、１９８８年来日。成蹊大学法学部教授、成蹊大学アジア太平洋研究センター所長。著書に『つぶやきの政治思想　求められるまなざし・かなしみへの、そして秘められたものへの』（青土社、１９９８）、編著に『残傷の音―「アジア・政治・アート」の未来へ』（岩波書店、２００９）などがある。

池内靖子―いけうち・やすこ―１９４７年長崎生まれ。立命館大学名誉教授。著書に『フェミニズムと現代演劇　英米女性劇作家論』（田畑書店、１９９４）、『女優の誕生と終焉―パフォーマンスとジェンダー』（平凡社、２００８）がある。

西堂行人―にしどう・こうじん―１９５４年東京生まれ。演劇評論家。明治学院大学文学部芸術学科教授。国際演劇評論家協会日本センター前会長（２００６－２０１２年）。著書に『演劇思想の冒険』（論創社、１９８７）、『ドラマティストの肖像　現代演劇の前衛たち』（れんが書房新社、２００２）などがある。

楫屋一之―かじや・かずゆき―１９５２年兵庫生まれ。舞台制作者。１９８３年より劇団「ＮＯＩＳＥ」のプロデューサー。１９９７年から２０１５年まで、世田谷パブリックシアターにてチーフプロデューサー、劇場部長として舞台制作、劇場運営の統括に当たる。神奈川県立青少年センター参事。

松井憲太郎―まつい・けんたろう―１９５６年生まれ。プロデューサー、演劇評論家。富士見市民文化会館キラリ☆ふじみ館長。劇団黒テントに１９８０年から１９９６年まで在籍。１９９７年の世田谷パブリックシアター開館から２００８年まで、学芸課長やプログラム・ディレクターとして公演の企画制作とともに学芸事業を統括した。

女性が集う意味

松井[10]　まず、「アジア女性演劇会議」にみんながなぜ関わったかを聞かせてほしい。そこから「アジア・女性・演劇」というテーマに踏み込んでいければと思う。

如月　私は八八年、アメリカで『世界女性劇作家会議』[11]に参加して、はじめてアジアの女性の劇作家たちに出会った。世界中から集まった中で、自然とアジアの人と輪を作るようになり、欧米が抱えるのとは質の違う問題が共通にあると、自然と口にするようになった。

松井　欧米との違いとは、なんだろうか？

如月　それはフェミニズム[12]のあり方なんです。同じように女性の問題との関わりの中で創作していても、そもそもアジアと欧米では、社会における女性の位置が違う。またアジアには欧米による植民地化を経験した国が多いわけで、そこで入ってきた近代的な文化と自国の伝統とのあいだで軋《きし》みを覚えながら、多くの人が作品を作っている。

それと同じような問題が私にもあると感じて、それが今回の会議をやろうというきっかけにもなった。

たとえば私は「都市」をテーマにしているけど、近代になって世界中に発生してきた都市文化があり、それが日本にどう現われているかを考えると、日本の近代化に目を向けざるをえなくなっていた。それは当然アジアとの歴史にからむわけで、つまり私が作業していく上での鍵があるという直感が働いた。
そこで岸田理生さんにまず話してみて、それからみんなに声をかけていった。

――とりわけ80年代後半の如月の主著はほとんどが都市論である。

10 松井=初出時には、司会者の名前は明示されていない。

11 世界女性劇作家会議=前出の国際女性劇作家会議のこと。本章註1参照。

12 フェミニズム=男女平等、女性解放、女性の地位向上などを求める思想、その思想に基づく社会運動。近代におけるフェミニズムは、19世紀末から20世紀初頭にかけての第一波フェミニズムと、60年代に台頭し今日まで持続する第二波フェミニズムに、大きく時期区分される。第一波フェミニズムは、近代の平等の理念に基づいた人権概念を男性だけではなく女性にも拡張することを要求し、主として婦人参政権の獲得を目標とした。これに対し、60年代以降の第二波フェミニズムは、アメリカを中心とするウーマン・リブ(Women's liberation movement)の影響を色濃く受けており、「女性による人間解放主義」と規定され、性差に起因する政治的、経済的、社会的、文化的、心理的など、あらゆる形態の差別や不平等に反対し、その撤廃を目指す。とりわけ、個々人の意識や生活様式に深く組み込まれた性抑圧、性差別の告発という点に特徴をもつ。運動は国連を中心とする世界女性会議の開催や国連での女子差別撤廃条約(1979)の採択などの成果を挙げている。また第二波フェミニズムは、近代人権思想において十分には考察されてこなかった「性」や「生殖」に関する人権侵害の根絶も主張するが、こうした主張は同性愛者差別や優性思想による障害者差別など、近代社会においてむしろ強化された差別問題を明るみに出すことにも貢献した。70年代以降、それまでのフェミニズムが西欧社会の中流階級女性の価値観を中心として展開していたことに対する批判/反省から、人種や民族、性的指向、階級などの要素を考慮し、多様な立場にある女性たちの経験を反映させようとする動きが加速した。

私は〈東京〉という名の〈私〉を素材とした作品を創ろうと思ったのだ。演劇を取り巻く状況の背後に見え隠れする商業主義や、その商業主義を支える資本主義、結果としての消費社会が、演劇と、演劇にかかわろうとして混乱に陥っている私自身の根本に横たわっていることを感じていた。…〔中略〕…都市の風景を射抜こうとする時、そしてそれを舞台化しようとする時、重要なのは、消費社会の身体を演ずることの出来る〈役者体〉であるはずなのだ。〔如月1987〕

第1回会議の準備と同時期に刊行された「消費論」〔如月1992〕でも、「消費社会」の演劇について「商品」「テーマ」「身体」の三つのレベルを取り上げ持論を語っている。その後、1997年のインタビューでは自身の変遷を、「私と演劇という個人的な問題としてとらえてきたことが、実はジェンダーの問題だったと気付いたのはここ5、6年のことです。当初私にとって切実だったのは抑圧の問題ではなくアイデンティティの問題でした。」「そこからは女性という問題は抜け落ちていたと思います。私の演劇は自己言及的でした。女と次男坊が社会で生きるためには自己言及が必要だからです。」と述べている〔如月1997〕。

岸田　私は芝居を始めて20年くらいですが、如月さんと会う前くらいから、自分が転《うた》13という状態にあった。転というのはいろんなことが変わっていく、それを嫌だと思いながらも諦めて見ているというふうな状態です。

松井　転の状態になった理由はなんだったのだろう？

岸田　私の芝居は、女性がつねに行動して、あるいはしないでいくという作品で、それと日本の昭和史がからんでいた。そこに閉ざしすぎていた自分がいて、昭和が完結した[14]段階で、それまでの作業を振り返るところから変わってきた。

その一年前に李静和（イ・チョンファ）[15]と出会っていて、初めてのアジアの友人である彼女は、韓国への窓を開けてくれた。

韓国の演劇を見ると、そこにあるエネルギーが日本の演劇に失われているのに気づいたんです。韓国では政治的な状況が揺れ動いている。その中であの人たちは、生きるあかしとして芝居を選びとっている。それはどういう意味なのか、直接話し合いたいという強い欲求が、こういうかたちになった。

13　転＝事態や心情が意志に関係なく移り進んでしまうさまを表す日本の古語。
14　昭和が完結した＝1989年1月7日昭和天皇が崩御し、昭和64年をもって昭和時代は終了した。
15　イ・チョンファ＝プロフィールにもある通り、現在は「リ・ジョンファ」というフリガナが用いられることが多い。

無論なんでもありということではなく、女性が行動する／しないが決定的な意味を持つような戯曲ということ。

李　私が今回の集まりに興味を持ったのは「アジア・女性・演劇」という三つの言葉が、それぞれ「周辺なる精神」[16]を表していると思ったからです。つまりアジアは西欧、女性は男性という中心に対して、ある距離をとってあり続けてきた。そして演劇は、近代化しながらも、クラシカルなものも守るという立場をとってきた[17]。その三つを融合するとどうなるか、と私は考えています。

またこの会議が、「周辺なる精神」を持つ人々が集まる場となれば、女性と男性、アジア人と西欧人という区別は必要なくなる。人間を語る、もう一つの新しい見方になるのではと思います。

如月　はじめの頃、女だけで集まることがどういう意味を持つか、ずいぶん話し合ったの。結果としては、西堂さんや松井さんにも話をかけていった。

李　テーマ主義で「女性」を扱うやり方は信頼できない。表現したいことをどう表わすか考えていくうちに、世界観の問題となり、アジアや女性の問題にも当然ぶつかっていく。

演劇、そのシャドーワーク[18]

池内　私はアメリカ演劇の研究者ですが、その歴史を見ますと、集団でなにかを作り出していく運動が随所にあり、そこに私は惹かれるんです。

最近亡くなったジョーゼフ・パップ[19]は、ニューヨークのセントラル・パークでシェイクスピアを無料で観られるように市民に開放しようと運動を始めた人です。ニューヨークは芸能資本が集積し、ジェントリフィケーション[20]が進み、貧しい市民が追い出される状況があるために、パップたちは、そこに住む人々が楽しめる場をつくりだしたいと思ったわけです。商業主

16 周辺なる精神＝「周縁なる」という表現が一般的。

17 演劇は、近代化しながらも、クラシカルなものも守るという立場をとってきた＝本章254頁で李は「マダン劇」に言及している。「マダン劇」については第V章参照。

18 シャドウワーク＝社会評論家イヴァン・イリイチ（1926－2002）の造語。産業社会における賃労働の影の部分として暗黙に存在する無報酬の労働をさす。近代の産物としての主婦が、家庭で担う家事労働はその典型。賃労働とシャドウワークは、産業社会の相補的労働の形態であり、性別役割分業家族を通じて結合された。

19 ジョセフ・パップ＝Joseph Papp｜1921年ニューヨーク生まれ。演劇プロデューサー、演出家。1954年シェイクスピア劇の無料上演を目指してニューヨーク・シェイクスピア・フェスティバルを組織。1962年セントラルパークに野外劇場を得てからは夏期公演を定着させ、1991年に死去するまで自ら主宰をつとめた。1967年には元市立図書館を改装し、パブリック・シアターを開設。1973年から1977年までニューヨーク市の総合芸術施設リンカーン・センターの演劇部門芸術監督をつとめた。

義を排して、理想や理念をもって演劇運動がいくつも芽ぶいています。

たとえばユージン・オニール[21]という劇作家を産み出したのは、ヨーロッパからの輸入ではない、自分たちの新しい演劇を作っていこうとした小劇場の運動でした。しかしオニールがブロードウェイに進出すると、理念をかかげて集まった若者たちが離反していく。そしてオニールらの運動の根底には、それを支えていた女性たちがいるんです。やはり彼女らも、商業演劇に進出する時に、かなりの人が離れていった。商業主義で金がからむと男の独占になり、女がはじき出される。

また、ニューディール政策[22]の1930年代でも、芸術家が集まって活発に活動した場面に、身を粉にして働いている女性たちがいた。私自身は運動や社会変革に関わる集団、その中でもとくに女性の働き手を、研究者としてきっちり評価していきたい。なぜなら彼女たちの活動は、評価されずに埋もれてしまったからです[23]。

私にはフェミニズムが自分の中にきっちりあります。たとえば、アメリカ演劇の研究には、T・ウィリアムズ[24]、A・ミラー[25]、E・オールビー[26]、そしてサム・シェパード[27]という個人の、それも男性の劇作家の系譜を研究するというスタイルがあり、それとは少し違う流れがあるのではないかと考える時に、私のフェミニズムは働きだします。

松井　たしかに劇作家の系譜が、演劇の歴史とイコールになっている面がある。それは言語がかたちづくる歴史ですね。そこに残らない演劇の歴史をどう語っていくのか、大きなテーマで

20 ジェントリフィケーション＝都市において、比較的低所得者層の居住地域が、再開発や文化的活動などにより求心性を得ることで中・高所得者層が流入し、地域経済や住民構成が変化する現象。結果、地価が高騰し、貧困層が転出を余儀なくされることなどが問題とされる。

21 ユージン・オニール＝Eugene O'Neill―１８８８年ニューヨーク生まれ。劇作家。プリンストン大学を中退、転職、療養の後にハーバード大学の「47ワークショップ」（演劇学者Ｇ・Ｐ・ベーカーが１９０５年に創設した実践的な演劇講座）で劇作を学ぶ。マサチューセッツ州の地方劇団が上演した一幕劇『カーディフ指して東へ』で注目され、ニューヨークへ進出。１９２０年に初の長編戯曲『地平線の彼方』でピュリッツアー賞を受賞。１９３６年ノーベル文学賞を受賞。１９５３年没。

22 ニューディール政策＝「新規まき直し」の意。アメリカで、１９２９年に始まった恐慌に対処するため、１９３３年以降フランクリン・ルーズベルト大統領が実施した一連の経済・社会政策。失業者救済の大規模な公共事業や産業界への統制により経済復興を図り、のちには社会保障制度や労働者保護の制度改革を進めるなど、連邦政府権力を強め政府資金による資本主義経済の安定を目指した。［広辞苑］

23 彼女たちの活動は、評価されずに埋もれてしまったからです＝［池内１９９４］を参照。

24 テネシー・ウィリアムズ＝Tennessee Williams―１９１１年生まれ。劇作家。アイオワ大学卒業後さまざまな職業で各地を放浪しながら戯曲、詩、小説を執筆。１９４４年『ガラスの動物園』がブロードウェイで上演され成功を収める。１９４７年『欲望という名の電車』、１９５５年『やけたトタン屋根の猫』で二度ピューリッツァー賞を受賞。名声の裏で私生活は酒と麻薬にひたり荒れていた。１９８３年、事故死。

25 アーサー・ミラー＝Arthur Miller―１９１５年ニューヨーク生まれ。劇作家、エッセイスト。ミシガン大学で演劇を学び、在学中からラジオドラマの脚本を手がける。１９４４年『幸運な男』でブロードウエイに進出。１９４９年『セールスマンの死』でピュリッツアー賞を受賞し、一躍世界的劇作家となる。マリリン・モンローとの結婚と離婚など、私生活でも注目を浴びた。２００５年没。

26 エドワード・オールビー＝Edward Albee―１９２８年生まれ。劇作家。１９５９年にベルリンで初演された『動物園物語』により注目される。その後ニューヨークのオフ・ブロードウェイでも『アメリカの夢』（１９６１）などが次々と上演され、１９６２年には代表作である『ヴァージニア・ウルフなんかこわくない』でブロードウェイにも進出。他にピューリッツアー賞を受賞した『微妙な均衡』（１９６６）、『海の風景』（１９７５）などがある。２０１６年没。

しょうね。

同意できてしまうが、しかしそれは「どこの」歴史なのだろうか。日本の職場演劇・自立演劇でも同型の問題は存在し、菅孝行『戦後演劇』（1981）などで指摘されている。前章で村田が同書を引用しているが、如月も日本演劇史を考察するにあたって同書を大いに参照していることは、『演戯する都市』〔渡辺・如月1986〕や『都市民族の芝居小屋』〔如月1987〕からうかがえる。

如月　その中でも「アジア」「女性」という二つの言葉は、より希薄なところに追いやられてきたと思う。

外岡　私は、アジアの演劇の研究がさかんなハワイ大学に長いこといました。そこでは、たえずアジアとの出会いがあるわけですが、しばらくすると、どうにも越えがたい壁や亀裂を感じました。

壁を生む理由の一つに、大学の研究メソッドがあります。それはやはり西欧のものであり、その理論を使ってアジア演劇を読む……。研究がさかんなだけに、その自己撞着《どうちゃく》に絶えざる反省があるわけですが、それでも抜けきれない西欧的な視線がある。

私は博士論文を岸田さんと如月さん、渡辺えり子さん[28]、「青い鳥」[29]の方々について書いたのですが、私が捉えたいと思っていた部分を、自分の受けたトレーニングとその理論ではうまく掬《すく》えない。でも辻褄を合わせなくては、という苦しみの連続でした。

　今回の会議でぜひやりたいと思ったのは、アジアとどれだけ異なる部分があるのか[30]を知ることです。会議のテーマの設定が、そもそも彼女たちから見て日本中心的といわれるかもしれない。そういう非難や不愉快な感情にぶつかって、はじめて壁を崩していける。自分が培って

27　サム・シェパード＝Sam Shepard｜1943年イリノイ州生まれ。劇作家、俳優。1963年ニューヨークに移り劇作家の活動を開始。代表作に『赤十字』(1966)、『罪の歯』(1972)、『埋められた子供』(1978)、『フール・フォア・ラブ』(1985)などがある。1975年には自らのバンドでドラムを叩き、ボブ・ディランのツアーに参加。後年は映画への出演、制作も多く、ヴィム・ベンダース監督作品『パリ、テキサス』(1984年)、『アメリカ、家族のいる風景』(2005年)では脚本を手掛けた。2017年、ALS（筋萎縮性側索硬化症）の合併症により死去。

28　渡辺えり子＝劇作家、演出家、俳優、歌手。舞台芸術学院、劇団「青俳」演出部を経て、1978年に劇団「2〇〇(にじゅうまる)」を結成(後に「3〇〇(さんじゅうまる)」に改名)、1998年解散。『ゲゲゲのげ』にて第27回岸田國士戯曲賞受賞。2001年より「劇団宇宙堂」(後に「オフィス3〇〇」に改名)主宰。2007年、美輪明宏の助言により「渡辺えり」に改名。

29　「青い鳥」＝1974年、木野花、芹川藍ら6人の女性により結成。役者全員による集団創作・演出という手法を取ったことで知られる劇団。集団創作時の筆名は、「市堂令」(「一同、礼！」の挨拶から命名)。代表作に『夏の思い出』『青い実をたべた』など。1993年以降は作・演出「市堂令」という形に限らず、公演ごとに創作スタイルを変え活動を続ける。

30　アジアとどれだけ異なる部分があるのか＝第1回会議の開催後にも池内は、「西洋におけるフェミニズムの表現と比較しながら、同質的なものと同時に異質なものを分析する必要があることを感じた」[池内1994]と述懐している。

きた日本や西欧中心的な眼と、それでもアジアに近さを感じる不思議なズレを、打ち壊す力になるのではというのが私の動機なんです。

集団の原理・出会いの原理

李　壁ということでは外岡さんとまったく同感ですが、それを外国人である私が言ったらぶちこわしになってしまう。奇妙な話だけど、それは一種のルールなんです。
　この会議でも、私はゲストのように感じる時がある。それも日本的なゲスト。韓国のゲストは我儘で、いつかホストと区別がつかなくなるけど（笑）、日本では最後までゲストでいるのがルールなのね。

如月　チョンファさんだけでなく、参加する男の人がゲスト意識を持つようなものにはしたくない。

松井　では西堂さん、男性の参加者として発言を（笑）。

西堂　さっき池内さんから、一人の劇作家を多くの無名の人が支えているという話があったけど、僕もその図と地の関係みたいなものに興味を持っている。
　たとえば日本のアングラ[31]は、無名の人が集まって作る「集団性」（地）の演劇として始まったけど、それがある段階でみごとに「有名性」の、それも「固有名」（図）の演劇に転化してしまった。商品社会では劇作家や演出家の名前が、幻想を帯びて勝手にひとり歩きしてしまう。今の若い劇団でも、しばらくすると集団の中に上下関係が生まれて、集団が衰弱していく。

それは権力意識みたいなもの、つまり男性原理が働いているからだと思うんだ。ところが女性が中心のグループは、そこの溝がけっこう埋まっている。今、表現集団は、というよりなにかプロジェクトを推進していくとき、女性原理的なものをもう少し考えた方がいいのではないだろうか。僕はそういう動きのある場所としてアジア女性演劇会議を考えている。

岸田　私はそもそも劇団というものにどういう有効性があるのか聞いてみたい。集団というのは密になればなるほど閉鎖されていき、否も応もなく家族構造になっていく。

松井　日本の場合、劇団というより「座」[32]ですね。そういう古い体質を引き継いでいる。

外岡　韓国の場合どうなんでしょうか？

李　韓国の演劇人が驚くのが、日本の演劇人の共同作業の仕方なんです。演出家の指示を、

31　アングラ＝第Ⅱ章註9参照。

32　座＝座る場所という意味から派生し、多くの人間が集まっていること、その場所や雰囲気を示す（「座が白ける」のように使われる）。歴史的には同業組合などの特称として用いられた。中世では、朝廷・貴族・寺社などの保護を受け奉仕する代わりに種々の特権を有した商工業者や芸能者の同業組合を意味した。江戸時代においては、歌舞伎・人形浄瑠璃などの興行権の表象であり、劇場もさした。

俳優はすべてこなそうとし、スタッフもなんとか実現しようとする。そういう風景を見て、この国は演出家のパラダイスだといった（笑）。

みんなが役割を分かって働くという、共同体としてのいい面がある。韓国の場合、みんなバラバラで勝手で、集団になること自体が本当に難しい。

私は日本を見ながら、いいなあと思う半面、ぞっとする時もある。これが日本を支えているのかと思うと。リベラルな集まりでも、そういう枠組みがつねにある。

岸田　内面化されてあるわけね。

西堂　たぶんそれは劇団が貧しいときに、うまく行く。経済原則が棚上げされていると、それを乗り越える共同性が必要で、そのためにそうなっている。ところが豊かになって経済原則が発動すると、職能化されて合理的にはなるけど、集団をつなぐ行間が埋まってこなくなる。

李　でも個人的には日本的な集団は好きです。なぜならすこし韓国に見習ってほしいから。日本と韓国を半分ずつ混ぜたらいい（笑）。

松井　劇団同士のつながりという点はどうですか。

如月　日本では新劇の時代[33]はあったのだろうけど、私たちの世代には、なぜか交流しにくい状況があったのよね。

松井　解説的なことをいうと、50年代まで新劇は文化運動の前衛だった。それを支える政治運動の潮流もあった。ところが60年代から、その両輪が失速する。そしてアングラの台頭があって、文化的、政治的にそれまでの新劇運動を全否定する。しかし新たな運動がそこから生まれたかというと……。

楫屋　西堂さんがいったことに関連するけど、新劇も含めてこれまでの演劇運動は男性原理的なもので動いてきたと思う。横のつながりを欲求し、それは官僚主義にもつながっていく。ところが今の小劇場は、女性原理的に動いている。悪くいえば情緒的というか、組織ではなく個人の欲望を大切にする、それなら横につながる必要性はない。70、80年代、我々のまわりはそう動いてきた。

そこで問題なのは、自分たちの動きを批評的に見ていないことだと思う。その基軸があれば、横断的に語りあえる場面が生まれてくる気がする。

李　情緒的という話があったけれど、それは女性原理とはちょっと違う。情緒的な原理が権力指向になると、いちばん恐いのよね（笑）。

まだ日本の劇団の中には、権力や中心指向が働く部分があって、まわりとうまく繋がれないのではないかしら。

如月さんもいったように、フェミニズムの話が難しいのは、韓国を含めたアジアのフェミニズムが、出発するときには西欧の理論を借りたからです。でも実際の生活には当てはまらない

33　新劇の時代＝第Ⅱ章註8参照。

部分がある。外岡さんは日本の女性演劇人を語ることの難しさを話しましたが、それと似ています。

如月　私はこの会議を考えた時に、アジアの人だけでなく、国内で同じような関心を持っている近い世代の人と話したかった。それはアジアの人たちと出会うのと同じくらい難しい。この会議はそのための方便であってもいいというくらい、重要だと思った。日本の現状の中で、なにかをやろうとしても一人だと限界があると感じている人たちを掘り起こしたい。

その困難はなおも引き継がれている。一例に過ぎないが、前出の渡辺えり子と如月が接近できたのは2000年に入ってからだったようだ[34]。第1回会議の動員数に関しては次のような指摘がある。

参加者が少なかったこと（1日50人以下）には少し驚いた。総括討論の発言者も、ほとんど実行委員会関係の人であり、その他ジャーナリストの姿はちらほら見受けられるだけで、演劇世界の閉鎖性を強く感じた。主催者側は「日本の演劇界に意識のある人が少ない」と説明していたが、はたしてそうなのだろうか？［敦賀1993］

「アジアの人たち」についても、「知らない」ことと「出会うのが難しい」というのは別の問題のように思える。

岸田　だれと話し合いたいかを考えると、なにを話し合いたいかは、おのずから決まってくると思う。

如月　最初に〔岸田〕理生さんと話した時点から、「だれと」をつねに考えてきた。これはダイアローグの方法論であって、マスメディア的なそれとは異質なんです。これを徹底して、どこまで通用するかですね。

岸田　ダイアローグの了解があった上で、会議では公的な発言を生みだしたい。

楫屋　制作を担当する立場からは矛盾した発言になるけど、僕もなるべく機能優先では動きたくない。組織的、機能的に動いていくと、今までの繰り返しになってしまう。参加する個人の位置をていねいに確認しながら、作業をすすめたいと思う。

第1回会議の総括討論では、パネリストから「この会議は演出家・劇作家が主だが、次回はぜひここに『俳優』と『観客』を加えたい」と要求があり、如月が「今回は舞台の前段階として言葉の専門家に集まってもらった。俳優は舞台での身体表現が主な仕事だと思う」と発

34　渡辺えり子と如月の接近＝［渡辺2001］を参照。

言。客席の桐谷夏子[35]から「俳優は舞台以外での発言権がないというように聞こえ、納得できない」と抗議を受けた［敦賀1993］。

劇団「NOISE」として最後となった1997年の公演は、如月の演出しないオフ公演『髪をかきあげる』（作＝鈴江俊郎[36]）。その後、俳優主体の団体「LABO!」が結成される。90年代のNOISE・如月は中高生向けワークショップの講師として精力的に活動し[37]、新たな演劇教育のあり方を模索した。

また2001年の第3回会議の成果について、解題の引用に続く形で内野は「観客」「ボランティア」に言及するのだが、それはその潜在性（「なかには、これから具体的な演劇実践にかかわってゆく人たちがきっといるだろう」）を強調するにとどまる［内野2001］。「だれと」ダイアローグを持つか、という課題は存続している。

演劇は商品か？

松井　アジアでの日本の位置が、会議の重要なサブテーマだと思いますが、それを「演劇」とからめると、どうなるだろう。

如月　今、アジアでは演劇の市場が形成されつつある。それは音楽業界と似たレベルの商品化の流れで、これまでは伝統演劇に、今では現代演劇にまで手をのばしている。

会議では、その流れにのらない演劇の可能性について話し合ってみたい。

西堂　どうだろうか。つまり商品になる演劇がはっきりとあり、それに対してオルタナティブがある。その後者に依拠するという考え方だね。

でも商品社会の流通の手段というものは、ものすごく柔軟なものだよ。売れないものを売れるものとカップリングしてしまうとかね。

如月　私がイメージしたのは、鶴見俊輔さんのいう「限界芸術」[38]的なものなの。芸術には高尚なものと大衆的なものがあり、その中間にもう一つのかたちがある。たとえば宮沢賢治[39]の作品は今でこそ有名だけど、彼は自分の学校の生徒の教材として作品を作った、そのような限界

35　桐谷夏子＝俳優、演出家。自由劇場を経て、劇団黒テント創立メンバー。１９７８年からの黒テントのアジア路線、中でもＰＥＴＡとの交流を牽引したひとり。ＰＥＴＡについては第Ｖ章註2を参照。

36　鈴江俊郎＝１９６３年大阪市生まれ。劇作家、演出家、俳優。１９９６年『髪をかきあげる』で、第40回岸田國士戯曲賞受賞。京都舞台芸術協会初代事務局長を務め、京都芸術センター構想推進の一助となった。「労働運動で学んだ手法を生かして組織化を図り、議論内容をまとめて要望書を決議、そのつど京都市に渡した」［松本２００６］。なお京都芸術センター開館の背景には、阪神淡路大震災をきっかけとする避難場所確保の必要があった。

37　中高生向けワークショップの講師として精力的に活動＝［如月１９９６］などを参照。

38　限界芸術＝第Ⅱ章註31参照。

39　宮沢賢治＝第Ⅳ章註９参照。

の中でのみ生まれる優れた芸術があると鶴見さんはいう。
　演劇も「限界芸術」的な面を持つものだと思う。その側面に光を当てたい。

西堂　光を当てることで、商品化に手を貸すことになるんじゃないの。(笑)

如月　それはまったくそう。消費社会に生きる大いなる矛盾ね。でもそれを受け入れるかどうかは、当事者の選択の問題よ。

松井　商品は幻想を産み出す。だけど演劇が産み出す幻想は、商品のとは違う。だとしたら、それはどういうものかだね。

李　たとえば韓国のマダン劇のような商品を指向しないものが、日本で成り立つかというと、無理だと思う。日本の場合は、つねに商品にならざるをえない。ただ、どのような商品なのかという部分ね。
　別の言い方をすると、日本はプロフェッショナリズムが求められ、韓国ではアマチュア精神が大切なんですよ。いろんな意味で条件が違う。そこらへんが他のアジアと確実に違う点だと思う。

外岡　会議のために送られてきた資料を読みますと、日本と同じような形でプロフェッショナリズムを追求しているのは、シンガポールという感じがした。他は微妙にずれている印象を受けたんです。

今、変わりつつあるもの

松井　日本では今、企業、それに国や自治体が演劇を経済的に援助しだした[40]。そのモデルは、近代化の必然として、やはり欧米だね。そしてこの会議も多くの援助金をもらって成立する。

岸田　今は、たとえば文化振興基金[41]などは公的な場所で、作品に値段を付けてくれる。その

40　企業、それに国や自治体が演劇を経済的に援助しだした＝1992年当時までの、文化芸術に対する民間協賛・公的支援といった助成の歴史を概観すると次のようになる。1968年文化庁設置を契機に芸術文化支援目的の財団が設立され始める。70年代には「冠《かんむり》コンサート」と呼ばれるような、企業がその名を冠して資金提供を行なうイベントが始動。高度経済成長、オイルショックを経た1979年、当時の内閣総理大臣大平正芳は、国会の施政方針演説にて「文化の時代の到来」を宣言。「文化の時代」、「田園都市国家の構想」等、大平総理政策研究会報告書が刊行される。80年代以降、各地方自治体で文化振興条例が制定され始め、連携して文化振興財団の設立が相次ぐ。また同時期には、広報宣伝や社会貢献を目的に、企業によるメセナ活動が活発になる（メセナmécénatは、文化芸術の擁護、援助を意味するフランス語。1988年、朝日新聞社、フランス政府文化コミュニケーション省が主催した第三回「日仏文化サミット」を契機に日本でも用いられ始める）。特に1985年から1990年のいわゆる「バブル期」には、企業に膨大な広告宣伝費が存在した。80年代中頃から野田秀樹率いる「夢の遊眠社」が、三菱自動車、NTT、JR東海などから協賛金を受けて、国立代々木競技場第一体育館等きわめて規模の大きな公演を行なったことはよく知られる。1990年にはメセナ専門の中間支援機関である社団法人企業メセナ協議会（2011年公益社団法人に移行）が設立。民間財団では、1987年にセゾン文化財団、1989年にアサヒビール芸術文化財団が設立された。

中でどういう意識を持って作品を作っていくのか、私たちにとっては課題です。

私は演劇は結果を売りますと思ってやっている。ただ、買い手がいないだけで。（笑）

如月　アメリカでは企業を中心として芸術にお金が出ているけど、大きな問題が生まれている。私たちクラスの小さな劇団で、もらったお金の範囲内でやり、それ以上の努力をしないという集団が出てきた。ようするに鳥篭になってしまっている。

西堂　ヨーロッパでは、公的にお金が下りすぎるために、かえって演劇が活性化しなくなっている現状があるのではないかな。

如月　あればあるだけ欲しいというのが、今の日本の演劇界の現状だよね。でも、お金のあるなしで作品のよしあしが決まるのではない。

池内　日本の企業のお金の出し方も、すごくおそまつだと思う。額は多いかもしれないけど、なにか一過性で……。

大学で研究所を建てる時とかも、援助の仕方は、ヨーロッパとかと比べるとずっとへたですね。1回やったら脚光を浴びるけど、それで終わっていて、企業も、文化を作る主体になるほどには成熟していない。とくに基礎科学には、金を出そうとはしない。

私は今の日本で、企業などの援助なしでやれるとは思っていません。

また、お金をもらう側も、余計なことにプレッシャーを感じずに、自由に発言できるかどうかも重要ですね。

西堂　日本の演劇の場合、左翼的な人が多かったから、断固としてもらわないというモラルがあった。そこが急速に崩れてしまった。これが恐い。

岸田　それぞれの劇団は、申請する段階で相当考えたと思う。少なくともうちの劇団は、最初はやめようと思った。

如月　芸術と経済の関係が、今世界中でもっとも先鋭的なテーマとなっているのは、日本じゃないかしら。その中で、他の複製可能なジャンルの芸術に比べて、演劇は経済効率の悪いものとしてある。いちばん難しいところに立っているし、だからこそ面白いともいえる。

では私たちが演劇のどこに価値を見い出しているのか、もう少しクリアーになっていけば、お金との付き合いももっとうまくなっていく。

岸田　その仕組みは、みんなで共同に探っていくほうが効果的だということもある。

楫屋　今、無尽蔵にあるかのごとくお金がバラまかれているから、もらう方も戦術がいらな

41　文化振興基金＝芸術文化振興基金。日本の芸術・文化の振興・普及活動を助成する目的で、1990年に設立された。政府からの出資金541億円と民間からの寄付112億円からなり、その運用益を資金援助にあてている。1990年に特殊法人国立劇場が、特殊法人日本芸術文化振興会（2003年独立行政法人に移行）に改組され、そこに基金部が設けられ運用を担っている。助成対象は、現代舞台芸術や美術、伝統芸能、映画製作をはじめ、先駆的・実験的芸術活動、芸術の国際交流、地域文化振興、歴史的集落・町並み保存、伝統工芸・文化財保存技術の伝承など多岐にわたる。対象事業を募集し、専門家の審議により個別事業ごとに助成額を決定している。

い。非常にだるい関係だね。状況は貧しい。結局、お金があってもなくても貧しいということになってしまう（笑）。

如月　では、悪いのは国や企業なのかと問うた時に、もらった側が悪いといわれたら最後だわね。

西堂　もらう側のポリシーが、今試されているんだと思う。

如月　複製がきかず、経済効率の悪い演劇に、なぜこだわり続けるか。

たとえば、私は作品を完成させることより、作る過程の方に関心がある。ひとつのモチーフをめぐって俳優との間に生まれる往復運動があって、そのなかで自分が変化していけるから演劇をやっているようなところがある。その結果が作品となり、今度は観客と舞台のあいだで往復運動が起こる。だから、映画やテレビのように、大量の観客に向かうのは望んでない。

ダイアローグの戦略でいく今回の会議も、一対一で話し合ったりする過程が、演劇をやることと同じような意味あいを持ちえるのではないか。だからこそ、この会議をやりたい。

西堂　そういう考え方の人は、非常に少数ながらいて、ここでの集まりは出会うべくして出会えている。でも、その外側にいる人たちをきっちり見なくちゃいけない。そこに向けての言語を、どう出せるかだと思うんだ。

如月　私自身、今まで閉じていた部分を変えよう、新しい言葉を手に入れようとこの集まりを始めたのだから、こちらから一方的に呼び掛けるという形はとりづらい。どういう新しい言葉が会議から生まれるか、壮大な実験だと思っている。

西堂　60年代の演劇の運動と異なるのは、そこだろうね。まずマニフェストを打ち出して、それを理解しなければいけないというやり方とは、明らかに違う。

この座談会が掲載されているニュースレターの英語面には「MANIFESTO」が掲載されている。マニフェストを打ち出すという身振り自体がもつニュアンスはお互いのコンテクストごとに異なるのだろう。

如月　やりながら変わろうという発想ね。啓蒙するのではなくて、一緒に変わりたいということなんです。

松井　会議までの途中で、今日話したことにどんな変化が起きているか、もう一度討論してみたい。では、次の機会を楽しみに、今日は終わります。

VIII

絶対演劇

『絶対演劇への入射角』を読む

演劇は演劇である　動く

［解題］

「演劇は何とかである」「演劇は何とかか」「演劇は何とかでない」と言ったり言われたりするのをやめるなら、「演劇は演劇である」と言って、それだけに注目するしかない（仮に「演劇は演劇でない」と言っても単に意味がない）。絶対演劇はそれである。「絶対演劇とは演劇における形式をめぐる思考である」［海上1992］とまずは言える。

絶対演劇の上演は再現である。では絶対演劇の上演は何を再現するのか。再現を切り詰めて考えれば、再現するものと再現されるものの二つであると言うことができる。上演が再現するものであれば、再現されるものは何か。それは絶対演劇の上演に対しては必ず先だってあるものである。それは〈意味〉や〈形式〉や〈名〉と言われるものであり、絶対演劇はそれを〈上演の形式〉と仮称する。絶対演劇が再現するのはこの〈上演の形式〉である。［海上1992］

とくに内在的な解釈は必要としない。演劇にコンテクストがあるとするならばこうした方法はとられてよいはずである。［海上1991a］

海上宏美のオスト・オルガン[1]は、上演の方法をすべて事前に説明する。そして、上演とシンポジウムを並置する。メタシアター、演劇についての演劇でも、演劇のための演劇でもないし、シンポジウムは上演の内容を云々することはない。フォーラムシアター[2]とも、教材劇[3]とも異なる。

本章に再録したシンポジウムは、1991年10月のオスト・オルガン『HAMLETMASCHINE PARATAXIS』にて、同名の公演と『クラップの最後のテープ』とに並置されたもの[4]。シンポジウム実施時は「空白に隣接するもの」と題され、『絶対演劇』(1992)に収録される際に「絶対演劇への入射角」へとタイトルが改められた。絶対演劇派[5]の、結成前夜。演出家の海

---

1 オスト・オルガン＝OST-ORGAN―1987年結成。「[絶対演劇]の補遺として批評的かつ肯定的な演劇の上演を試みる」[七ツ寺1999]。主な上演に『Voiceの横断』(1988)、『DIE HAMLETMASCHINE』(1991)、『PARATAXIS』(1993―1994)、『分かれて二になる―聴く演劇2』(1997)など。2000年に解散。

2 フォーラムシアター＝第V章参照。

3 教材劇＝教育劇(第VI章註10)の別訳。[里見1990]が言及している[野村1988]なども参照。

4 並置されたもの＝本章解題は、このシンポジウムを主催したオスト・オルガンの資料に主に依っている。『HAMLETMASCHINE PARATAXIS』『クラップの最後のテープ』については本章註40参照。

5 絶対演劇派＝八戸の豊島重之(モレキュラー・シアター)、東京の清水唯史(クアトロ・ガトス)、名古屋の海上宏美(オスト・オルガン)が1991年11月に「絶対演劇派」を結成した([豊島1992]参照)。相次いでそれぞれの「絶対演劇宣言」を執筆しており、1992年3月には「絶対演劇フェスティバル」を開催。当シンポジウムが収録されたパンフレット『絶対演劇』(1992)はこのフェスティバルにあわせて発行された。

上・豊島と、詩人の瀬尾、「絶対演劇」を名付けた[6]哲学者の井澤、計4名が登壇している。オスト・オルガンは、1996年まで「パラタクシス（Parataxis）」という語をタイトルに含む公演を続けることになる。

「taxis＝タクシス」とは、系統だった配列・分類・統辞法のこと。生物学では、外的刺激に対する一定の反応・運動を「走性《そうせい》」と言う。光刺激に反応してその方向へと体動する生物特性を「photo-taxis＝光走性」、それが熱刺激による生物特性なら「thermo-taxis＝熱走性」と言うらしい。それが言語学上は、その叙述がどんなに複雑な構文であっても、一定の言説秩序に基づいていれば「taxonomy＝分類学・系統学」と呼ばれ、博物学・歴史学一般に転用・汎用されている。問題は、接頭辞「para＝副次的・傍系・錯誤・逸脱・異常」を有する点であろう。相異《こと》なる二つの構文を並列する場合、「and・or・yet・however」など接続詞を挿入することによって連結するのが通例なのだが、このパラタクシスにあっては、そうした接続詞が脱落して、ニュアンスの異なる二つの文節が平然と接続するのである。「雨が降っている、私は外出する」というように。「にもかかわらず」なのか「だからこそ」なのか、そこだけでは文意をうかがうことはできない。

［豊島2011］

並列、並置、隣接などと訳されるこの語は、アドルノ[7]が1963年に行なった講演のタイトルとしても知られる［アドルノ2009］。権力的な同一性に帰結するとして弁証法[8]を批判したアドルノだが、彼の否定弁証法も、そしてまたマルクス主義の教条たる弁証法的唯物論[9]をもが、絶対演劇では退けられていると、本シンポジウムから読むこともできる。後者

6 「絶対演劇」を名付けた＝1991年5月のオスト・オルガン『DIE HAMLETMASCHINE――ハムレットマシーン』における受苦性の空虚に関する上演』を受けて、豊島の実践との隣接を論じた際に名付けたもの（［井澤1998］参照）。

7 テオドール・アドルノ＝Theodor W. Adorno｜1903年、ドイツ・フランクフルト生まれ。哲学者、社会学者。1969年没。［アドルノ2009］は、ヘルダーリン（1770－1843）の後期詩作品に関する講演。ハイデガーへの批判であるとともに、「ヘルダーリンの詩の中に、思想詩や機会詩などの伝統的な抒情詩、さらにはドイツ観念論という哲学的伝統をも超えていくような可能性を鮮明に示した」ことで大きな反響を呼んだ［益2016］。

8 弁証法＝古代ギリシャにおいてプラトン（前427頃－前347頃）らが用いた「対話術」に由来するが、近代に入り、ことへーゲル（1770－1831）にいたってその哲学体系のうちにあらためて構築される。ヘーゲルは、「一般に有限なものは自己自身のなかに自己と対立し、矛盾する契機を含んでおり、こうした対立・矛盾を止揚することによって、より高次なものへと発展し、移行するものであることを主張した」［哲学事典］。「ヘーゲルにおいて弁証法は思考および存在の内在的原理とされ、さらに思考と存在の同一性たる「概念」の自己展開に弁証法の本質が求められた」［竹村1998］。

9 弁証法的唯物論＝マルクス（第Ⅲ章註33参照）主義の基礎をなす哲学学説。マルクスらは、ヘーゲルの弁証法を観念的であると批判。「理念的なるものは人間の頭のなかに転移され、翻訳された物質的なるもの」［マルクス2005］とし、「外的世界および人間的思考における運動の一般的法則の科学」［エンゲルス2010］としての弁証法を規定した。こうした立場をのちにスターリン（1878－1953）らが教条化した。

に依拠したり、その乗り越えを目指してきたような演劇は、絶対演劇ではなおさら退けられる。

既存の演劇が、〔例えば規範の〕空虚を隠蔽するように機能しているならばどうすればいいのか、と海上は言う。周辺を周辺たらしめる中心もないような空虚、その隠蔽。

こうした〔空虚な〕圏域は存在する。この圏域から動いて遠ざかること、動いて回避することが重要になる。動かなければそもそも問いは生じない。そのためにもこうした圏域を浮上させることが要請されてくる。〔海上1991b〕

＊

その後「絶対演劇派」三者のうち、オスト・オルガンの海上は2000年に演出家を廃業[10]。クアトロ・ガトス[11]の清水も活動のペースを落とし、2000年代に入ってからは胎児性水俣病患者の支援活動[12]に併走している。モレキュラー・シアター[13]の豊島が相対的には活発に創作を継続している。

10 廃業＝［海上ほか２００５］参照。

11 クアトロ・ガトス＝CUATRO GATOS—１９８７年結成。主な上演・活動に『t, a-blanc』（１９９３）、『diptyque-2』（１９９７）、『12月22日』（２０１５）など。

12 胎児性水俣病患者の支援活動＝対外的な活動としては、ほっとはうす＋CUATRO GATOS『rest／labor 2』（２００８）、「水俣・ほっとはうす・ケアホーム・ワークショップ」（２０１４）など。熊本県水俣市にある施設「ほっとはうす」は、胎児性および小児性の水俣病患者とそのほかの障害をもつ人がともに運営する共同作業所。メンバーが水俣病の問題を語り伝える講義なども行なう。水俣病については第Ⅳ章註38参照。

13 モレキュラー・シアター＝１９８６年、演出家の豊島重之らを中心に八戸を拠点として結成。主な上演に『f／F パラサイト』（１９８６－１９８９）、『トリアス＝三連劇』（１９９４）、『OHIO/CATASTROPHE』（２００６）、『nino-maii にのまい』（２０１４）など。

絶対演劇への入射角

『絶対演劇』（絶対演劇フェスティバル[14]実行委員会、1992）所収
1991年10月6日、山梨県大月市、大月市民会館にて収録

瀬尾育生—せお・いくお—1948年名古屋生まれ。詩人、ドイツ文学。首都大学東京名誉教授。著書に『われわれ自身である寓意—詩は死んだ、詩作せよ』（思潮社、1991）、詩集『らん・らん・らん』（弓立社、1984）など。

井澤賢隆—いざわ・まさたか—1952年長野生まれ。哲学者。早稲田速記医療福祉専門学校専任教員。著書に『学問と悲劇—「ニーチェ」から「絶対演劇」へ』（情況出版、1998）。

豊島重之—としま・しげゆき—1946年八戸生まれ。演出家、精神科医。モレキュラーシアター主宰、ICANOFキュレーター。ダンスバレエリセ豊島舞踊研究所主宰。編著書に『68－72＊世界革命＊展』（ICANOF、2008）など。

海上宏美—うなかみ・ひろみ—1955年福島生まれ。名古屋在住。1987年から2000年までオスト・オルガンの代表を務める。現在は演出家を廃業している。名古屋芸術大学、愛知淑徳大学非常勤講師。

絶対隣接／絶対収容所

海上　きっかけは、HMP（ハイナー・ミュラー[15]・プロジェクト）[16]の「ハムレット・マシーン（HM）[17]は可能か」というパンフレットに独文学者の谷川道子さん[18]が、〃HMの謎を解読せよ、こちらHMP、応答せよ〃というようなことを書かれていて、それに対してオスト・オルガンが上演

14　絶対演劇フェスティバル＝1992年3月14日－22日まで、スタジオ錦糸町（錦糸町西武ザ・プライム内）にて開催。

15　ハイナー・ミュラー＝Heiner Müller―1929年旧東ドイツ生まれ。劇作家、演出家。1951年から劇作を始める。『賃金を抑える者』（1958）はハインリヒ・マン賞を受賞し好評であったが、社会主義の現実を描く『移住者あるいは田舎の生活』（1961）、『建設』（1964）などは政府当局との確執を生み、自作の上演と出版が困難となる。以後古典の改作、翻訳が多くなる。1970－1976年までベルリーナー・アンサンブル（第Ⅲ章）に加入、1992年に芸術監督となる。著書に『闘いなき戦い』（未来社、1993）など。1995年没。

16　HMP（ハイナー・ミュラー・プロジェクト）＝1985年11月号の『ユリイカ』誌に掲載された『ハムレット・マシーン』に触発された西堂行人（第Ⅶ章）が、岸田理生（第Ⅶ章）、内野儀（第Ⅶ章註5）、谷川道子（本章註18）、演出家の鈴木絢士に呼びかけ1990年に結成した研究会。機関紙『われわれにハムレットマシーンは可能か』を、1991年までに全7冊刊行。

17　ハムレット・マシーン＝ハイナー・ミュラー作。西ドイツの演劇雑誌「テアター・ホイテ」1977年12月号初出。1979年パリ初演、1986年ニューヨーク初演（ロバート・ウィルソン演出）を経て、1990年に作者演出による『ハムレット／マシーン』が東ベルリン・ドイツ座で上演された。「私はハムレットだった」と始まり、同じ人物が後には「私はハムレットではない。もう役は演じない」と述べる。一般的な戯曲の体裁を採っていない点も特徴である。『ハイナー・ミュラー・テクスト集1』（未来社、1992）所収。

という形で応答してみたということなんです。大雑把に言えば〝可能か〟という問いに対して〝可能だ〟、〝このように可能だ〟と答えた、それが5月の名古屋上演でした。タイトルは変えてますが、今回も全く同じ作品で、その時は一本だけの上演でしたが、今回はそれにベケットの上演が並置されている点が大きく違うところです。それでシンポジウムのタイトルも「HMに隣接するもの」から「空白に隣接するもの」に変わりました。僕はこの事態を進展と言っていいと捉えていますが、なぜそうなのか、単独上演と並置上演では何が変化したことになるのか。それに伴ってテーマも『HM』から空白へ、そこにある断層とは何なのか。その辺を踏まえながら、まず豊島さんからどうでしょう。

豊島　谷川さんの問いがどういうディスクール[19]かと言うと、上演不可能性の演劇というのが一つあって、その上で、上演・翻訳されなければ意味のないテクストであると、ミュラーの『HM』のことを言ってるんですね。その、意味のない、ということを海上さんは空白だと受け取る。普通、我々はそうはとらない。上演・翻訳されなければ意味がないとは、つまり、上演・翻訳されるべきだ、上演・翻訳されることに意味があるのだと、とるわけです。我々のディスクールというのは、常にそういう反転、倒置によって強化され、また強化したいという密かな欲望に支えられている。解読は常にそのように、ある種メタフォリカル[20]に行われる。しかし、翻訳というのはそうではないらしい。例えば、Bookというのを本と訳す、あるいは書物と訳す。そのことによって我々は、その本とか書物に込められている膨大なコズモロジー[21]まで見てしまうし、全《あら》ゆるコノテーション[22]も読み込んでしまうんですね。ところが、そうではない訳し方もある。それは、Bookというのは文字だという訳し方です。このことでは、殆ど何も言われたことにはならなくて、我々は一瞬そこに立ちすくむ、あるいは狼狽してしまう。Bookとは文字です、文字の列です、文字のマッス〔かたまり〕、あるいは字面です。こういうのを、メタフォリカルに対して、メトニミカルに訳す、という言い方が可能だと思います。

そうした脈絡で、上演・翻訳されなければ意味のないテクストであるという、その、意味のないというところだけに、海上宏美はパラサイトした。意味がないのなら空白だろうと、つまりテクストは意味がない、あるいは上演・翻訳はテクストを解読しないことだとリテラルにとるわけです。しかし、実際には今日の舞台で、決して解読がなされていないわけではないんですね。

18 谷川道子＝1946年生まれ。東京外国語大学名誉教授。専門はドイツ現代演劇、表象文化。著書に『聖母と娼婦を超えて―ブレヒトと女たちの共生』（花伝社、1988）、『ハイナー・ミュラー・マシーン』（未来社、2000）など。共訳書に『ハイナー・ミュラー・テクスト集』全3巻（未来社、1992－1994）など。

19 ディスクール＝言説のこと。なお以後、隠喩や換喩といったキーワードをめぐって（特に豊島が用いる）用語は、フランス現代哲学における構造主義的な議論を（ラカン派を意識した立場から）前提としている。

20 メタフォリカル＝メタファー的。隠喩的。

21 コスモロジー＝文化人類学ではコスモロジーという表記が一般的。文化において、事物や事項が価値付けられる仕方、その、暗黙の体系性、意味的な秩序のこと。

22 コノテーション＝潜在的な、多層的な意味のこと。

確かにメタフォリカルには誤読としか言えないかたちで、しかしメトニミカルには几帳面に非解読しているというか。その辺から「空白に隣接するもの」という課題が出てきたらしい、と。

　でも一方では、前回海上さんが提起した〝受苦性の空虚〟[23]の、その空虚から今回の空白へと横滑りしただけではないのか、と思えるふしもあって。その空虚に対する批判として、私は「隣接に隣接するII」[24]で、解読の果てに翻訳的に到来してくる、いわば逐語的な裂け目として出てくるような〝空虚〟を打ち出してるからです。つまり、空虚を言い直した海上宏美の空白と、私の空虚とはどこがどう違うのか。そこを抜きにして、空白に隣接するものと言われても、私はあまり惹かれない。空白についてなら寧ろ、瀬尾さんの新著『われわれ自身である寓意』に、非常に重要な指摘がなされていて、私が「隣接に隣接するIII」[25]に書いた〝虚を突く、突かれる虚〟ということと、瀬尾さんの空白とがどこかで接触するんじゃないかと期待していますが。まず海上さんは、解読と翻訳ないしはメタファとメトニミーということをどのように考えてるんでしょうか。

海上　解読に入り込めば入り込むほど、テクストが扱いにくくなるだろうと。無際限という名の限界というものを形作るということが、どうしてもあるのではないか。その限界の枠の中で無際限にやってる限り、どこか違う。その時にどうするかということで言えば、メタフォリカルにやるよりはメトニミーという形でやってみてはどうか、あるいは隣接ということでも考えてみてはどうか、ということですが……。

絶対演劇派は、上演を互いに参照・引用しあい、次の上演に向かう。技術や新規性ではなく、コンセプトを参照しあう関係の例は少ない。

豊島　私が言わんとしていることは、何故解読を恐れるのか、ということなんです。早い話が、いくつかミュラーの上演を見た限り、海外からであれ、日本人の上演であれ、みな半端な解読に留まっているとしか思えない。私は「隣接に隣接するⅡ」で、例えばミュラーの『ＭＭ（メディア・マテリアル）』[26]なら『ＭＭ』をこう解読すべきだと、はっきり出してるわけですよ。それは単にひとつの解読ではあるけれども、他の様々な解読とインターテクスチュアリティ[27]を持ってて、しかもそれに対して、どういう批評的な切断ができるかということが最重要課題だからなんです。そのためにも、どんどん解読すべきだ、海上さんが限界と言ったけど、本当にその、解読の限界が露呈する処まで行くべきなんじゃないのかということを、まず最初の時点で言っ

23　前回海上さんが提起した〝受苦性の空虚〟＝オスト・オルガンの前回公演（1991年5月）は『DIE HAMLET MASCHINE――ハムレットマシーンにおける受苦性の空虚に関する上演』と題されていた。
24　隣接に隣接するⅡ＝豊島重之「隣接に隣接する（Ⅱ）―解読＝上演から上演＝翻訳へ―」［オスト・オルガン１９９１］。
25　隣接に隣接するⅢ＝豊島重之「絶対演劇宣言―隣接に隣接する（Ⅲ）―」［オスト・オルガン１９９１］。
26　『メディア・マテリアル』＝１９８３年発表。『ハイナー・ミュラー・テクスト集２』（未来社、１９９３）所収。
27　インターテクスチュアリティ＝間テクスト性。テクスト間の相互作用。

ておきたい。

井澤　私の理解では、海上／オスト・オルガンは隣接という、ひとつの解読をやったと思うんです。メタファ的解釈というのは海上の言葉で言えば、テクストを内在的に解釈するという言い方になる。何故それを批判するのかと言うと、メタファというのは、基本的に二つのものの類似性、二つのものが似ているということから来る繋がりですよね。つまり類似性を根底に置いた比喩だと思う。その比喩を何故使わないのかと言うと、やはり類似性を保証している、ある同一性へと還元されていく流れというものを海上／オスト・オルガンは拒否したいからでしょう。勿論それは豊島さんのモレキュラーのほうも同じで、豊島さんの言葉で言えば、消費のメトニミー[28]ということになるでしょうか。このメトニミーつまり換喩《かんゆ》というのは所謂、類似性ということによる比喩ではないわけです。二つのものがあるとすると、たまたま隣り同士になるとか、まさに隣接性を根底に置いて成り立っている比喩です。つまりたまたま隣り合っているだけであって、内容的に繋がっているということではない。メトニミー的な捉え方においては、それぞれのテクスト自体が、内容的に無化されざるを得ないんです。むしろ、内容ではなく、単にそこに隣接しているという事態の重要性というか。それだけが全面に浮かび上がるということで、今日のオスト・オルガンの思考が成り立っていたように思うんですけど。

海上　あくまで僕は、隣接を問題にしたいのであって、決して解読を恐れているというのでも、解読しては駄目だと言ってるつもりもないんです。前回のシンポジウム[29]ではテーマに挙げながら、隣接については殆ど語られませんでした。それには理由があって、その時の『ハムレット・マシーンにおける受苦性の空虚に関する上演』という上演のタイトルは、上演の内容を示しているのではなく、実は、シンポジウムのほうのテーマの中身を意図したものだったからです。つまり、シンポジウムの内容をそのまま上演のタイトルに置き換える形で、上演とシンポジウムを隣接させるという、それなりの手続きを踏んだ上で、今回の場が設定されたわけです。それで今回の上演は『ハムレット・マシーン・パラタクシス』とタイトルも変えて、パラタクシスつまり隣接そのものを本格的に叩き台にあげるに至った、ということです。

上演に議論やシンポジウムが付随する例は少なくない。だがたいていの場合、議論の例示としての上演、あるいは上演の解説としての議論がなされるだけで、それらを組み合わせることが「有機的」などと呼ばれる。

瀬尾さんは前回、『ＨＭ』をきちんと解釈すれば、隣接ということを取り出せる、というよう

28 消費のメトニミー＝「豊島１９９１・４」参照。
29 前回のシンポジウム＝『DIE HAMLETMASCHINE――ハムレットマシーンにおける受苦性の空虚に関する上演』（前出）に付随するシンポジウムのこと。

な発言をなさっていたと思うんですが。

瀬尾　海上さんが言われているように僕もメトニミーとメタファが排中律的関係[30]になるとは考えていません。メタファが遠心性を強めていって、ある引力圏をふり切ったときにメトニミーに転化すると思う。しかし、メトニミーも本質的には広義のメタファに含まれる。僕が本質的な差異として考えているのはその先で、それがアレゴリー[31]に転化するところですが、ともあれ、そのなかで解釈という作業はもともとメタフォリカルではなくてメトニミカルなものですね。例えばハイナー・ミュラーのテクストの中に、頭脳を外に出してぶら下げて歩いている男、というような箇所があって、それは要するに、隣接ということの原イメージになるんじゃないかということを前に話した記憶があります。そういうことでも読もうとすれば読み込めるんです。なぜなら、テクストというものは本来、解読によって隣接するようにできているからですね。しかし、特にミュラーに関しては、テクストがよく読まれていないということを強く感じています。どうして読まれないのかと言うと、僕が思うに、あれがあまり大したテクストじゃないからだと。井澤さんが今回のパンフレットで、〃ミュラーのテクストは凡庸だ、テクスト全てがそうであるように凡庸だ〃と言われていて、僕は非常に納得するというか、僕だけがそう思うんじゃないっていうことで、とても安心したんですが。

『HM』のテクストを、一番手っ取り早く一義的に解釈できるのは、ハムレットが出てきて「私はハムレットだった」と語る最初の1行目ですね。これは要するに「昔は役者だったけど、今は戯曲家ですよ」ということです。ト書きやセリフが混然一体となって出てくるというのは、ハムレットが書き手になっちゃったからだというふうに理解できる。その中に『ハムレット』の役者たちが出てきたり、作家自身が出てきたりして、それらは書き手のハムレットが創造した人物たちだと理解できてしまうような、わりと簡単な構造を持ってるんです。だから、ハイナー・ミュラーが凄い凄いとHMPの方々が前回盛んに言われていて、僕にはどうもそれが未だに分からない。ちょっとズッコケるような言葉もいくつかあって、例えば〝ハイル・コカコーラ〟[32]っていう一節がある。資本が独裁者になってるという、もの凄く単純なメタファです。こういうのを出してくるのは一体どういう神経なんだ、メイド・イン・東独[33]っていうふうにしか読めないんじゃないか、ということがあって、僕は非常に懐疑的です。

それはともかく、取り敢えず僕はテクストというのは解読されるべきだと思うし、解読が正確になされるならば必ずしもいいテクストでなくてもいいわけです。どんなテクストに対して

30 排中律的関係＝「AかAでないかのいずれかである」ことを求めるような関係。
31 アレゴリー＝寓意。たとえ。ある概念を他の具象的な事柄によって表現すること。
32 ハイル・コカコーラ＝ハイルとは、ドイツ語で万歳のような意味。ハイル・ヒトラーの掛け声は、独裁者ヒトラーを礼賛する敬礼と共になされる。
33 東独＝ドイツ民主共和国。１９４９年、第二次大戦の結果、ソ連の占領下にあったドイツ東側地区、およびベルリン東部に成立した共和国。１９９０年、ドイツ連邦共和国に吸収・統合。

も、解読なり隣接なり、適切な接続が見事になされる、ということはありうるわけですから。海上さんの上演に関しては、隣接ということで、距離が非常によく取れているようであり、くっついてるようでもあり、それなりに納得できる。海上さんの自己解説よりもかえって明晰な感じを僕は舞台から受けました。

豊島　今のお話は、瀬尾さんが前回書かれた「HMのために」[34]をとても説得的にパラフレーズしてくれたと思うんです。そこでは、いわゆる群衆とは全然異質な〃虫としての群衆〃が肯定的にというか能動的に描かれていて、私に言わせれば〃往路としての目線〃からの、非常に強力な「HM批判」になっていた。ところが、今回書かれた「空虚な顔について」[35]のほうは、往路ではなくて帰路なんですね。つまり、何かしら1歩も2歩もひいて、退歩に退歩を重ねた処から、空虚なり空白なりに言及されているような気がする。一見、能動的にも、強力批判のようにもみえない。〃虫〃を見届けていく強い目線ではなく、〃虫〃そのものの弱い目線となってしまっているというか。実はそのことによって却って、根本的な疑義を呈するに至った。つまり、虫の視力でなくては見えないものが、そこに浮上してきていると私は読みとったわけです。その意味で、この二つの文章は、往路と帰路と言ってもいいくらい大きく位相が違ってるんで、そこを見逃すわけにはいかない。

その疑義というのは、なんで上演するわけ？　というものです。つまり、今日の舞台、略して『HMP』、ハイナー・ミュラー・プロジェクトのHMPと期せずして一致したというか(笑)。あるいはＨＭＰ批判としての『ＨＭＰ』というか、つまり、不可能〝性〟とか可能〝性〟とかのレベルでうんぬんしているＨＭＰに対して、海上宏美は、〝可能だ〟と言ってるわけですから、これはもう明瞭なＨＭＰ批判なわけで。まぁ、これ以後、「ＨＭＰ」と言うとオスト・オルガンの上演を指すことになる、というか(笑)。今日の『ＨＭＰ』上演でも明らかにそこに無表情の、受苦的な顔というか、ある種、空虚な顔を見ないわけにはいかないでしょう。同じように、モレキュラーの『Ｓ／Ｓ秘書たち』のブラインド[36]にも、目や耳や口があちこち断片的に出てきて、ブラインド面自体が一つの大きな顔を形成している。内輪ではこれを〝クラム・フェイス〟と呼んでるんですが、その空虚な顔が開くと、まさに〝顔が開く〟んだけど、その向こうに上演らしきものが見通せるという作りなわけです。『ＨＭＰ』しかり『Ｓ／Ｓ』しかり、空虚な顔に立ち会わされる点に変わりはない。どうして、そういうことが成されてしまうのか、もう一歩踏み込んで、上演それ自体が問われている、何故そんなことするわけ？　という……。これはもう、『ＨＭ』批判なんか吹っ飛んじゃうような根本的な疑義だと、これに答えられなかったら、どんな上演もそれこそ〝意味がない〟と、そう私は受け取りました。

34　「ＨＭのために」＝瀬尾育生「ＨＭのために」［オスト・オルガン１９９１］。
35　「空虚な顔について」＝瀬尾育生「空虚な顔について」［オスト・オルガン１９９１］。
36　『Ｓ／Ｓ秘書たち』のブラインド＝舞台正面をすべてブラインドが覆っており、劇中に開閉する。

その瀬尾さんの指摘を自分の課題に引き寄せて言い直せば、上演というのはまず何よりも、映画館の拒否でなくちゃいけない。劇場というのは映画館なんかと違うんだ、映像の持つメタファとか解読の力、それに基づく権力の空間なりエロスの流路なりを拒否するんだと。一口に言えば〝イメージの演劇〟[37]批判です。じゃ、映画館でないなら何なのかと言うと、それこそ〝収容所〟という、もう一つの権力の空間、もう一つの〝もてなし〟の場なんですね。瀬尾さんに収容所だと言われても仕方のない〝もてなし〟を私も海上さんもしている。なんでそういう〝もてなし〟というものが成されるのか。我々が虚を突かれるのは、こういう時です。つまり、人間というのは哲学的言説に出会うと真っ白くなる、あるいは演劇的閉域のターミノロジー[38]に出会うと真っ白くなる。人はいつでも白くなることができる歓びを持ってるのに、その歓びを面と向かって見せられるというのは、いわば、白くなれなくなる事態にポンと収容されたようなものだから、こういう〝収容所のもてなし〟って一体何だろうかという、そういう疑義なんですよ。そこに至って私は、絶対演劇ということで〝退路を断つ〟って言いたいんだけれど、いずれにしろ、そうした根本的な疑義に答えられなかったら、隣接も上演もあったもんじゃない、と思うんですが。

海上　何故空白の顔はさらされなければいけないのか、ということについて、僕は、それがどういう文脈でどういう意味を持つのか、とか考えていく前に、空白の顔あるいは空虚の顔、そういうものがあるだろうということ、この〝ある〟という処にまず拘わるんです。それが何処にあるかは、非常に難しいんですが、舞台なのか、舞台外なのか、ともかく、あるだろうと。ある以上、あってしまう以上、僕はそのことを正しく扱おうという考えなんです。つまりそれを顕在化させるということです。僕が顕在化させると言う時、それは真正面に扱わないということを同時に意味しています。それがなんで上演するのか、という問いに繋がると思いますが、僕としては当然、単なる上演では済まない。ベケット[39]やシンポジウムが並置され、そうした事態を動かしていかないといけなくなるわけで……。

井澤　今回の隣接的な上演形態がそれを明示してるんじゃないかと思う。パンフレットに海上が書いた「HMPの方法」には、『HM』を『クラップ最後のテープ』の方法で上演する[40]とあり

37 イメージの演劇＝70年代に台頭したアメリカの演出家ロバート・ウィルソン（1941−）らの、ビジュアルに特化した作風を称していう。ウィルソンは1986年に『ハムレットマシーン』を演出しており、ミュラーが賞賛する唯一の上演となった。［トムキンズ1987］などを参照。

38 ターミノロジー＝術語、専門用語。

39 ベケット＝Samuel Beckett｜1906年アイルランド生まれ。フランスの作家、劇作家。戯曲に不条理演劇の代表的作品である『ゴドーを待ちながら』（1952）、『勝負の終り』（1957）など。1989年没。

40 『クラップ最後のテープ』の方法で上演する＝「ミュラー解釈にベケットを用いているのではない。単にベケットの方法をそのままそっくり引用しているだけである」「テクストを朗読し録音した録音声を上演テクストとして用いる」［海上1991a］。『クラップの最後のテープ』はベケット作の戯曲、1958年初演。69歳になったクラップは、毎年恒例にしている回顧の吹き込みにとりかかるために、30年前に録音したテープを聴く。テープから流れる39歳の自分の声は、そのさらに10数年前のテープを聴き終えたところだと言う。

ますね。つまり、オスト・オルガンの両作に共通して出てくるテープレコーダーに注目すべきでしょう。これだけハイテク機械がどんどん出て来ている現代においては、もう相当に古い機械であって、何故それを持ち出したのか。大体が、何故テープレコーダーが発明されたのか、どうして録音というものが行われたのか、と考えてみると、これは単なる記録とか反復というようなことではなく、その時々の〈絶対的〉な場というのがあって、勿論それは不可能だと知りながら、その〈絶対性〉を残そうとして登場してきたものではないか。その意味で、海上/オスト・オルガンの試みや、豊島/モレキュラーの試みを一言で言うならば、〈絶対性〉を体現するっていうか、垣間見るっていうか、そういう戦略だという気がする。私はそれを、転倒を承知の上で、〈絶対演劇〉と名づけてみた[41]。そしたら、それを受けて豊島さんが即座に「絶対演劇宣言」[42]を出されてきたので、実は驚いている処なんです。

海上　上演そのものが絶対性ということはあるだろうけど、そのまま言葉として意図されているわけではない。それで隣接ということでやってみたら、こうなったと言うほうが事態に適っているんではないか、ということなんですけれども。

豊島　まぁ、そこは逆倒《ぎゃくとう》していると思うんですよねぇ。

海上　逆倒しているというか、扱う手つきが、そのものを扱うっていう時にはもう、扱えなくなるからやめとこう、ということなんですけど。

豊島　いや、瀬尾さんが言ってるのはね、なんで空虚な顔をさらさなければならないのか、その問いを肯定的な意味ではなく根底的な批判と受けとめるべきだと。何故舞台の上で自らの脳を開いて見せるようなことをしなければいけないのか、ということなんだね。

絶対数/絶対距離

瀬尾　多分、舞台で脳の中を見せることにどういう意味があるのか、演劇と称して空虚な顔をさらすことにどういう意味があるのか、という問いには誰しも答えに詰まるだろうと思います。これまで演劇が成り行きで存在してきた、観客を迎え続けてきた、その迎え方というのがあったわけです。例えば、エロスの流れを観客と共有するとか観客に向かって流すとかいうようなやり方があった。そうすると、一軒の家のように、ホームドラマのようになるということがあるわけです。そうしたことが成り行きとして存在してきてて、舞台の上にあった顔がどんどん空白に変貌していった、という脈絡になりますね。それで今、舞台上に顔が存在するとす

41　〈絶対演劇〉と名づけてみた＝井澤が援用しているわけではないが、ドイツの詩人ゴットフリート・ベン（1886－1956）も「絶対演劇 absolute Bühnenkunst」という概念を一度だけ批評に用いたことがあるという。［溝辺1971］、［山本1972］などを参照。

42　絶対演劇宣言＝本章註25（「隣接に隣接するIII」）のこと。

れば、空白な顔しかあり得ないだろう、ということは非常に分かることです。どうしてかというと、表情というものはある時期以降あきらかに「正義」をつくりだすための政治的技法としても使われてきたからです。そうした脈絡で言えば、今演劇は、表情の空白によってしか可能ではないということもよく分かる。ただ、ひとつの挑発的な問いとして、何故そんなことをするのか、表情は空白になったとしてもそこに存在するのは依然として権力空間ではないのか、ということを言ってみたわけです。

これは、意識して仕掛けた疑問のようなものであって。敢えて言えば僕は、空白な顔とか、観客と舞台の間にある空白というものを如何にして維持できるか、そうすることに根拠があるのかということのほうが、今は寧ろ重要じゃないかと思っているんですが。つまり、それを埋めないということが、どうしたら可能なのかを考えるべきじゃないのかと思うわけです。わけの解らないことが舞台の上で行われている。これは何か非常に難しいことを考えている人がいて、難しいことを舞台上に形象化しているので、非常に難しいと誰もが深刻に考える。従って、何かしら深刻なものとして解読しようとあれこれ言う。それを如何にして拒否するか、空白のままでいいんだと如何に言い切るかってことが、今問題なんじゃないか。どうしてかというと演劇の現出させるものが「正義」から「知の優位」にとってかわるだけだったら何にもならないからです。

簡潔な指摘。

難しいことを解読しなきゃいけない、というような演劇には、ある種古いという感じがつきまとうと思うんですね。空虚がそのまま露出して維持されていれば、そのほうが僕にとってはよく分かる空間だし、新しいと感じる。で、ベケットとミュラーのテクストを読んだ限りでは、どうしてもベケットのほうがはるかに新しいと僕には思えます。豊島さんが、〝ミュラーもブレヒトもベケットの筆名である〟と書かれていて成程と思ったんです。例えば、ミュラーの戯曲に出てくる数を拾い集めてみると、まず〝2〟なんですね、二重身とか二重話法とか二重扉とか。もうひとつは〝3〟です。エディプスの三角形[43]やマルクス、レーニン、マオの三角形[44]など、いくつか出てきます。それと基本にあるのがハムレットですから、“To be or not to be”[45]で、0か1。これで数は全部です。0、1、2、3とは何なのか。0は無、1は全体、2は二元論[46]、

43 エディプスの三角形＝シェイクスピア作の『ハムレット』では、デンマークの王子ハムレットが、父王を毒殺した叔父と不倫の母への復讐を父の亡霊に誓う。父―母―子の物語がエディプス・コンプレックス（男の幼児が母親に対し愛着を持ち、同性の父親に敵意を抱くことで発生する心的表象）の関係性と重なる。

44 マルクス、レーニン、マオの三角形＝「三人の裸形の女―マルクス　レーニン　毛。三人はそれぞれ母国語で同時に次の文をしゃべる、一切の社会機構を転覆させることが必要なのだ!!!」［ミュラー1992］

45 To be or not to be＝『ハムレット』のうちでもっとも知られたセリフ、「生きるべきか死ぬべきか（それが問題だ）」。

3は弁証法です。つまり、これは全体性を構成する数なんです。そういう数で、ミュラーの戯曲はできている。これはすごく〝難しい〟ことを考えているなぁという感じがする。難しく考えている以上、難しく解読しなきゃいけないということがヒシヒシと伝わってくるわけです。だけどそれは〝全体性〟へゆきついてゆきどまりになるような難しさです。

それに対してベケットのほうは、しょっぱなにテープのリールを5番目の引出しから捜し出して7番目のスピードで再生するとか、その時の年齢が39歳で、1年の8万何千分の1分が幸せで、っていうふうに、どんどん展開して行く。そのことだけ考えても舞台の上を空虚にする装置として、如何に数字が緻密に選ばれているかが分かる。1とか2とかはないんです。全部、中間の数というか、空虚な数というか、移りゆく途中の数なんですね。これをリアルな演劇として観たとしても、舞台空間は空虚に見えるだろうと思います。要するに僕は、空虚というものを如何にして空虚のまま維持できるか、思考や倫理や問いとかを入れずに、なんとかして空虚のままで強く維持できないかということが、課題だと考えているんですね。

豊島　井澤さんの絶対性という言葉を私流に翻訳し直すとすれば、退路を断つということしかないんじゃないか、という気がしています。我々はどこまで戻ることができるんだろうか。それは、起源とか根源というような場所に戻ることではなく、根拠とか無根拠っていう問題でもないし。もっと白くなって言えば、人間って一瞬一瞬上演してるんじゃないか、あるいはどんなに絶望的に見えても、それは希望なんじゃないか、とかね。食べて排泄することだけを考えても、積極的な能動的な行動しかなくて、どこに受動性があるんだろうってことですね。ある種の上演やこの種の上演というようなことを言ってるのではなく、上演というものが成されてしまうことに、我々はいつも立ち尽くすべきであると言いたい。それのみが、絶対性という言葉に翻訳されうる、何かしらだと。

一方、我々はある上演に対していつも、もう一つの上演を考えてしまう。あるいは古いものがあると新しいものを考えちゃう。それから、権力に対して、反権力を意図したわけではなくても、反権力になってしまうような空間を作ってしまう。そんなふうに、もう一つの位相、もう一つの次元、もう一つの世界みたいなことでやってる、それは根本的な間違いなんじゃないか。それもまた退路だからです。もう一つの世界なんてないんだ、無意識がないのと同じように、もう一つの権力の空間なんて基本的にないと思うんです。白さの意味を押さえない限りね、人は、すぐさま白さをすっとばして、もう一つの思考にた易く移ってしまうものですから。

常に「対案」を考えてしまうようなオルタナティブ主義、ひいては可能的なものの不徹底な維持（「現実的」にありうることしか起こらない）、それらを拒絶する。

46　二元論＝世界や事象を、二つの相互に独立の根本原理によって説明する立場。光と闇、天と地、善神と悪神、デカルトの精神と物質などの対立にみられる。

井澤　白さ[47]の意味について、私は〈実定的肯定性〉[48]なんていう言葉を使っているんですが。権力に対して反権力というのは、否定性の論理ですね。逆の論理を対置することによって、さっきの空虚な顔で言えば、空虚さを埋めるものとして作用するものですね。隣接とはまさに空虚をそのままにする、ということだと思う。海上がとっている隣接の方法は、ある質的な距離が意識されていて、例えば今日の上演にしても肉声が出てこない。それが録音音声やノイズで表されることによって『ＨＭ』というテクストから非常にスリリングな距離を置いている。私は否定性の代わりに〈盲目性〉という言葉を持ち込みました。そこにあるものがそのもののままでありうるという処に、実はそのものの盲目性自体が、空虚と言ってもいいんですが、体現しているという気がするわけです。で、海上／オスト・オルガンの今回の録音音声に関してですが、録音音声は聞こえるだけであって目に見ることはできない。しかし、見ることはできないが、現にそこに存在しているということで、ひとつの盲目的な在り方を体現している感じがするんです。豊島さんのブラインドも、まさに盲目性そのものであって、舞台全面を覆ったブラインドに空虚な顔が現れると仰言《おっしゃ》ったんですけど、それ自体は実定的肯定性としてあるのに、我々には見えない。見えないというのは、やっぱり内在的な解釈の次元に立ち入っているから見えないんであって、解釈をしなければそこに体現できているものだということです。

海上　その盲目性というものと、例えば距離という言葉を使った時にどういう……。

井澤　『クラップ』の上演にしろ『ＨＭＰ』上演にしろ、正確には隣接というより、そこには決定的な断絶がある。それが退路を断つという言い方にもなるんでしょう。モレキュラーにしてもオスト・オルガンにしても、意識的だと思うんですが、それぞれの演劇は断絶というものを孕《はら》んでいる。退路のないものとして屹立《きつりつ》していると言いますか、それが距離ということだと思うんです。質的な距離ですね。この距離は、横にある距離ではなくて、豊島さんの〝〈いま・ここ〉から出でよ〟の〝出でよ〟ではなくて、〈いま・ここ〉からまさに抜け落ちている縦の距離と言いますか。縦であるだけに、見晴らしがきかない。そういう意味において盲目的にならざるを得ない、というような……。

豊島　それはつまり、距離が蒸発するということではないんですか？

井澤　いや、絶対的な距離があるということ。しかも横ではなく縦の距離なんですね。

豊島　その絶対的な距離は、先程、瀬尾さんが仰言った中間の数、途上の数、空虚な数というような、敢えて言うならば〈絶対数〉という言葉に繋がるものですか？

47　白さ＝原文では「広さ」となっている。

48　実定的肯定性＝否定性を媒介しない、Positiveな肯定性という含意が推測できる。通例Positiveは実証的と訳されるが、特にフーコー（1926－1984）などの著作において訳語がそぐわないと判断された場合、実定的という語が用いられることがある。実証的とは、「架空の想像や単に考えられたものにたいして、事実的なもの〔を〕いう。現在普通にはこの意味でもちいる。同時に「実効ある」もの、「有用」なものという意味もくわわっている」〔哲学事典〕。

井澤　絶対数と言えるかどうか……。

豊島　勿論、数学的な意味での絶対数ではなくて、いわば何の意味もない、無意味ですらない数を強調して絶対数と呼びたいという……。

井澤　ひとつひとつの数字自体に拘わる必要はないと思うんですけど。瀬尾さんが『ＨＭ』から0、1、2、3を抽き出したんですが、クアトロ・ガトスの清水さんは非在の第四面は可能かといった問いかけにおいて4という数字を出してきてもいるし。ただ、絶対数のイメージを数字で言えば、私は0だと思うんですけどね。

豊島　空虚を空虚のままに維持しておくっていうのは、放っとけば、何か別のものに変わってゆくわけで、そういう空虚と井澤さんの仰言る0というのは、響き合うんですか？

井澤　響き合っていると思います。0は放っておけば、1に還元されていきますね。そこに同一性の問題がある。それでありながら、なおかつトートロジィ[49]の戦略を出してみたい。逆説的にそこにある種の肯定性みたいなものが出るんじゃないかと。

海上　今のトートロジィと絶対距離が横の距離とは違うということと、同じだと考えていいわけですか？

井澤　今日の『ＨＭＰ』で言えば、完璧に肉声が排除されているわけですよね。その肉声の排除と、基本的に単純な動作の反復、スピーカーを背負って、敷居を綱渡りしていくとかの二面性が興味深いなぁと。肉声を排除するというのは、声そのものになっているということだと思うんですね。我々は普通、声を声として捉えない。音という意味を含めても、基本的に意味として捉えるというか、あるセリフが出ると意味を掴もうとする。そういう過程を排除しているんじゃないかと思うんです。そこに、何が現れてくるかと言うと、声は声である、音は音であるというトートロジィだという気がするんです。このことで何を言おうとしているのかというと、我々は意味だとか内包するもの、あるいはイメージだとかに捉われているが、実はそういうものは最初からあるわけではない。ある音が発せられた時に初めて、その意味内容物というものが後から出てくるという在り方ですね。こういう在り方を録音音声やノイズを使って言ってるんじゃないかと。音として提示する以外にない、ギリギリのトートロジィですよね。トートロジィというのは1となることによって、ある種の権力という処に還元されていく、収斂されていく、その一番の根拠だと思う。しかし、その転倒性を逆にギリギリのトートロジィによって示していくところに実定的肯定性というか、絶対性が体現されてくるのではないかと思うんです。

海上　さっき、豊島さんの仰言った権力の空間は一つしかない、ということと、今の井澤さんの話と脈絡がありましたら、お尋《き》きしたいんですが。

豊島　もう一つの空間であれ権力であれ、もう一つの上演だろうが何だろうが、そういう言い

49　トートロジー＝同語反復。

方で了解しないこと。それがもう、最低限のことだと思います。だとしたら、否定的ではなく肯定的に捉え返されたトートロジィの戦略しかないでしょう。

海上　瀬尾さんの文章と豊島さん、井澤さんの話をどういう脈絡で考えたらいいのか、ちょっと分かりにくいんですが。

瀬尾　声そのもの、文字そのものにむかって接近して行くと考えると、結局、意味の空白をそこに作り出すっていう考え方になってしまう。それはつまり、空白を維持するために、空白を現前させる、体現してみせるっていうことになると思うんです。現実にそう読めないことはないし、オスト・オルガンの舞台もそう読むことはできるし、そう考えれば分かり易いとも言える。しかし僕が思ってるのは、空白を維持するために空白を現前させる、体現するっていうのは、ちょっと遅くなるんじゃないかということなんです。時差みたいなのがあって、必ず追いかける姿勢になってしまうので、これは手遅れになるんじゃないか。必ず補われるし、充填されてしまうだろうという感じを持っていて、つまり、空白0を現前させるという姿勢は違うんじゃないかと思うわけです。例えば、テープを使いますね、クラップが自分の〈いま・ここ〉を記録する。欲望としては、それを絶対性として保存したい。だけど、あの舞台が証明してるのは、〈いま・ここ〉の絶対性というのは不可能だということなんです。〈いま・ここ〉の絶対性って喋ったのが、39歳のたまたま健康で恋人同士だった時期のことだった、というふうになってしまう。絶対性というものを現前させようとしても、体現しようと思っても消えちゃうということが、あそこで見るべきことなのであって、空白を維持するために、現前させるとか体現するとかでは手遅れになるという感じを僕はもつんです。

あの、僕は演劇の文脈を知って言ってるわけではなく、詩を書いたり読んだりしている人間のほうからの応用問題として考えているだけなのですが、たとえば39歳の何月何日から始まって何月何日に終わるというような歩き方っていうか、4から始まって5.5に行って終わる、逆に11から始まって9で終わるような歩き方っていうのが、これがそのまま絶対性であると言えない限りは、抜け道はないんじゃないかということなんです。0を絶対性とみなしたり、1を現前と考えたりということでは、手遅れになる。僕らが生きている時には、5から6や7へ動いたり、8を分かるために、11まで分かっていたものが9まで戻るように分からなくなるというようなことをしてるわけで、それを直接、絶対性として打ち出せなければ、必ず空白は何らかの思考なり問いなりで埋まっちゃうんじゃないか、というようなことです。

豊島　それは、私のコンテクストでは、我々は、とことん禁止することはできない、何処まで行ってもついに禁止し得ないっていうこと、従って残された道は、禁止を禁止してみせるやり方しかない、この禁止の禁止っていうのが多分、空虚な顔をさらすということに繋がっていくんじゃないか。その意味で、収容所も演劇もまた〝演劇の収容所性〟として肯定的に捉え返していけるんじゃないか、ということなんですが。

絶対遅延／絶対引用

井澤　瀬尾さんが仰言る〝遅れ〟ということですが、私は絶対性はやっぱりあると思うんですね。それは遅れとしてあるんじゃなくて、いま、ここにあるものだと思うんですよ。それに対して遅れるというのは、基本的に内在的な解釈のような感じがするんですね。デコンストラクションにしても最終的には遅れに直面してしまう。そうではなく断絶ということです。断絶として反復されているという、そこに実定的肯定性が現れているのではないかと思うんです、勿論、それは見ることはできないんですけども。

豊島　ベケットの演劇以降、恐怖ドラマであれホームドラマであれ、実は収容所の演劇と称するものはどんどん登場したんです。それに対して、我々がもう一つの収容所の演劇と見られてしまう事態にあることはあるんだけど、それも〝遅れている〟ということになるでしょう。観客というものがいるとして、その了解の中で捉えられれば、その上演は必ず遅れることになるんですよ。で、多分、今日の『ＨＭＰ』も遅れていると思います。そこで、何から遅れているかという処を見せていかないと、まずいという気がする。１９８６年に『ｆ／Ｆパラサイト』をやった時に、最初考えたのは語る演劇ではなく、〝書く演劇〟ということで徹底的に書いていく、カリカリッという音しかないような、そういう上演を考えた。つまり言葉がない、声がない、さらには声そのものになるという〝語らない演劇〟、それでは駄目なんだと思い直したんです。

肉声なしとか、全部録音テープでやるとかなら、誰でも思いつくでしょう。そうじゃなくて、海上宏美の「HMPの方法について」、これで全部で、あと何もない、今日の上演とここに書かれてある処理法で全部済んじゃうという、これは誰もがそうざらに思いつくことではないんですね（笑）。

それが瀬尾さんが言及された明晰さにもなるだろうし。モレキュラーもまたそういうことを考えないでもなかったんだけど、それでも尚且つ、声を発するに至った経緯があるんですよ。どういう問題に直面したか。最終的に我々は、食べることであれ何であれ、ついに禁止し得ない、禁止し尽くすことができないと思った時に、禁止の禁止ということに体の向きを変えていく、そういう折り返し点があったと思うんですよ。それは本当に白くならないと考えつかないことで。そうでないなら簡単です。声を奪うでも何でも、演劇の様々なエレメントを全部奪っていけばいいんです。そういう方法はミニマルアート[50]でもプライマリィ・ストラクチャー[51]でもアール・ポヴェーラ[52]でも、いくらでもある。ただ、演劇が何故かやっていないだけでしょ

50　ミニマルアート＝装飾的趣向を排除し、形態や色彩を最小限に純粋化しようとする表現スタイル。60年代に主にアメリカで展開された。

51　プライマリー・ストラクチャー＝単純な幾何学形態や彩色を特徴とする彫刻の傾向のこと。1966年にニューヨークのジューイッシュ・ミュージアムで開催された「プライマリー・ストラクチャーズ―アメリカとイギリスの若手彫刻家たち」展の名称から展開された概念。

う。それをやったからって白さの事態に気づくとは限らないんだけど。私が『HMP』上演に立ち会った時に、非常に明快な、エロスの流路を断つと言いながら、寧ろエロスを強く感じたわけです。それは想像力の問題じゃなくて、過剰なエロスを感じるだけの明晰さ、明晰でないとエロスなり何なりは出てこないだろうということ。にも関わらず、これも遅れているのだ、と思うんですよ。瀬尾さんの言われた〝遅れ〟ということは、デコンストラクショニズムなんかのデレィとかデフェランス[53]とかの遅れのことではないと思いますが。

瀬尾　そうです。そういう意味ではないんですね。0や1、2、3に対して無限を持ってくることで手当てはできるのか、無限の円環を作るとか、0と1の間に無限の段階を作ってみせるとかの身振りっていうのは、ポスト・モダンでお馴染みのものですが、そういうことを言いたいんじゃないんです。無限大の数に接する時に、我々は外接するしかないんだと思うけど、それにはどうしたらいいのか。時間を切っていけるわけでもないし、0と1の間を切れるわけでもない。だとしたら中間でいいと、5.5から6.5へ動けばいいんだということなんです。7から6へ動いてみせる、その動き方でしか無限に接することはできないんだと、僕は言いたいのです。僕がメタファやメトニミーじゃなくて、アレゴリーだと思ってるのは、そういうことなんです。隣接や代行ではなく、4から5だっていうような数で、つまりまったく無限とは別のものによって僕らは無限に接するんだ、ということを表すのがアレゴリーということなんですが。

僕は豊島さんにちょっと尋きたいなと思っていて。この前、川口で『S／S 秘書たち』[54]を観せてもらった時に、舞台と客席の間を仕切るブラインドは虚構ということではないんだと仰言ってた。つまり、舞台と観客の間に異和を作ったらおしまいだ、演劇が現実を異化[55]したら駄目なんだ、というお話が非常に面白かったんで、その辺のことを尋きたいと……。

豊島　「絶対演劇宣言」の中で〃絶対演劇は、見ること・聴くことの変更それ自体である〃と言いつつ、それじゃあ、上演形式の変更も行われて当然なんですが、にも関わらず私は、〃上演形式の変更はなくもがな[56]である〃と言ってるんですね。観客に異和をかき立てたら、絶対に〃観客〃は出現しないだろう、という基本的な考えがあるんです。こういうロジックが何処から来るのかと言うと、なんでこんなことが行われなければならないのか、という最初の問いにも繋がると思うし、我々は禁止でも、禁止の禁止でも、そのどちらでもあり続けることはできな

52　アルテ・ポーヴェラ＝Arte Povera―60年代後半から70年代前半にかけて確立・展開したイタリアの美術運動。「貧しい芸術」を意味し、新聞紙、木材、石など身の回りの素材を用いた。
53　デレィとかデフェランス＝フランスの哲学者ジャック・デリダ（1939－2004）が用いた「差延 différance」「脱構築 déconstruction」の概念にまつわる語。差延とはデリダによる造語で、記号などがもつ、他との差異とその時間的な遅れを含意する。
54　『S／S 秘書たち』＝1991年、川口総合文化センター・リリアで開催された「川口エジンバラ国際交流フェスティバル」で上演。
55　異化＝第Ⅱ章69頁参照。
56　なくもがな＝なくてもいい。

いという処から来るんだろうと思うんです。

瀬尾　客席と舞台との間に一切の異和が存在しない、異和を喚起しない処に現れる空間というのは、一体どういう構造、仕組みを持つんでしょうか。

豊島　例えばブラインドで仕切る。それによって、忽ち観客は了解するわけです。これは境界であり、内外の反転であり、多孔性の界面であろうと。境界は動いてみせるだろうし、横擦れしたり、あるいは彼方へ彼方へと遠近法を作ってみせるだろうと。そういうことでもって、観客の異和をまず、なし崩しにしておく。そうすると、観客は向こう側で行われる世界の意味なり無意味なりを見ていくことになるでしょう。しかし、それが、見ていくことが何処で保証されるのかというと、ブラインドによってなんですね。どんな場面どんな所作を観ても〝何だ、これは〟っていう時には必ずブラインドに立ち戻る。視線は向こう側にどんどん行くかにみえるんだけど、必ず途中で引き返してくるんですね、ブラインドの処に。極論すると、向こう側には行けないんだよ、ということです。禁止は出来ない、しかし、必ずブラインドに立ち戻るって形で、禁止の禁止にさらされる。そういう、ある種平面的な空間性が狙いのひとつですし、それを全ての上演は遅れているって処まで持って行きたいんですけどね。

井澤　全ての上演は遅れていると言ってもいいとは思うんです。でも、それはやっぱりひとつの意識からみた有り様ですよね。その言説自体はどうなるのか、それ自体も遅れているということになると、言説自体の確定が失われてしまいますよね。そのように言った時の全称命題《ぜんしょう》のトートロジィというか、形而上学的にではないですけど、ある種の遅れでないものを想定した時に、さっきの〝空白〟のようなものなどが仄《ほの》見えると思うんです。トートロジィの戦略と言ったのはそういうことです。そこには、ある種の肯定性があるような気がする。それこそが、実は演劇を成り立たせているのではないか。豊島さんのブラインドの戦略もそこにあるのではないかと思うんですね。ブラインドは仕切りでもなければ、舞台と観客を通底させる危機的な臨界でもなく、ある種の盲目性ではないか。これはキルケゴールの〝あれかこれか〟[58]という言葉から発想したんですが、選択するということは、逆に言えば選択しなかったものに対する盲目性を含まざるを得ない。ある物を選ぶ、ある物に明晰になるということは、それ以外の物に対してブラインドにならざるを得ない、そういう構造のことを言っているんです。これは、否定性とは全然違う。否定性は、基本的に肯定性と共に止揚《しよう》[59]されますから。止揚なんかが絶

57 全称命題＝論理学における表現。命題とは判断の内容を言語で表したもので、「AはBである」という形式をとる。そのうち、一つの集合の元全体に対する主張を全称命題という。「すべてのS（主語）はP（述語）である」「いかなるSもPではない」という形式をとる。

58 『あれかこれか』＝デンマークの思想家、キルケゴール（1813－1855）が1843年に変名で発表した著作。

59 止揚＝ドイツ語の「アウフヘーベン aufheben」の訳。「揚棄」とも。ヘーゲルは原語のもつ「否定する」「高める」「保存する」の三つの意味を含め、弁証法の根本概念とした。事物の発展は矛盾対立によって行なわれるが、その場合一つの要素はほかを否定しはするがまったく捨て去られるのではなく、保存されてより高い次元に引上げられ、一新されて全体のなかに組込まれる。このような働きを止揚という。

対行われない盲目的なものがあるんではないか。何故かというと〝あれかこれか〟という断絶があるからです。

豊島　全ての上演は遅れている、という、そのディスクールさえも遅れているというのは、やはり、ただただ易きに流れてしまうだけのことで。私は、一つの〝突かれた虚〟として、全ての上演は遅れている、そこで言い留めるべきだ、そこに立ちすくむべきだと。多分それが退路を断つということなんじゃないかと思ってるんですが。

瀬尾　僕は、全ての上演は遅れているという言い方をしたんじゃないんです。空白を処理する時に、舞台の上にそれを現前させようという戦略だと手遅れになるんじゃないかと。つまり哲学的言説として言ってないんです。僕ももうちょっとよく考えたらそういう言い方で言えるかもしれませんが、取り敢えず言説性と遅れというようなことでは言ってない。むしろ非常に直接的な状況論的な脈絡で言ってると考えてもらったほうがいい。この数カ月とか、あるいは2―3年とか、東欧の消滅[60]や湾岸戦争[61]と受け取ってもらってもいいんですが、そういう非常に瑣末《さまつ》な、言ってみれば皮相な状況論的脈絡で、空白を現前させようとしても手遅れなんじゃないかと言った、というふうに考えてもらったほうが、僕としては有り難いんですけど……。

豊島　あの、異和を喚起しない上演ということに関連して言えば瀬尾さんはどうなんですか？今回のベケットなり『ＨＭＰ』なりを観て、異和を喚起されるんでしょうか？

瀬尾　そういう語彙では考えなかったと答えるのが、正しいような気がするんですが。
豊島　私は基本的に同和しながら観ていたし、非常にディテールまできちっと抑制して、かつ受苦してやってるなぁという感じで、全く異和など喚起されなかった。このことが何故重要なのかと言うと、その上で、辛うじて見えてくるものがあったりするからです。異和においては決して気づかないこと、あるいは非常に弱い視力でなくては視野に入ってこないもの、と言ってもいいでしょう。同和であればこそ見えてくるもの、どうしても気になる細部というか、それを私は、次の舞台に引用したいと密かに考えてるんですが。
瀬尾　海上さんのところと豊島さんのところで相互引用というのが行われてますよね。豊島さんが〝海上の引用の仕方はけしからん〟と怒ってみたりというようなことが行われているようなんですけど、どういう感じなんでしょう？ 例えば、今日の〝椅子〟がそうだと聞いたんですが。
海上　モレキュラーの『S／S 秘書たち』という作品で、2つずつ並んだ椅子の片方にそれぞれ5人の女優が座って、もう片方の空白の椅子の上で所作をする場面があって、それについて一度豊島さんに問い尋ねたことがあるんです。それでも僕はよく分からなかった。分からない

60　東欧の消滅＝1989年、東欧諸国で民主化運動が起こり、一党独裁体制が崩壊した。1990年に東西ドイツの統一、1991年にソ連解体。
61　湾岸戦争＝1990年、当時フセイン政権のイラクが隣国クウェートに侵攻。併合を一方的に宣言したことに対し、アメリカを中心とする多国籍軍がイラクを撤退させるために起こした戦争。開戦後1カ月余りでイラクを撤退させた。

から引用してるんですね。僕にとっては、よく分かるものは引用する必要がない。そうやって、後々〝何だ、あれは〟と言われるんですが、寧ろそういうふうに言われないといけない、というようなことなんですが。それで、今回のやり方では位置付けが必要でなかったので明記してないし、こういう言い方が当たってるかどうか分からないですけど、個人的なことと言っておきたいところなんです。

豊島　相互引用というのは、まさに相互批判であって。それも私と海上さんとの、ごく私的な格闘ですから、この二人以外には全く開かれていないし、また伝わらなくていいと。ただ、少しだけ伝わるとすれば、相互引用ということで、切断線とか斜線、ハイフンとかカッコが2つの舞台にはっきり見えてくる。そういう形でしか、この上演とあの上演とが拮抗するとか、それこそ隣接するとかいうことはあり得ないだろうと。例えばテクストを引用してやるという方法では、先程の言葉で言えば、完璧に遅れてるんですね。私の場合、既に、上演を引用する、というほうに力点が移っている。少なくとも私にとって、テクストを引用するっていうのは、単に異和を喚起しないためのものです。寧ろ、今日の『ＨＭＰ』が如何に遅れているかを次の自分たちの上演で示したい、多分それが相互引用ということになると思うんです。

絶対演劇派の拠点はそれぞれ八戸、名古屋、東京であり、近場ではないことを思い出しておきたい。

〃1つが空白の2つの椅子〃ってことも「絶対演劇宣言」に書いた、井澤さんの考えとちょうど正反対の、縦の2を横の2にする戦略なんですね。〃横の2〃はここに前方への反復と書かれてるものだし、二重性を二度性に変えるということです。そういうふうに2つの椅子が提示されるんですが、その提示のされ方にしても異和を決して喚起してはならない。だから、その前に椅子を並べる場面が設定される、如何にも偶然のように、あるいは辻褄合わせのように、5ペアの2つの椅子が成立する。なだらかな時間が過ぎていき、誰もこのことを深刻に捉えない。捉えないようにこちらは作るわけです。ところが、オスト・オルガンの『HMP』では突然ボンッと2つの椅子がある。すると、何だか意味ありげに見えるから、こちらは非常に異和を喚起することになりますね。決して異和を喚起してはならない、というのがモレキュラー流のモティベーションです。繰り返して言えば、我々が『f/F パラサイト』をやろうとした時に、全編カフカ[62]の手紙[63]ですから、当然声ではなく書く音だけでやろうとして、ある〃白さの事

62 カフカ＝Franz Kafka｜1883年プラハ生まれ。小説家。日常にひそむ生の不条理を描いた。著書に『変身』(1915)、『審判』(1926)など。1924年没。

63 全編カフカの手紙＝『f/F パラサイト』は、カフカによる『フェリーツェへの手紙』(邦訳は新潮社、1981など)をもとにしている。

64 順列＝異なる数個のものを順序づけて1列に並べたもの、またその仕方。

65 バラシ＝劇場の大道具や機材を分解し、元の状態に戻すこと。

態〟に出会った、そこから折り返すわけです。折り返すということが重要なんです。その上で、折り返しがないということを上演で言うことが、非常に重要なんだと思っています。それが、あの2つの椅子の意味ですね。

先程のベケット上演にも同じことが言える。最初にテープ再生のナレーションでテクストが全部読まれてしまって、その後にサイレントの録音が始まる。そこで、アッと思う人だけが気づく、その折り返しの問題が出てくるんです。例えば、今日の場合、ベケットの次に『HMP』という順序で上演されたわけですが、これが逆だったらどうなのか。そこで、往路と帰路というものが、実はどう処理されなければならなかったのかという問題に突き当たるんだと思います。

——順列[64]で試せることはある。

あの作品がオスト・オルガンの『HMP』より優れているとすれば、縦の2を横の2にする、そこだろうと。異和を喚起しないように作られてるし、誰もがすんなり了解しうる。にも関わらず、我々の虚を突いてやまない。そこに大きな鍵があるというように思います。

海上　バラシ[65]の時間にくいこんできましたので、この辺で。長時間おつきあい下さって有難うございました。

おわりに

これを使って、若い人とここから一緒に学んでいくためにまとめた。題材がいいので、それぞれ自分が関わる集まりの奥行きを更新してもらうには、用を満たすと思う。

けっきょくは選びきるしかない。だがクイズではないので選択肢はない。しかしあなたの動きは逆張りの繰り返しで、飛び石を渡るように選ばされたものではないか。いったい何がこうさせているのか、そういう読み方もできる本になっているかと思う。ここで触れられているようなことを、誰がどう言い落としているか。本書も触れなかったことは多い。研究と実践の乖離という現実は、日本国内の演劇分野については基本的に実践側へ分類される担い手の怠慢ゆえだと思うので、そのはしくれとして、少しでもあいだを取りもてるならばうれしい。内容については、誤りの指摘もだが、それでこれをどうするんだ、などの批判もうけたい。

発表されたばかりの新作を本書の表紙に提供してくださった千葉正也さん[1]、校正にご協力をいただいた須川渡さんをはじめとするみなさまに感謝と、なによりも、再録をこころよく認めてくださった関係者の方々に御礼を申し上げたい。

またこの本は、私が属する「サハ」メンバーの協働によってつくりあげられたものである[2]。

いろいろどうもありがとう。

支倉《はせくら》焼[3]を食べながら

1　千葉正也＝1980年神奈川生まれ。画家。多摩美術大学卒業。主な個展に「Pork Park」（2016）、「生きていたから見れた素晴らしい世界」（2011）などがある。

2　サハ＝プロフィール（327頁）を参照。

3　支倉焼＝仙台の銘菓。くるみ入りの白あんをさっくりとした生地で包んだ洋風和菓子。仙台藩の慶長遣欧使節副使であった支倉六右ェ門《ろくえもん》常長《つねなが》を記念して名付けられた。発売の5年後である1963年以降現在に至るまで、ふじや千舟は支倉焼だけを取り扱っている。

文献表

—はじめに

—内野儀『「J演劇」の場所—トランスナショナルな移動性《モビリティ》へ』東京大学出版会、２０１６
—岡田利規・野田秀樹「いま小劇場演劇であるということ—時代的に、空間的に」『ユリイカ』青土社、2013年1月号
—佐藤郁哉『現代演劇のフィールドワーク—芸術生産の文化社会学』東京大学出版会、１９９９
—髙橋かおり「社会人演劇実践者のアイデンティティ—質の追求と仕事との両立をめぐって」『ソシオロゴス』（第39号）ソシオロゴス編集委員会、２０１５
—田村公人『都市の舞台俳優たち—アーバニズムの下位文化理論の検証に向かって』ハーベスト社、２０１５
—富永京子『社会運動のサブカルチャー化—G8サミット抗議行動の経験分析』せりか書房、２０１６
—富永京子『社会運動と若者—日常と出来事を往還する政治』ナカニシヤ出版、２０１７
—藤田直哉編『地域アート—美学／制度／日本』堀之内出版、２０１６

—Ⅰ

—身体障害

—銀河叛乱・序説 を読む

—荒井裕樹『差別されてる自覚はあるか—横田弘と青い芝の会「行動綱領」』現代書館、２０１７
—伊藤伸一・沼尻恵子「建築設計標準「劇場、競技場等の客席・観覧席を有する施設に関する追補版」について」『JICE report: Report of Japan Institute of Construction Engineering』（28）国土技術研究センター、２０１５
—伊藤政則『目撃証言—ヘヴィ・メタルの肖像』学研プラス、２０１３

―大野更紗・尾上浩二・熊谷晋一郎・小泉浩子・矢吹文敏・渡邉琢「座談会 障害者運動のバトンをつなぐ」『障害者運動のバトンをつなぐ』生活書院、２０１６
―金満里『生きることのはじまり』筑摩書房、１９９６
―金満里「舞う身体、這う身体」『身体をめぐるレッスン １ 夢みる身体』岩波書店、２００６
―金満里「ケアされる身体」『ケアその思想と実践 ３ ケアされること』岩波書店、２００８（a）
―金満里「身体障害者劇団・態変の「魂の表現」」『別冊宝島「いのち」とは何か？』宝島社、２００８（b）
―金満里・崎山政毅・細見和之「瞬間のかたち―劇団「態変」の軌跡」『現代思想』青土社、１９９８年2月号
―熊谷晋一郎「「回復」と「代償」のあいだ―身体変容によって生じるコンフリクト」『バリアフリー・コンフリクト』東京大学出版会、２０１２
―熊谷晋一郎「コラム 脳性まひリハビリテーションの戦後史」『リハビリの夜』医学書院、２００９
―白田幸治「障害の社会モデルは解放の思想か？―精神障害のとらえがたさをめぐって」『Core Ethics』（Vol.10）立命館大学大学院先端総合学術研究科、２０１４
―杉野昭博『障害学―理論形成と射程』東京大学出版会、２００７
―立岩真也「自立生活運動」庄司洋子・木下康仁・武川正吾・藤村正之編『福祉社会辞典』弘文堂、１９９９
―立岩真也・堀田義太郎『差異と平等―障害とケア／有償と無償』青土社、２０１２
―星加良司『障害とは何か―ディスアビリティの社会理論に向けて』生活書院、２００７
―前田拓也「他人の暮らしに上がりこむ―身体障害者の自立生活と介助者の経験」『理論と動態』（第8号）社会理論・動態研究所、２０１５
―横田弘編『否定されるいのちからの問い―脳性マヒ者として生きて 横田弘対談集』現代書館、２００４
―渡邉琢『介助者たちは、どう生きていくのか―障害者の地域自立生活と介助という営み』生活書院、２０１１

Ⅱ 学芸会――構成劇の可能性――を読む

―菅孝行『想像力の社会史―作劇の時間構造』未来社、1983

―木下順二・鶴見和子編『母の歴史―日本の女の一生』河出書房、1954

―祖父江昭二「新劇」『日本大百科全書』小学館、1994（ジャパンナレッジ 最終アクセス2018年9月8日）

―鶴見俊輔『限界芸術論』勁草書房、1967のちちくま学芸文庫、1999

―「日本演劇教育連盟」（http://enkyoren.sakura.ne.jp/enkyoren.html/ 最終アクセス2018年9月8日）

―畑中小百合「一九五〇年代の学校劇の展開―生活綴方運動とのかかわりから」『日本学報』（第21号）大阪大学、2002

―福田善之「あとがきにかえて」『真田風雲録』三一書房、1963

―湯山厚『教師の仕事〈12〉学級づくりの仕事』明治図書出版、1959

―湯山厚「つめなしねこなんかこわくない」『学級全員のための学校劇選集 中級』（日本演劇教育連盟編）国土社、1960

―湯山厚「十円玉が落ちていた」『演劇と教育』晩成書房、1965年5月号

―湯山厚「主人公は誰だ」『演劇と教育』晩成書房、1968年5月号

―湯山厚編『構成劇のつくりかた』晩成書房、1985

―湯山厚「ジョンはぼくたち、わたしたちの手で」日本演劇教育連盟編『演劇教育実践シリーズ11 構成劇／野外劇／紙芝居』晩成書房、1988

―湯山厚・神奈川松田小学校4年1組「コロの物語」『演劇と教育』晩成書房、1960年5月号

―湯山厚・村田栄一「生活綴方と演劇の握手、主人公は誰だったのか」『いま語る戦後教育』三一書房、1996

Ⅲ

観客組織

「芝居を心から楽しむ」運動のなかで を読む

—阿部文勇・菅井幸雄編『労演運動』未来社、1970

—阿部文勇「全国労演10年をふりかえって、いま」『テアトロ』カモミール社、1973年9月号

—天野正子『「つきあい」の戦後史—サークル・ネットワークの拓く地平』吉川弘文館、2005

—今西一「京大天皇事件前後の学生運動（上）（中）（下）」『燎原』（第223−225号）燎原社、2016

—宇野田尚哉・川口隆行・坂口博・鳥羽耕史・中谷いずみ・道場親信編『「サークルの時代」を読む—戦後文化運動研究への招待』影書房、2016

—木下順二「何よりも創造的に」『大阪労演』1964年2月号

—倉林誠一郎『戦後新劇を考える—新劇製作者の手記』レクラム社、1983

—神谷国善『サークル活動の理論と実際』新日本出版社、1984

—里見実『ラテンアメリカの新しい伝統—〈場の文化〉のために』晶文社、1990

—塩崎賢明・出口俊一・西川榮一・兵庫県震災復興研究センター編『大震災100の教訓』クリエイツかもがわ、2002

—思想の科学研究会編『共同研究集団—サークルの戦後思想史』平凡社、1976

—島弘之「〈感想〉というジャンル」『〈感想〉というジャンル』筑摩書房、1989（初出『群像』1987年2月号）

—前進座『グラフ前進座—創立70周年記念』前進座、2001

—津上伸「サークルにおける演劇の位置」阿部文勇・菅井幸雄編『労演運動』未来社、1970

—平田康「35000人に広がった住民運動—神戸に吹いた民主主義の新しい風—神戸空港・住民投票問題」『住民と自治』自治体研究社、1999年2月号

—平田康・竹山清明・宮本憲一『市民がつくる文化のまち・神戸』労働旬報社、1993

Ⅳ

地域演劇
川村光夫の劇世界 を読む

—ヴァルター・ベンヤミン「歴史の概念について」野村修編訳『ベンヤミンの仕事2 ボードレール 他五篇』岩波書店、１９９４
—「鴻英良×海上宏美—対談①」『批評誌クアトロガトス』(第1号)批評誌クアトロガトス、２００５
—川村光夫「川村光夫から下村正夫への書簡」劇団ぶどう座所蔵、１９７４
—川村光夫「地域演劇としての宮沢賢治」『テアトロ』カモミール社、１９８２年６月号
—川村光夫『素顔をさらす俳優たち』晩成書房、１９８７
—川村光夫「「うたよみざる」の場合」『悲劇喜劇』早川書房、１９９３年12月号
—川村光夫「昔語りの系譜」『悲劇喜劇』早川書房、１９９５年７月号
—川村光夫「わが演劇は自給自足なり—一九四五年から八一年の「うたよみざる」まで」『悲劇喜劇』早川書房、１９９８年６月号
—川村光夫『宮沢賢治の劇世界』『宮沢賢治の劇世界』刊行委員会、２０１１
—須川渡「戦後日本におけるコミュニティ・シアターの形成と展開」大阪大学大学院提出博士学位論文、２０１６
—マンフレッド・ウエクウェルト『演劇と科学』ブレヒトの会、１９７３
—山田民雄「村の土壌に根を下ろした演劇活動—岩手県湯田村・サークルぶどう座の公演を観る」『演劇と教育』国土社、１９６０年2月号(日本演劇教育連盟編『演劇教育実践シリーズ16 社会教育と演劇／学生の児童文化運動』晩成書房、１９８８に所収)

Ⅴ

第三世界
コラージュ・二十世紀民衆演劇語録 を読む

—'83ＡＴＦ実行委員会「特集 民衆演劇運動の地平—'83アジア民衆演劇会議にむけて」『新日本文学』新日本文学会、１９８３年8月号

—AALA文化会議実行委員会「民衆の文化が世界を変えるために（AALA文化会議基調報告）」『新日本文学』新日本文学会、1981年11月号

—Marie Seton『Sergei M. Eisenstein: a biography』the Bodly Head、1952

—アウグスト・ボアール『被抑圧者の演劇』（里見実・佐伯隆幸・三橋修訳）晶文社、1984

—アリアーヌ・ムヌュシュキンほか『道化と革命—太陽劇団の日々』（佐伯隆幸編訳）晶文社、1976

—A・リペッリーノ『マヤコフスキーとロシヤ・アヴァンギャルド演劇』（小平武訳）河出書房新社、1971

—アンドレイ・フェドートフ『人形劇の秘密』（大井数雄訳）晩成書房、1980

—伊藤周「解説」パウロ・フレイレ『被抑圧者の教育学』（小沢有作ほか訳）亜紀書房、1979

—ヴァルター・ベンヤミン「生産者としての作家」『ヴァルター・ベンヤミン著作集9 ブレヒト』（石黒英男訳）晶文社、1971

—ヴァルター・ベンヤミン「生産者としての〈作者〉」『ベンヤミン・コレクション5 思考のスペクトル』（浅井健二郎編訳）筑摩書房、2010

—浦雅春「解説」『ロシア・アヴァンギャルド1 テアトル1 未来派の実験』国書刊行会、1989

—瓜生良介『小劇場運動全史—記録・発見の会』造形社、1983

—鴻英良「解題（ロシア、ソヴィエト）—芸術家の抵抗とそのエチカ」「演劇研究基盤整備：舞台芸術文献の翻訳と公開」早稲田大学、2014（https://www.waseda.jp/prj-kyodo-enpaku/trans/ 最終アクセス2018年9月8日）

—柿沼秀雄「アフリカの民衆教育演劇—ナイジェリア、ザンビア、ボツワナを訪ねて」『人文学報 教育学』東京都立大学人文学部、1983

—グギ・ワ・ジオンゴ『精神の非植民地化—アフリカ文学における言語の政治学』（宮本正興・楠瀬佳子訳）第三書館、1987（増補新版2010）

—久保覚・荒木重雄ほか「開かれた創造と関係に向って—AALA文化会議の意図と課題」『新日本文学』新日本文学会、1981年11月号

—久保覚・桑野隆・佐藤信「民衆創造運動の課題—「仮面劇とマダン劇」をめぐって」『新日本文学』新日本文学会、1981年10月号

—久保覚・里見実「「民衆文化運動の経験と展望」への問題提起（下）」『新日本文学』新日本文学会、1981年12月号

—久保覚・津野海太郎「マダン劇をやってみた」『水牛通信』1982年9月号（水牛通信電子化計画 http://suigyu.com/tushin/1982_09.html 最終アクセス2018年9月8日）

—里見実「アウグスト・ボアールと民衆文化運動」『新日本文学』新日本文学会、1981年11月号

集まると使える

80年代運動の中の演劇と演劇の中の運動

—里見実『ラテンアメリカの新しい伝統—〈場の文化〉のために』晶文社、1990
—ジャン＝ジャック・ルソー『演劇について—ダランベールへの手紙』（今野一雄訳）岩波書店、1979
—ジャンニ・ロダーリ『ファンタジーの文法—物語創作法入門』（窪田富男訳）筑摩書房、1990
—日本民衆演劇ワークショップ会議「呼びかけ・民衆演劇ワークショップ」『水牛通信』1982年9月号（水牛通信電子化計画 http://suigyu.com/tushin/1982_09.html/ 最終アクセス2018年9月8日）
—フセヴォロド・メイエルホリド『メイエルホリド・ベストセレクション』（諌早勇一ほか訳）作品社、2001
—ベルトルト・ブレヒト「民衆性とリアリズム」『今日の世界は演劇によって再現できるか—ブレヒト演劇論集』（千田是也訳）白水社、1962（新装版1996）
—山田和夫『エイゼンシュテイン』紀伊国屋書店、1964
—梁民基「猪飼野のマダン劇運動」『新日本文学』新日本文学会、1985年1月号
—梁民基・久保覚編訳『仮面劇とマダン劇—韓国の民衆演劇』晶文社、1981

VI

—解放運動

劇『わしらが人間の中の人間や』に参加して を読む

—

—池田博正・中津喜三郎・小橋年雄・津田幸男・前田慶一「清掃労働者と差別」『部落解放』解放出版社、1990年8月号
—岩淵達治『ブレヒトと戦後演劇—私の60年』みすず書房、2005
—岩淵達治・菅孝行・星野隆・村田拓「解放の表現へ—俳優座公演「食肉市場のジャンヌ・ダルク」をめぐって、差別と表現の問題を考える」『新日本文学』新日本文学会、1983年3月号
—大橋喜一「自立演劇運動とは」『悲劇喜劇』早川書房、1989年6月号
—角谷英則・あべやすし編『識字の社会言語学』生活書院、2010
—金沢茂雄「なにが差別なのか—俳優座公演「食肉市場のジャンヌ・ダルク」糾弾闘争報告」『新日本文学』新日本文学会、1983年1月号

—菅孝行『戦後演劇—新劇は乗り越えられたか』朝日新聞社、１９８１
—木村和「構成詩をめぐる覚書」（「労働者文学」13号より転載）『新日本文学』新日本文学会、１９８６年５月号
—くぼたのぞみ「『アシナマリ！』—反アパルトヘイトがポップになる意味」『新日本文学』新日本文学会、１９８９年春号
—菅井幸雄「自立演劇小史」『悲劇喜劇』早川書房、１９８９年６月号
—津野海太郎『ジェローム・ロビンスが死んだ—ミュージカルと赤狩り』平凡社、２００８のち小学館文庫、２０１１
—中川鉄太郎『しばい—濡衣秘録・寛政五人衆』解放出版社、１９７６
—東日本部落解放研究所編「特集 皮革のまちの子どもたち—木下川解放子ども会三五年の歩み」『明日を拓く』東日本部落解放研究所、２０１５年３月号
—藤井幸之助「民族まつり／マダンの系譜」『研究紀要』（第15号）公益財団法人世界人権問題研究センター、２０１０
—村田拓「'60年'70年 私」『修羅』（第1号）修羅の会、１９６９
—村田拓「部落解放運動における演劇運動—中川鉄太郎「濡衣秘録・寛政五人衆」の上演活動に参加して」『新日本文学』新日本文学会、１９７５年11月号
—村田拓「劇団「もえる」—劇『わしらが人間の中の人間や』に参加して」『差別とたたかう文化』（第1期20号）明治図書出版、１９９０
—村田拓「今日の識字運動のひとつの視点—〈無文字社会〉の民衆の文化」『差別とたたかう文化』（第2期創刊6号）解放出版社、１９９５
—村田拓『文字もたぬ民が沈黙を破るとき』新日本文学会出版部、２０００
—梁民基「猪飼野のマダン劇運動」『新日本文学』新日本文学会、１９８５年１月号

VII

ジェンダー

なぜ「アジア・女性・演劇」なのか？ を読む

—池内靖子『フェミニズムと現代演劇—英米女性劇作家論』田畑書店、１９９４
—内野儀「広げすぎず、狭めすぎず—第3回アジア女性演劇会議について」『viewpoint セゾン文化財団ニュースレター』（第18号）財団

集まると使える

80年代運動の中の演劇と演劇の中の運動

法人セゾン文化財団、2001
—菅孝行「如月小春（Nonfiction Novels -1-）」『テアトロ』カモミール社、1992年7月号
—菅孝行『戦後演劇—新劇は乗り越えられたか』朝日新聞社、1981
—如月小春『都市民族の芝居小屋』筑摩書房、1987
—如月小春「戯曲を書く女たち—第1回国際女性劇作家会議に参加して」『新劇』白水社、1989年1月号
—如月小春「消費論」『劇作家8人によるロジック・ゲーム』白水社、1992
—如月小春「小石の効力」『もう一人の、私』海竜社、1995
—如月小春『八月のこどもたち—劇団NOISE・91夏・ワークショップの記録』晩成書房、1996
—如月小春「柔らかなフェミニズムを目指して」『シアターアーツ』晩成書房、1997年1号
—瀬地山角「家父長制」庄司洋子・木下康仁・武川正吾・藤村正之編『福祉社会辞典』弘文堂、1999
—敦賀美奈子「「アジア女性演劇会議'92」に出席して」『テアトロ』カモミール社、1993年2月号
—松本茂章『芸術創造拠点と自治体文化政策—京都芸術センターの試み』水曜社、2005
—渡辺えり子「光を探して」『如月小春は広場だった—六〇人が語る如月小春』新宿書房、2001
—渡辺守章・如月小春『演戯する都市』平凡社、1986

VIII —絶対演劇

絶対演劇への入射角 を読む—

—アドルノ「パラタクシス—ヘルダーリン後期の抒情詩に寄せて」『アドルノ 文学ノート 2』みすず書房、2009
—井澤賢隆『学問と悲劇—「ニーチェ」から「絶対演劇」へ』情況出版、1998
—海上宏美・内野儀・清水唯史・中西B・森下貴史「座談会 演劇に留まる理由」『批評誌クアトロガトス』（第1号）批評誌クアトロガトス、2005
—海上宏美「2つめの絶対演劇第2宣言」『絶対演劇』絶対演劇フェスティバル実行委員会、1992

―海上宏美「『ハムレットマシーンパラタクシスの方法』について」『『HAMLETMASCHINEPARATAXIS』シンポジウム資料―空白に隣接するもの』実験演劇研究所 ost organ、１９９１（ａ）
―海上宏美「隣接と受苦性」『『HAMLETMASCHINEPARATAXIS』シンポジウム資料―空白に隣接するもの』実験演劇研究所 ost organ、１９９１（ｂ）
―益敏郎「客観性をめぐるヘルダーリンとシラーの近代芸術思想―アドルノの『パラタクシス』を導入として」『研究報告』（第29号）京都大学大学院独文研究室研究報告刊行会、２０１６
―エンゲルス「フォイエルバッハとドイツ古典哲学の終結」『マルクス・フォー・ビギナー５ フォイエルバッハ論』大月書店、２０１０
―カール・マルクス「第二版あとがき」（初出１８７３）『マルクス・コレクション ４ 資本論 第1巻上』筑摩書房、２００５
―カルヴィン・トムキンズほか『イメージの劇場―ロバート・ウィルソンの世界』（高橋康也監訳、門上庚照訳）ＰＡＲＣＯ出版、１９８７
―里見実『ラテンアメリカの新しい伝統―〈場の文化〉のために』晶文社、１９９０
―竹村喜一郎「弁証法」『岩波 哲学・思想事典』岩波書店、１９９８
―豊島重之「絶対演劇宣言・解題―タウトロギア＝冗語体をめぐる思考」『図書新聞』（２１０６号）、１９９２（molecular theatre 〈provisional〉 https://sites.google.com/site/moleculartheatre/text/jue-dui-yan-ju-xuan-yan-jie-ti 最終アクセス２０１８年9月8日）
―豊島重之「第5報《parataxisをめぐって》」、２０１１（ダンスバレエリセ豊島舞踊研究所 https://dblycee.jp/category/uncategorized/page/45/ 最終アクセス２０１８年9月8日）
―豊島重之「隣接に隣接する（Ｉ）―演劇―機械をめぐって」『ハムレットマシーンは可能かⅡ』１９９１・４
―七ツ寺25年史編集委員会編『空間の祝杯―七ツ寺共同スタジオとその時代史』七ツ寺演劇情報センター、１９９９
―野村修「教材劇について」『ブレヒトの世界』御茶の水書房、１９８８（初出『ドイツ文学研究』報告30号、１９８５・３）
―ハイナー・ミュラー『ハイナー・ミュラー・テクスト集1 ハムレットマシーン―シェイクスピア・ファクトリー』（岩淵達治・谷川道子訳）未来社、１９９２
―『『HAMLETMASCHINEPARATAXIS』シンポジウム資料―空白に隣接するもの』実験演劇研究所 ost organ、１９９１
―溝辺敬一「絶対演劇は可能か―G・ベンの劇作品について」『大阪大学教養部研究集録（19）』大阪大学教養部、１９７１
―山本尤「解説―ベンの戯曲について」『ゴットフリート・ベン著作集 第3巻』社会思想社、１９７２

集まると
使える
80年代
運動の中の
演劇と
演劇の中の
運動

—註の作成にあたり、
以下の記述を参考にさせていただきました。
—

—石澤秀二『世界演劇辞典』東京堂出版、２０１５
—庄司洋子・木下康仁・武川正吾・藤村正之編『福祉社会辞典』弘文堂、１９９９
—日本演劇教育連盟編『演劇教育実践シリーズ20・別巻 索引・演劇教育小事典』晩成書房、１９８８
—林達夫編『哲学事典』平凡社、１９７１
—廣松渉・子安宣邦・三島憲一・宮本久雄・佐々木力・野家啓一・末木文美士編『岩波 哲学・思想事典』岩波書店、１９９８
—細谷俊夫・河野重男・奥田真丈・今野喜清編『新教育学大事典』第一法規出版、１９９０
—早稲田大学演劇博物館編『演劇百科大事典』平凡社、１９６２
—『広辞苑 第7版』岩波書店、２０１８
—『世界大百科事典 第2版』平凡社、１９９８
—『日本大百科全書』小学館、１９９４
—『百科事典マイペディア』平凡社、１９９５
—『ブリタニカ国際大百科事典』ブリタニカ・ジャパン、１９８８

索引

集まると
使える

80年代
運動の中の
演劇と
演劇の中の
運動

Photo by Satoshi Nishizawa

羽鳥嘉郎｜はとり・よしろう

—

演出家。1989年ブリュッセル生まれ。2009年より「けのび」代表。京都国際舞台芸術祭 KYOTO EXPERIMENT フリンジ企画「使えるプログラム」ディレクター（2013–2014年度）、TPAM—国際舞台芸術ミーティング in 横浜アシスタント・ディレクター（2014–2017年度）、「アジアン・アーティスト・インタビュー」プロジェクト・マネジメントなどに従事。立教大学現代心理学部映像身体学科兼任講師。

サハ

—

小池俊起、ササキユーイチ、佐藤小実季、西尾薫、羽鳥嘉郎

—

「使えるプログラム」の運営を担った1989年生まれの人々を中心に、演劇に関する活動をするため組まれたチーム。2018年度より「演劇 エリートスクール」を企画・運営。チーム名はメンバーの頭文字に由来する。

集まると使える

80年代 運動の中の演劇と演劇の中の運動

2018年10月10日初版発行

2300円+税

著者

羽鳥嘉郎

パブリッシャー

木瀬貴吉

編集協力

サハ

デザイン

小池俊起

発行

ころから

〒115-0045

東京都北区赤羽1-19-7-603

TEL 03-5939-7950

FAX 03-5939-7951

MAIL office@korocolor.com

HP http://korocolor.com/

ISBN 978-4-907239-37-4 C1074